KB069546

5 상담 및 심리치료 이론 시리즈

인지행동치료

박기환 저

Theories of Counseling
and Psychotherapy

학지사

머리말

인지행동치료란 인지적 이론과 행동주의 이론을 토대로 다양한 인지적·행동적 기법을 활용하는 접근을 말한다. 인지행동치료 하면 일반적으로 Aaron Beck과 Albert Ellis를 떠올리지만, 수많은 치료방법이 인지행동치료라는 큰 우산 속에 들어가 있다. 2000년대에 들어서 특히 주목받아 온 수용전념치료(ACT)와 같은 수용에 기반을 둔 치료들도 인지행동치료의 범주에 속한다. 인지행동치료는 다양한 치료방법을 포괄하며 유연한 확장을 지속해 왔다.

인지행동치료의 범위가 점점 확대되면서 어디까지가 인지행동치료인지 정체성에 대한 논란도 생겼다. 인지행동치료는 다양성과 개방성이 특징이기는 하지만 정체성의 핵심도 분명히 해야 하는 상황이 되었다. 이러한 과제를 풀기 위한 시작은 인지행동치료의 기본을 분명히 하는 것이다. 이러한 기본은 인지행동치료 초기 개발자들의 목소리에 귀 기울이는 것이 될 것이다. 이 책에서는 Beck의 인지치료를 중심으로 인지행동치료의 이론과 기법들을 풀어 나가고자 한다. 일반적으로는 인지행동치료의 다양한 방법 중 하나로 인지치료를 언급하지만, 이 책에서는 맥락에 따라 인지치료와 인지행동치료를 유사한 의미로 혼용하기도 하였다.

인지치료는 Beck에 의해 시작된 치료로, 인지행동치료라고 표현되는 큰 범주의 심리치료에서 중요한 위치를 차지하고 있다. 이는 인지치료가 우울증에 대한 연구와 치료에서 시작했지만 다양한 심리장애로 확장되어 그 치료효과를 객관적으로 입증해 왔기 때문이다. 또한 치료자뿐만 아니라 내담자에게도 그 이론과 치료기법이 합리적이고 이해하기 쉽기 때문일 수 있다. 국내에서도 인지치료의 효과성에 주목하고, 치료적 유행에 편승하여 많은 치료자와 수련생이 인지치료를 실제 치료장면에서 사용하고자 하지만 인지치료의 개념과 기법을 정확히 이해하지 못한 상태에서 사용하는 경우가 적지 않은 것 같다.

더 문제가 되는 것은 모든 심리치료가 공유하고 있는 내담자와의 관계 형성 및 사례개념화의 중요성에 대한 인식 없이 마치 요리책만 있으면 맛있는 요리가 나올 것처럼 인지행동치료 매뉴얼에 의존하는 사람들이 많다는 것이다. 인지치료가 효과 있고, 많은 임상가에게 인기가 있을 수 있는 비결은 다양한 인지적 기법과 행동적 기법을 유연하게 받아들여 통합적으로 사용할 수 있게 발전한 점도 있지만, 협력적 경험주의에 따라 내담자를 존중하며 함께 문제를 풀어 나가려고 하고 내담자 스스로 자신의 문제를 해결해 나갈 수 있도록 돕는 치료적 특징이 아닐까 생각한다.

이 책에서는 인지치료의 역사와 Beck의 개인사를 포함하여 인지행동치료의 인간관, 주요 개념, 상담목표, 상담과정 및 특징을 살펴볼 것이며, 크게 인지적 기법과 행동적 기법으로 구분하여 상담기법에 대해서도 상세히 살펴볼 것이다. 또한 사회불안을 지닌 내담자와 우울을 경험하고 있는 내담자에 대한 상담사례를 통해 인지치료가 어떻게 적용될 수 있는지 설명할 것이며, 마지막으로 인지치료의 공헌과 비판점에 대해서도 알아볼 것이다.

인지행동치료와 관련된 저자의 개인적인 기억이 주마등처럼 스쳐 지나가 여기에 잠깐 그 소회를 남기고자 한다. 대학원 과정에서 수업을 통해 인지행동치료를 배우고 상담 실습을 진행한 바 있지만, 사실상 현장에서 인지행동치료를 처음 만난 것은 임상심리전문가 수련생 때 영동 세브란스에서 Barlow와 Craske의 공황통제치료를 이호영, 임기영, 이범용 선생님이 집단 형태로 진행하는 것을 보조하면서였고, 그 인연으로 이범용 선생님과는 오랫동안 함께 공황장애 집단 인지행동치료를 시행하였다.

저자에게 인지행동치료자로서의 정체성을 분명하게 해 준 사건은 수련 3년차를 서울인지치료센터에서 권정혜, 민병배 선생님께 지도받았던 것으로, 인지행동치료를 책이 아닌 실전으로 배울 수 있는 기회가 주어졌고, 저자에게는 큰 행운이었다. 전문가로서 서울백병원 신경정신과에서 일할 때는 최영희 선생님과 호흡을 맞춰 공황장애와 사회불안장애의 인지행동집단치료를 정말 열심히 진행했던 기억도 난다. 한국인지행동치료학회의 교육이사로서 인지행동치료전문가 자격기준을 정하고 처음 전문가를 배출하면서 학회 임원진들과 건배하며 뿌듯해하던 기억도 난다. 저자가 인지행동치료를 할 수 있게 해 준 많은 인연에 진심으로 감사한 마음을 가진다.

이 책을 쓰기로 계약한 기간이 한참 지나면서까지 집필하며 저자의 초조함과 다급함을 다루기 위한 인지행동치료의 자가 적용이 이어졌다. 좋은 책을 쓸 수 있을지, 빠른 시일 내에 완수할 수 있을지 등에 대한 부정적 자동적 사고에 대항하여 합리적 사고를 개발하여 스스로 적용하였다. 스스로 압박을 느낀다고 꼭 좋은 작품이 나오는 것은 아니므로 그냥 한 계단씩 꾸준히 올라가자고 생각했다. 하루에 한 페이지씩 써 보자고 점진적 과제부여 기법을 스스로에게 적용해 보기도 했다. 이런 과정 속에서 한 권의 책이 완성되었다. 좀 더 풍성한 내용을 담지 못한 아쉬움이 남지만, 한 계단씩 올라 수백 계단의 목표에 이르렀음에 스스로를 격려해 본다.

미진하거나 부족한 부분은 계속해서 계단을 올라가며 보완할 것이다. 사례 구성의 아이디어와 내용을 제공해 준 수많은 내담자께 감사한 마음을 전한다. 그들은 저자가 이 책을 완성할 수 있었던 가장 큰 자원이었다. 상담 및 심리치료 이론 시리즈의 하나로 이 책을 쓸 수 있게 배려해 주신 학지사의 김진환 사장님께 감사드리고, 선한 웃음으로 연구실을 찾아주시는 유명원 부장님과 원고 편집 및 교정을 잘 진행해 주신 박선민 선생님께도 감사의 말씀을 드린다.

인지행동치료는 근거기반 심리치료로서 강력한 효과를 보이는 치료법이다. 하지만 만병통치의 심리치료 방법은 없다고 생각한다. 내담자 개인을 충분히 이해하고 공감하지 못하는 심리치료는 제 역할을 하기 어렵다. 독자들이 인지행동치료의 기법뿐만 아니라 심리치료의 한 방법으로서 인지행동치료의 강점과 약점을 모두 잘 이해하여 실제 임상 및 상담 장면에서 인지행동치료를 조금이라도 더 효과적으로 사용하기를 바란다. 어려운 내담자를 잘 돕는 것이 인지행동치료의 존재 이유일 것이다.

역곡 연구실에서

차례

5장 ❙ 상담과정 및 특징 __ 41

6장 ❙ 상담기법 __ 97

7장 ❙ 상담사례 __ 199

8장 ❙ 공헌과 비판점 __ 267

1장
인지치료의 역사와 Beck의 개인사

1. 인지치료의 역사

Beck

1950년대와 1960년대에 발전한 행동치료는 그 당시 심리치료를 주도했던 정신분석에 도전장을 내밀었는데, 무의식이 아닌 관찰 가능한 행동을 다루고, 과거보다는 현재에 초점을 두며, 구체적 목표를 지닌 단기치료를 지향하는 특징을 가지고 있었다. 이것이 행동치료의 첫 물결이라고 할 수 있고, 행동치료의 두 번째 물결은 Albert Ellis, Aaron T. Beck, Donald H. Meichenbaum 등으로 대표되는 인지적 접근의 통합이며, 1970년대 이후 계속 진화해 왔다.

인지치료와 행동치료는 함께 결합되어 인지행동치료(Cognitive-Behavioral Therapies: CBT)라는 용어로 널리 사용되었는데, 인지와 행동 모두에 관심을 가지고 있으나 인지의 변화를 주요 목표로 하는지 아니면 행동의 변화를 주요 목표로 하는지에 따라서 같은 인지행동치료 내에서도 이론과 치료의 강조점이 미묘하게 달라지는 특징을 보인다. CBT에서 인지의 변화라는 목표와 행동의 변화라는 목표는 사실상 상보적으로 작용한다. 예를 들어, 발표불안을 극복하려는 치료목표는 발표불안과 관련된 역기능적이고 부적응적인 생각의 변화뿐만 아니라 발표 상황을 회피하는 행동의 변화를 모두 추구하게 된다. 물론 어떤 변화를 우선적으로 추구할 것인지, 치료에서의 시간적 비중을 어떻게 할당할 것인지 등은 치료자에 따라 다소의 차이를 보일 수 있다.

결과적으로 인지행동치료는 이전의 주류 심리치료였던 행동치료를 보완하면서 나타났고, 또 다른 주류 심리치료였던 정신분석치료의 문제를 극복하는 과정에서 나타났다고 볼 수 있다. 물론 인지행동치료의 선구자인 Ellis나 Beck은 그리스 로마 시대의 스토아학파의 철학, 실존 철학, 동서양의 종교에 영향을 받으며 자신들의 이론이 탄생했다고 인정하고 있고, Albert Bandura 등이 제시한 사회학습이론과 인지심리학의 정보처리모델 또한 인지행동치료를 출발시키고 성장시킨 주요 동력이었다고 할 수 있으므로 인지행동치료를 탄생시키고 발전시킨 요인은 다양하다고 볼 수 있다.

인지적 접근을 강조하는 인지행동치료의 흐름은 1950년대 중반 Ellis의 합리적 정서행동치료(Rational Emotional Behavioral Therapy: REBT)[1]가 먼저 주도하였으나, Ellis보다 조금 늦게 등장

1) Ellis는 자신의 치료법 명칭을 1955년에 합리적 치료(Rational Therapy: RT)로 시작하여 1961년에는 합리적 정서치료(Rational Emotional Therapy: RET)로, 1993년에

한 Beck은 자신의 인지치료(Cognitive Therapy: CT)를 우울증을 시작으로 다른 많은 심리장애에 확장하여 그 효과를 경험적으로 반복 입증함으로써 대표적인 근거기반 심리치료로서 그 입지를 확실히 만들었다.

행동치료의 세 번째 물결이라 함은 2000년 전후로 주목을 받기 시작한 변증법적 행동치료(DBT), 수용전념치료(ACT), 마음챙김 인지치료(MBCT) 등과 같은 수용기반 치료들의 등장을 일컫는다. 이들 치료들은 궁극적으로 행동의 변화를 목표로 한다는 점에서 앞선 치료들과 공통점이 있지만, 인지적 접근과 행동적 접근뿐만 아니라 체험적 접근과 마음챙김 훈련을 강조하며, 변화를 위한 노력뿐만 아니라 수용의 중요성을 강조한다는 점에서 차이점이 있다.

2. Beck의 개인사

인지행동치료의 주요 학자 중 한 명인 Beck은 자신의 치료를 인지치료라고 명명하면서 생각에 초점을 두고 이를 다루고자 하는 일반적인 인지치료들과 자신의 치료를 구분하기 위해 일반적인 인지치료는 cognitive therapy라고 쓰고 자신의 치료는 Cognitive Therapy(약어로 CT)라고 써서 단어의 첫 철자를 대문자로 기록한 바 있다. 대중들에게 알려지기 시작한 시기는 Ellis보다

는 합리적 정서행동치료(Rational Emotional Behavioral Therapy: REBT)로 바꾼 바 있다.

다소 늦었지만, 많은 동료 및 후학과 함께 다양한 심리장애에 대한 체계적이고 표준화된 치료방식을 제시하면서 그 치료효과와 관련한 수많은 경험적 연구를 수행함으로써 현재는 인지행동치료의 가장 대표적인 학자가 되었다. 여기서는 Beck의 인생과 인지치료의 탄생과정을 살펴보고자 한다.

Aaron Temkin Beck은 1921년 미국의 뉴잉글랜드에서 태어났다. 아버지 Harry Beck은 인쇄업자였고, 어머니 Elizabeth Temkin은 주부였는데, 두 분 모두 러시아 출신의 유태인 이민자였다. Beck은 5명의 자녀 중 막내였는데, 그가 출생하기 전 두 명은 어린 나이에 사망하여 실제로는 두 명의 형과 함께 성장하였다. 어머니는 두 명의 자녀를 잃으면서 여러 해 동안 우울증이 지속되다가 Beck이 태어나면서 호전되었으나, 평생 동안 경한 수준의 우울증을 가지고 있었던 것으로 보인다. Beck은 나중에 주변에 얘기하기를 어머니에게 있어 자신은 사망했던 누나를 대신하는 아이였다고 믿었으며, 자신이 태어남으로써 그처럼 어린 나이에 어머니의 우울증을 치유할 수 있었다는 농담을 하기도 했다.

Beck은 유년기를 힘들게 보냈는데, 아파서 학교에 못 가는 날이 많아서 결국 한 학년을 다시 다녀야 했고, 이는 자신의 지적 능력을 부정적으로 보게 한 계기가 되었다. Beck은 피/상해 공포증 및 발표와 질식에 대한 두려움 등 많은 불안 증상도 가지고 있었는데, 자신의 불안을 완화시키기 위해 자기 생각을 검토하였고, 의대 수련을 하며 이러한 불안감을 완화시키는 데 성공했다. 어린 시절에 경험한 불안과 우울 그리고 극복과정이 이후 인지치료의 개발과 연구에 영향을 미쳤다고 볼 수 있다.

Beck은 브라운 대학과 예일 의대를 졸업했다. 그는 정신분석을 배웠으나 그 접근법에 대해 거의 신뢰하지 않았다. Beck은 1953년 정신과의사 자격을 얻고 정신분석 수련을 마친 후 정신분석적 가설을 검증하는 연구를 설계하여 실제로 시행해 보고자 하였고, 우울증이 내면화된 분노에 기인한다는 정신분석적 가설을 검증하기 위해서 우울증 환자의 꿈에 관한 연구를 수행하였다. 연구 당시 Beck은 우울증 환자를 치료하고 있었고, 우울증에 대한 정신분석 이론이 다른 장애나 증상에 비해 실증적인 연구를 위한 구체적 설명을 포함하고 있었기 때문에 우울증이 Beck의 초기 연구주제가 된 것은 자연스러운 결과였다.

초기의 연구에서는 꿈꾸는 사람이 실패자로 표현되는 꿈들이 보고되었기 때문에 내면화된 분노 가설이 입증되는 듯했다. 그러나 이후 실험심리학의 연구방법에 따라 시행한 실험들에서는 정신분석이론과 반대되는 결과가 나왔는데, 정신분석이론의 가정처럼 우울한 사람들이 분노를 내면화하여 고통을 받고자 하는 욕구를 지니고 있다면 우울한 사람들은 실험에서의 성공경험에 대해 부정적으로 반응해야 하지만, 성공경험을 한 우울한 참가자들은 자존감이 향상되고 과제 수행도 향상되는 결과를 보였다. 이러한 연구결과들에 대해 Beck은 우울한 사람들이 실패하기를 원하지는 않지만 자기 자신과 행복해질 수 있는 자신의 잠재능력에 대해서 부정적인 관점을 취함으로써 현실을 왜곡하게 된다고 해석하였다.

Beck은 환자를 개인적으로 치료하면서 얻은 경험을 통해 정신병리에 대한 자신의 인지이론을 발전시켜 나갔으며, George A. Kelly, Karen Horney, Alfred Adler 등의 이론과 인지심리학의 정보처리이론에도 직간접적으로 영향을 받으면서 인지이론을 정립하였다.

특히 Kelly의 개인적 구성개념 심리학(Personal Construct Psychology)이 준 영향을 언급하지 않을 수 없는데, Kelly에 따르면 사람들은 다른 사람과의 경험을 이해하고 분류할 수 있게 만드는 일련의 개인적 구성체계를 지니고 있다. Beck은 자신의 이론을 구성하는 과정에서 Kelly의 연구를 접하게 되었는데, 자신의 생각과 Kelly의 생각이 일치한다는 것을 알게 되었다. Kelly의 연구는 Beck의 생각에 적절한 용어를 제공하였으며, 정신병리에 대한 비동기적 이론의 근거를 제공하였다. Beck은 처음에 Kelly의 구성개념(construct)이라는 용어를 사용하기도 하였으나 나중에 스키마(schema)라는 용어로 대체하였다.

1963년 Ellis가 우울증에 관한 Beck의 논문을 읽은 후 Beck과 자료 및 의견을 교환하면서 두 사람은 지속적으로 학술적 교류를 하게 되었다. Beck과 Ellis는 의견 교환을 주로 서면으로 했으며, 서로의 학문적인 입장 차이를 존중했다. Ellis는 Beck을 매우 끈기가 있고 명쾌한 사유를 하는 사람으로 평가하면서 강압적이지 않으면서도 객관적이고 설득력이 있음을 Beck의 강점으로 꼽았다. Ellis와 마찬가지로 Beck도 고대 그리스와 로마의 스토아 철학에서 많은 영향을 받았기에 두 사람은 기본적으로 공유할 수 있는 철학적 입장이 있었다. 특히 Epictetos의 철학, 즉 사람들은 사건 자체가 아니라 사건을 받아들이는 자신의 관점에 의해 어려움을 겪는다는 주장은 Ellis와 Beck 모두가 전제하는 인지매개모델과 상통한다.

Beck은 1960년대에 펜실베이니아 대학에서 일하면서 동료들과 함께 우울증을 치료하기 위해 구조화되고 단기적이며 현재에 초점을 둔 문제해결 접근법을 개발하려고 노력하였다. Beck은 1977년에 자신의 치료효과 연구를 처음 출판하였다. 그 이후로 500편이 넘는 학술논문과 25권이 넘는 책을 냈으며, 전 세계를 다니며 강연을 하였다. 처음에 우울증 치료를 위해 개발한 인지치료가 불안장애를 비롯한 대부분의 심리장애에 효과적인 근거기반 치료로 확장되고 발전하게 되리라고는 Beck 자신도 예상하지 못한 놀라운 결과였다. Beck은 역대 가장 영향력 있는 5인의 심리학자 중 한 명으로 선정된 바 있으며(Seligman & Reichenberg, 2014 재인용) Ellis, Meichenbaum과 함께 인지행동치료의 초석을 다진 창설자로 볼 수 있다. 그는 펜실베이니아 대학에서 근무하며 Beck 인지치료 연구소(Beck Institute for Cognitive Therapy and Research)를 세우고 자신의 경력 대부분을 거기서 보냈다.

Beck은 50년 이상의 결혼생활 동안 4명의 자녀와 8명의 손자녀를 두었으며, 그의 부인은 필라델피아 연방법원의 첫 여성 판사였다. Beck의 첫째 딸 Alice Beck은 어머니의 뒤를 따라 법원 판사로 활동했고, 둘째 딸 Judith Beck은 아버지의 길을 따라 인지행동치료자로 활동하면서 영향력 있는 인지행동치료 개관서[2]를

Judith Beck

2) 『Cognitive Therapy: Basics and Beyond』(1995)는 국내에서 『인지치료 이론과 실제』(1997)로 번역되었고, 이 책의 2판인 『Cognitive Behavior Therapy: Basics and Beyond』(2011)는 『인지행동치료 이론과 실제』(2017)로 번역되었음.

출판했으며, 현재 학술활동과 워크숍 등의 다양한 활동을 왕성하게 하면서 인지치료의 전파와 보급에 힘쓰고 있다. 1994년에 아버지 Beck과 함께 필라델피아에 Beck 인지치료 연구소를 설립했고, 현재 연구소의 책임자로 있으며, 아버지 Beck은 명예회장으로 남아 있다.

2장
인간관

인지치료에서의 인간관은 '인간의 고통은 사건 그 자체 때문이 아니라 사건에 대한 해석 때문에 발생한다.'라고 말한 스토아 학파의 Epictetos의 주장과 맥을 같이한다. 그리고 인간은 사건 그 자체보다는 사건에 대한 해석과 의미 부여에 따라 반응한다고 보는 점에서 현상학적 입장과 궤를 같이한다. 인지치료는 인간의 부적응적 반응을 만들어 내는 것은 특정 상황에 대한 개인의 비합리적 혹은 역기능적 사고라고 가정하고, 개인이 상황에 부여한 해석의 정확성 여부를 다루기 위해 가능한 객관적 정보들을 수집하여 해석의 타당성을 검증하고자 한다. 또한 개인의 역기능적 사고를 수정함으로써 고통으로부터 벗어나고 좀 더 행복한 상태가 되도록 돕고자 한다.

인지치료의 인간관은 '모든 것은 오직 마음이 지어 낸다.'는 일체유심조(一切唯心造)라는 말과도 연관해서 생각해 볼 수 있는데, 세상에 대한 나의 반응은 나의 마음, 즉 생각과 떼어놓고 설명할 수는 없다는 입장이다. 물론 인지치료는 내담자의 생각이 문제이므로 그의 생각만 바꾸면 된다고 단순히 주장하지는 않는다. 문제해결이 필요하다고 판단되는 상황에서는 현실적 대안을 찾아 실행하는 것이 무엇보다 중요하며, 생각보다는 정서나 행동을 먼저 다루고 변화시켜야 하는 경우도 분명 존재한다. 또한 생각을 변화시키는 것이 아니라 현 상태를 수용하는 것이 필요할 수 있다는 것도 인정한다. 하지만 어떤 면에서는 수용하지 못하던 상태를 수용하는 것 자체가 생각의 변화를 동반하고 있다고 볼 수 있다. 어쨌든 인지치료에서 가정하는 핵심은 자신과 세상을 바라보는 관점의 변화가 있을 때 사람들의 생리적 · 정서적 · 행동적 변화가 지속된다는 것이다.

인지치료의 인간관을 설명하고자 할 때 다른 심리치료의 인간관과 비교해 보면, 인지치료가 인간을 어떻게 바라보고 받아들이는지가 보다 분명해질 수 있다.

인지치료와 합리적 정서행동치료(REBT)는 인간관에 있어 차이점보다는 유사성이 먼저 눈에 띈다. 두 치료 모두 Epictetos의 주장과 맥을 같이하는 인지매개설을 주요 이론으로 삼고 있다는 점에서 개인의 신념이나 생각이 반응에 결정적으로 중요하며, 그 신념이나 생각의 변화를 통해 반응을 변화시킬 수 있다는 공통된 전제를 가지고 있다. 이 전제에는 인간이 기본적으로 자신의 반응을 결정할 수 있는 자유의지와 자신에게 유리한 방향으로 선택할 수 있는 선천적 능력이 있다는 가정이 깔려 있다. 그러나 Ellis가 당위 진술 형태의 자기패배적 비합리적 신념을 가질 수 있는 인간의 보편적 경향성을 강조한 반면, Beck은 비합리적인 신념보다는 객관적인 현실에 맞지 않는 과도하거나 부정확한 생각들이 문제가 된다고 본 것은 차이라고 할 수 있다. Beck과 Ellis 두 사람의 성장 배경과 인생관의 차이는 치료의 원리와 기법에서의 차이로 이어지는데, 우선 Beck은 치료관계를 중요시한 반면, Ellis는 내담자와의 협력관계를 필수적이라고 보지는 않은 것 같다. 또한 Beck은 소크라테스식 질문을 통해 내담자 스스로 생각의 경험적 타당성을 검증해 나가도록 격려하는 협력적 경험주의와 안내된 발견을 강조한 반면, Ellis는 치료자의 교사로서의 역할을 중요시하여 직접적인 논박과 직면을 통해 설득하고 교육하는 방식을 강조하였다.

정신분석과 달리 인지치료는 개인의 의식적 또는 전의식적 경험을 의미 있는 것으로 중요하게 여긴다. 즉, 인간을 여러 층의 무의식적 동기를 지닌 모호한 존재로 보기보다 자신의 경험을 적절히 전달하는 존재로 간주한다. 인간은 자신이 모르는 무의식적 동기에 조종당하거나 희생당하는 존재라기보다는 의식적으로 자신의 생각과 행동을 결정하고 선택할 수 있는 존재라고 보며, 자신에 대해 가장 잘 알고 있고, 또 잘 알 수 있는 사람이 바로 자기 자신이라고 간주한다. 따라서 인지치료자는 내담자가 경험한 것을 해석하려고 하기보다는 전달된 그대로 받아들이려고 한다.

행동치료와 인지치료는 인간관에 있어 분명한 차이가 있는데, 인지치료의 인간관은, 첫째, 인간은 자유의지를 지니고 있어서 선택을 할 수 있고, 둘째, 인간은 선택에 대한 책임을 지는 존재이며, 셋째, 인간은 변화하려는 의지를 지닌다는 것이다. 개인의 자유에 대한 이러한 견해는 행동치료의 환원주의적이거나 환경적인 결정론과는 분명히 다른 것이다. 인지치료에서는 인간을 환경과 매우 긴밀하게 상호작용하면서 환경을 평가하는 존재로 본다. 한편 인지치료에서도 행동적 기법이 사용되는데, 이는 주로 인지적 변화를 위한 것이다. 또한 새로운 행동이 잘 유지되려면 인지적 변화가 필수적이며, 행동의 변화를 통해서 인지적 변화가 촉진된다고 본다.

3장
인지치료의 주요 개념

인지치료는 비교적 단순한 모델이라고 할 수 있는 인지모델을 사용하여 치료의 이론적 토대를 제시하고, 이를 실제 치료에서도 활용하여 사례개념화를 하고 치료과정을 진행한다. 앞으로 보게 되겠지만, 인지모델은 사회학습이론에서 주장한 SOR 이론의 구조와 유사하다. 행동주의의 SR 이론(Stimulus, 즉 자극이 Response, 즉 반응을 결정한다)을 사회학습이론에서는 SOR 이론(반응을 결정하는 것은 자극과 반응의 가운데 있는 Organism, 즉 유기체의 가치나 기대와 같은 내적 과정이다)으로 수정했는데, 인지모델에서도 외부 사건에 대한 개인의 해석이 중요함을 강조하고 있으며, 개인의 해석에 영향을 미치는 과거의 경험도 포함하고 있다.

특정한 사건에 대한 개인의 해석은 자동적 사고라는 개념으로, 과거의 경험에서 만들어진 인지적 요소는 스키마(혹은 핵심믿음)라는 개념으로 구분하고 있으며, 개인의 해석에는 간혹 객관적인 사건이나 상황과 맞지 않는 인지적 오류가 담겨 있는데, 그러한 오류가 빈번하고 광범위하게 나타날수록 정신병리의 문제가 더 심각해진다. 이번 장에서는 인지치료의 주요 개념으로 우선 인지모델에 대해 살펴보고, 자동적 사고와 스키마, 그리고 인지적 오류를 차례대로 설명할 것이다.

1. 인지모델

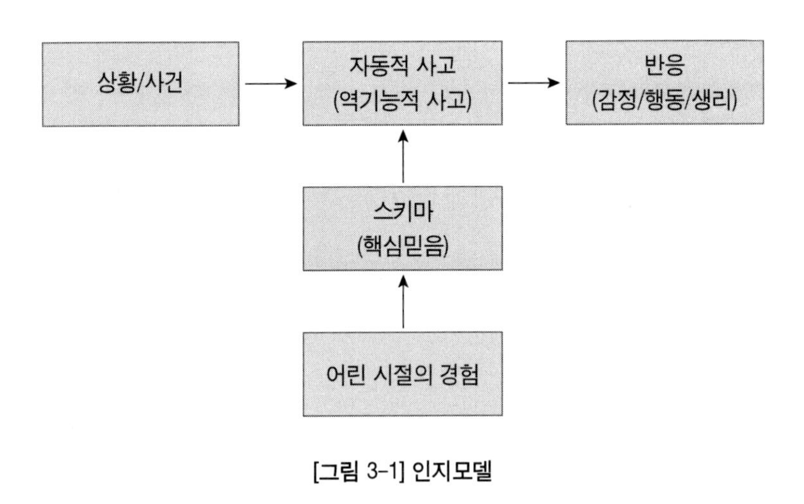

[그림 3-1] 인지모델

우리는 흔히 외부 상황이나 사건 때문에 나의 감정이나 행동 또는 신체 증상과 같은 반응들이 일어났다고 받아들이는 경향이 있다. 그러나 같은 상황이나 사건을 접해도 사람마다 나타내는 반응의 종류나 정도는 다를 수 있는데, 이는 상황이나 사건 자체보다는 그 상황이나 사건을 개인이 어떻게 해석해서 받아들이느냐에 따라 반응이 결정됨을 보여 주는 것이다. 이러한 개인의 해석을 인지치료에서는 자동적 사고라고 부르고, 자동적 사고 중 합리적이지 못하고 적응적이지 못한 생각을 역기능적 사고라고 부른다. 이러한 일련의 과정을 설명하는 것이 인지모델로서, [그림 3-1]처럼 간단하게 표현할 수 있다.

인지모델에서는 특정 상황에서 생기는 자동적 사고는 대부분의 상황에서 공통적으로 작용하는 스키마 혹은 기저의 핵심믿음에서 영향을 받아 파생되어 나오는 것으로 보며, 이러한 핵심믿음은 개인의 발달 및 성장 과정과 경험에서 만들어지는 것으로 보고, 특히 어린 시절의 경험이 중요하다고 본다.

따라서 핵심믿음이 긍정적으로 형성되어 있는 사람은 많은 상황에서 긍정적인 자동적 사고를 만들어 내는 경향이 있고, 부정적인 핵심믿음을 강하게 갖고 있는 개인은 상황 상황마다 부정적인 자동적 사고를 만들어 내는 경향이 있다. 핵심믿음에는 자기 자신에 대한 믿음, 세상에 대한 믿음, 자신의 미래에 대한 믿음 등 여러 영역에서의 믿음이 있을 수 있다.

인지치료자들은 기본적으로 핵심믿음의 영향을 받는 자동적 사고가 개인의 반응을 결정한다고 받아들이지만, 사실 자동적 사고와 반응(감정/행동/생리)은 상호적으로 영향을 주고받는 관계에 있다는 것을 강조한다. 생각이 특정 감정과 행동과 신체 증상을 야기할 수 있지만, 그 반대로 어떤 감정이 들거나 어떤 행동을 하거나 신체 증상을 느낀 후 여러 가지 생각이 들 수 있으며, 지속적으로 상호작용하는 양상으로 나타날 수 있다. 따라서 인지치료자들은 내담자가 호소하는 다양한 문제를 해결하기 위해 사고와 반응간의 상호적 관계를 인식하도록 돕고, 특정 사고가 특정 반응을 이끌어 내는 특징에 주목하도록 이끈다. 인지치료의 다양한 기법 또한 인지만을 목표로 하기보다는 인지, 정서 및 생리, 행동 등을 모두 목표로 할 수 있도록 구성되어 있으며, 내담자의 욕구와 내담자 문제의 특징에 맞추어 사용할 기법을 선택할 수 있다. 인지를 다루는 기법의 예로는 자동적 사고 기록지 활용이나 인지적 예행연습을 들 수 있고, 정서 및 생리를 다루는 기법의 예로는 호흡훈련이나 이완훈련을 들 수 있으며, 행동을 다루는 기법의 예로는 점진적 노출이나 자기주장훈련을 들 수 있다.

인지치료자들은 정신병리의 원인을 인지라고 주장하지는 않으며, 생물학적 요인과 환경 요인 및 인지행동적 요인이 복잡하게 상호작용하는 것으로 본다. 다만 인지적 요인은 정신병리의 유지와 악화에서 중요한 역할을 맡고 있는 것으로 간주하여 인지의 변화는 정신병리의 치료에서 매우 중요한 부분이 된다. 흥미롭게도 최근의 연구들에서는 약물치료와 같은 생물학적 처치가 인지의 변화를 야기한다는 점과 인지행동치료를 통해 대뇌피질의 활성화와 같은 생물학적 변화가 나타날 수 있음을 동시에 보여 주었다.

실제로 임상현장에서는 약물치료와 인지행동치료의 병합치료가 많이 시행되고 있으며, 다양한 심리장애에서 병합치료가 효과가 있음을 입증한 연구들이 나와 있다. 다만 알프라졸람과 같은 벤조디아제핀 계열의 약물은 인지행동치료의 효과를 떨어뜨린다는 연구가 있는데, 불안장애에서의 노출훈련 때 약물치료의 시행은 안전행동 혹은 심리적 의존 현상으로 작동하거나 실제 생리적 불안의 정도를 떨어뜨림으로써 불안 상황에서 불안을 경험해야 하는 노출훈련의 효과를 심각하게 방해할 수 있으므로 주의할 필요가 있다.

2. 자동적 사고와 스키마 혹은 핵심믿음

1) 자동적 사고

자동적 사고(automatic thoughts)라는 용어는 말 그대로 너무나 빨리 자동적으로 스쳐지나가는 생각을 의미하는 것으로 심사숙고하거나 합리적으로 판단한 생각이 아니며, 언뜻 인식할 수는 있으나 스쳐지나가는 순간 정확하게 의식하기 힘든 생각이라는 특징이 있다. 정신분석에서의 의식 수준으로 비유하자면, 전의식(preconsciousness)에 가깝다고 할 수 있어서 평소 의식하기 힘들지만 노력을 통해 확인이 가능한 수준이라고 볼 수 있다. 많은 경우 자동적 사고를 직접 인식하기보다는 자동적 사고에 뒤따르는 감정적 혹은 신체적 변화를 인식하게 된다.

일상생활에서 그러한 변화와 반응을 일으킨 자동적 사고의 존재를 바로 주목하는 경우는 드문데, 그나마 성찰능력이 있는 사람은 그날 저녁에 일기를 쓰면서 낮에 자신이 어떤 생각을 했고 그 생각이 자신의 반응에 영향을 주었다는 것을 인식하게 된다. 따라서 인지치료에서는 자동적 사고를 확인하기 위해 자신의 반응, 즉 감정, 행동, 생리에 주목하며, 그중에서도 특히 감정의 변화에 주목하게 되는데, 강한 부정적 감정이 들 때 어떤 생각이 스쳐지나가는지, 즉 어떤 자동적 사고가 있는지를 찾으면 강한 감정과 연결되어 있는 개인의 해석을 확인할 수 있다.

상담장면에서는 내담자가 불편해 하는 호소 문제인 우울, 불안, 분노와 같은 부정적 감정에 주로 주목하게 되고, 이러한 감정을 일으킨 자동적 사고를 탐색하게 되는데, 많은 경우 부정적이고 왜곡된 해석을 담고 있는 자동적 사고를 만나게 되지만, 치료자는 모든 자동적 사고가 문제가 있거나 왜곡되어 있을 것이라고 가정하지 않는 것이 중요하다. 흔히 현실에 부합하지 않고 객관성이 부족한 자동적 사고들도 있지만, 왜곡되어 있다고 보기 어려운 지극히 현실에 부합하는 자동적 사고들도 있기 때문에 처음부터 자동적 사고를 왜곡되었다고 간주하는 상담자의 태도는 인지치료의 협력적 경험주의를 벗어나는 것이라고 볼 수 있으며 내담자와의 관계 형성을 방해할 수 있다.

협력적 경험주의란 내담자의 해석이 맞을 수도 있고 틀릴 수도 있다는 중립적인 태도로 내담자의 해석에서 맞는 증거와 틀린 증거를 함께 협력해서 찾아보며 해석의 타당성을 살피는 것이다. 현실에 부합하지 않는 해석은 타당성 측면에서 다루는 것이 적절하지만, 현실에 부합하는 해석의 경우에는 유용성 측면, 즉 그러한 생각이 도움이 되는지 차원에서 검토하는 것이 적절하며, 문제해결 차원에서 실제적인 해법을 모색해야 할 경우도 있다. 예를 들어, 반에서 집단 괴롭힘을 당하고 있는 중학생 내담자의 경우, 집단으로 괴롭히는 친구들이 자신을 이유 없이 싫어하고 무시하며 신체적인 폭력까지 행사하지만 이를 막아낼 힘이 자신에게 없고 어떻게 대응해야 할지 모르겠다는 자동적 사고는 왜곡되어 있다고 하기 힘들며 매우 현실적이다. 그렇지만 이러한 생각에만 머무르고 있기보다는 보다 도움이 될 수 있는 생각을 하거나 실제 문제해결을 위한 행동을 할 수 있다. 예를 들어, 자신에게 직접 대항할 힘은 없지만 담임교사나 전문상담교사에게 도움을 요청할 수 있고, 꼭 나 혼자 해결해야 하는 것은 아니라고 생각을 해 볼 수 있으며, 실제로 전문상담교사에게 상담 신청을 할 때 예상되는 장점과 단점을 살펴보고 상담 신청을 어떻게 하면 되는지 그 절차나 방법을 치료자와 함께 논의할 수 있다.

2) 스키마

스키마(schema)는 자동적 사고의 토대가 되는 정보처리의 기본적인 틀이자 규칙이라고 할 수 있다. 또한 핵심믿음의 연결망으로 이루어진 인지적 구조로 정의되기도 하고, 암묵적인 믿음을 의미하는 것으로 여겨지기도 한다. 핵심믿음(core belief)은 가장 근원적인 수준의 믿음으로 모든 영역에 영향을 미치고, 유연성이 없으며, 지나치게 일반화되어 있다. 이에 비해 자동적 사고는 특정한 상황과 관련하여 생기고, 인지의 가장 표면적인 수준에 해당한다.

핵심믿음은 특정 상황을 바라보는 관점에 영향을 주기 때문에 세상을 바라보는 개인의 고유한 세계관이자 인간관이라고도 할 수 있다. 인지모델에 따르면, 이러한 믿음은 그것과 관련된 특정한 생활사건에 의해서 촉발되어 활성화될 때까지 드러나지 않은 채 잠복 상태로 존재한다.

핵심믿음 혹은 스키마는 상호 교환적으로 사용되는 용어이다.

물론 학문적으로는 핵심믿음을 내용과 관련된 용어로, 스키마는 구조와 관련된 용어로 구분하여 사용하지만, 실제 상담장면에서는 그러한 구분이 큰 의미가 없기 때문에 사실상 같은 의미로 사용된다.

핵심믿음 혹은 스키마는 어린 시절과 성장기 발달 경험에서 주로 형성되는데, 부모의 훈육, 학교에서의 경험, 또래관계, 외상, 성공 혹은 실패 경험 등을 포함한 다양한 생활경험에 의해 영향을 받는다. 기본적으로 사람들은 자신의 환경이나 경험을 이해하려고 하고, 적응을 위해서는 일관되게 자신의 경험을 설명할 수 있어야 한다. 따라서 사람들은 세상과 타인들과의 상호작용을 통해 스스로 이해할 수 있는 틀, 즉 핵심믿음 혹은 스키마를 만들게 된다.

Judith S. Beck은 핵심믿음과 자동적 사고 사이에 태도(attitude), 규칙(rule), 가정(assumption)으로 구성된 중간믿음(intermediate belief)을 포함하여 인지의 수준을 설명하였다. 중간믿음은 자동적 사고보다는 인식되기가 어렵지만 핵심믿음보다는 인식되기 쉬운 것으로 간주된다. 예를 들어, '나는 무능해.'라는 핵심믿음을 가진 사람이 '무능력하다는 것은 끔찍한 일이야.'(태도), '항상 열심히 일해야만 해.'(규칙), '열심히 일하면 실패하지 않을 수 있지만, 조금만 나태해지면 실패하고 말 거야.'(가정)라는 중간믿음을 가지고 있을 수 있고, 혼자서 교재를 읽는 중에 "이해하기 힘든 내용들이 왜 이렇게 많지? 난 머리가 나쁜가 봐."라는 자동적 사고가 스쳐지나갈 수 있다.

좀 더 핵심믿음으로 접근하기 위한 단계로서 중간믿음을 포함하여 치료 작업을 하는 이점도 있지만, 다뤄야 할 개념이 많아 부담이 생기기 때문에 중간믿음에 대한 설명과 작업을 실제 치료장면에서 포함할 것인지는 치료자의 선택에 달려 있다. 중간믿음이나 핵심믿음에 대한 치료 작업을 내담자에게 존재하는 (그렇지만 내담자가 모르고 있는) 어떤 믿음의 내용을 정답 찾기처럼 찾아내는 과정으로 보기보다는 자신의 반응에 지속적으로 영향을 미치고 있는 보다 근원적인 측면을 내담자가 탐색하고 깨닫는 여정으로 간주하는 것이 보다 치료적인 자세라고 할 수 있다.

치료자는 핵심믿음에는 적응적인 것들도 있고, 부적응적인 것들도 있다는 것을 인식하고 있어야 한다. 자동적 사고에서 언급한 바와 유사하게, 내담자의 핵심믿음은 적절할 수도 있고 적절하지 않을 수도 있다. 적절하든 그렇지 않든, 치료자는 내담자의 핵심믿음이 내담자의 성장과정에서 자신의 경험을 이해하기 위해 노력한 결과물로서 자신의 생존과 적응에 기여한 바가 있었기 때문에 계속 유지되어 왔을 것이라고 받아들이는 것이 바람직하다. 핵심믿음이 모두 잘못되었다는 식으로 내담자에게 전달된다면, 자신 전체 혹은 자신의 생존 노력 자체가 부인되는 느낌을 받을 수 있으므로 과거에는 적응에 기능적이었을 수 있지만, 현재 기능적이지 않은 측면을 내담자와 함께 밝혀 나가려는 태도가 협력적 경험주의를 유지하는 데 도움이 된다. 또한 인지치료의 목적은 부적응적인 핵심믿음의 영향을 줄이거나 수정하는 것뿐만 아니라 적응적인 핵심믿음을 확인하여 이를 강점으로 활용하도록 힘을 실어 주는 것도 있다.

핵심믿음에 대한 치료 작업은 보통 치료 초반을 넘어서서 중반 이후에 이루어지는데, 치료 초반에는 주로 자동적 사고를 확인하고 수정하는 작업을 하게 된다. 아무래도 자동적 사고가 핵심믿음보다는 의식적으로 접근하기가 더 용이하기 때문이기도 하고, 치료 초반부터 근원적인 믿음을 다루는 것이 내담자에게 위협이 되거나 부담이 되기 때문이기도 하다.

Beck은 인지적 내용-특수성 가설(cognitive content-specificity hypothesis)을 제시하였는데, 각 심리장애는 나름대로 독특한 인지적 내용을 지니고 있다고 주장하였다. 예를 들어, 우울한 환자들은 상실 및 패배와 관련한 우울한 내용의 인지를 보이는 반면, 불안한 환자들은 위험과 관련한 불안한 내용의 인지를 보이는 것으로 많은 연구에서 확인해 주었다.

우울을 야기하는 인지적 특징으로는 인지삼제(cognitive triad)를 들 수 있는데, 이는 자신을 실패자로 보고, 세상을 위협적이고 적대적인 것으로 인식하며, 미래를 절망적인 것으로 보는 특징을 의미한다. 세 가지 중 자신에 대한 부정적 견해와 미래에 대한 부정적 견해는 자살 위험과 연관된 것으로 밝혀졌다.

우울증의 경우처럼, 불안장애에도 취약성 요인으로 작용하는 역기능적 믿음이나 스키마가 존재한다. 아울러 그러한 믿음은 인지적 오류를 통해 유지되는데, 이러한 인지적 오류는 두려워하는 사건의 발생 가능성에 대한 과대평가, 두려운 사건의 심각성에 대한 과대평가, 그러한 사건에 대처하는 자기 능력의 과소평가 그리고 도움을 받을 수 있는 사람과 환경 요인에 대한 과소평가로 이루어진다.

Beck의 인지이론은 우울증에 대한 연구로부터 시작되었지만 불안장애에도 적용되었다. 다만 우울증에서 현저하게 나타나는 인지적 주제는 결핍, 패배, 상실인 반면, 불안장애에서 만연하는 주제는 위협으로 관련 인지적 주제는 다르다. 불안장애에서의 불안은 정상적인 불안반응과 동일한 연속선상에서 나타나는 것이지만, 지각된 위험에 대한 극단적이면서 과도한 반응이 특징이다.

Beck은 성격장애에 대한 이론에서 스키마의 개념을 좀 더 정교하게 발전시켰다. 스키마는 사건에 대한 의미를 부여하고 통합하는 구조이다. Beck은 스키마의 활성화 수준에 대해서도 설명하였는데, 스키마는 평상시 잠복상태에서는 정보처리에 관여하지 않지만 일단 활성화되면 모든 인지적 과정에 영향을 미친다. 정신병리 상태에서는 개인적인 특이한 스키마가 활성화되어 적응적이고 적절한 스키마의 작동을 억제할 수 있다. 성격장애의 경우, 이러한 특이한 스키마는 우울증이나 불안장애의 경우보다 훨씬 더 지속적인 영향을 미치게 된다.

3. 인지적 오류

Beck은 정서장애를 가진 사람들의 자동적 사고에서 논리적 오류가 있음을 발견하고, 이를 인지적 왜곡 혹은 인지적 오류라고 불렀으며, 인지적 오류를 확인하고 수정함으로써 정서장애의 치료를 촉진할 수 있다고 보았다. 다음에 11가지의 인지적 오류를 설명하였다.

1) 선택적 초점(selective abstraction)[1]

전체를 보지 않고 부정적인 일부 정보들만으로 결론을 내림. 자신의 입장과 맞는 특정 자료들만 받아들이고 입장과 맞지 않는 자료들은 무시함.

예: 전반적으로 운동을 잘하지 못하지만 전공 성적이나 친구관계가 무난한 대학생이 "나는 잘하는 운동이 하나도 없는 무능력자야."라고 생각함.

2) 임의적 추론(arbitrary inference)[2]

특정 결론을 내릴 만한 증거가 없거나 심지어 반대되는 증거가 있는데도 그러한 결론을 내림.

예: 초등학생 자녀가 어느 날 반 친구와 다툰 일을 얘기하자 엄마는 '이렇게 친구와 잘 지내지 못하면 따돌림을 받을 수 있고, 초등학교를 마치기 힘들지도 몰라.'라고 생각하면서 걱정이 됨.

3) 과잉일반화(overgeneralization)

한 가지 상황이나 증거를 가지고 모든 상황에 적용되는 일반적인 결론을 내림.

예: 첫 번째 데이트에서 지나치게 불안해한 대학생이 '난 연애

---

1) 정신적 여과(mental filtering)나 증거 무시하기(ignoring the evidence)라고도 함.
2) 비약적 결론(jumping to conclusion)이라고도 함.

할 자격이나 능력이 없나 봐.'라고 생각함.

4) 과장/축소(magnification/minimization)

어떤 속성, 사건 또는 느낌 등의 의미가 부정적인 측면은 과장되고 긍정적인 측면은 축소됨.

예: 외모는 보통이지만 머리가 똑똑하다는 다른 사람의 평가를 "외모가 보통이라는 말은 내가 별로라는 평가를 뜻하는 것이기 때문에 머리가 똑똑하다는 말은 그다지 중요하지 않아."라고 받아들임.

5) 개인화(personalization)

관련이 없는 외부 사건이나 상황을 자신과 관련시킴. 부정적인 사건에 대해 스스로 과도한 책임을 지거나 자기비난을 함.

예: 출근하여 직장동료에게 아침인사를 건넸으나 상대방의 표정이 어두운 것을 보고 '내가 뭘 잘못한 건가? 혹시 어제 내가 기분 나쁘게 한 행동이 있었나?'라는 생각이 바로 듦.

6) 이분법적 사고(dichotomous thinking)[3]

자신 혹은 타인에 대한 판단이 양 극단의 두 가지 범주(예를 들

---

3) 절대적 사고(absolutistic thinking) 혹은 흑백논리적 사고(all-or-nothing thinking)라고도 함.

어, 좋은 사람 혹은 나쁜 사람, 성공 아니면 실패, 100점 아니면 0점) 중 하나로만 이루어져 연속선상에서 생각하지 못함.

예: "내가 목표로 한 100점을 받지 못하고 90점을 받았으니 0점을 받은 것과 다를 바 없어. 결국 실패한 거잖아."

7) 당위 진술 혹은 강박적 부담(should statement)

'~해야 한다.'라는 진술 형태를 띠며, 자신과 다른 사람들이 어떻게 행동하고 살아야 하는지 매우 확고하고 경직된 생각.

예: 어린 자녀에게 화를 낸 후 죄책감을 느끼며 '좋은 엄마는 화를 내지 말고 항상 자녀에게 따뜻한 말을 건넬 수 있어야 하는데….'라고 생각함. 수업에서 발표를 하기 직전 발표불안이 있는 학생이 '떨지 말고 실수 없이 발표를 해내야 해. 그렇지 않으면 친구들이 이 정도 발표도 제대로 못한다고 우습게 보고 놀릴 거야.'라는 생각을 함.

8) 재앙화(catastrophizing)[4)]

미래의 결과를 지나치게 부정적으로만 예상하고 현실적으로 가능한 결과를 고려하지 않음.

예: 친구에게 화가 나도 자기표현을 한 번도 못해 본 사람이 속으로 '서운한 마음을 조금이라도 표현하다 보면 화가 나는 것을

---

4) 점쟁이식 오류(fortune telling)와도 유사한 특징임.

자제하지 못해서 어떤 상처 주는 말을 하게 될지 알 수 없어. 그러면 그 친구와는 완전히 깨져 버릴 거야.'라는 생각을 함.

9) 감정적 추론(emotional reasoning)

너무나 사실처럼 느껴지기 때문에 그렇지 않다는 증거는 무시한 채 사실이라고 받아들임.

예: 오랫동안 부정적 자아상으로 우울했던 대학생이 시험 결과를 받은 후 "이번 시험에 최선을 다했고 성적도 나쁘지 않게 나왔지만, 여전히 나는 실패자라고 느껴진다."라고 중얼거림.

10) 명명하기(labeling)

자신이나 타인에게 극단적이고 광범위하며 정당하지 않은 평가적인 꼬리표를 붙임.

예: "나는 형편없는 바보 멍텅구리야." "그 애는 정말 희망이 없는 사이코야."

11) 독심술(mind reading)

충분한 근거가 없는데도 다른 사람들이 무슨 생각을 하고 있는지 알고 있다고 믿음.

예: 데이트하는 중 잠시 침묵이 흐르자 남학생은 '상대방이 나를 얘기도 제대로 못하는 매력 없는 남자라고 생각하고 있을 거

야.'라고 생각함.

인지치료에서 인지적 오류 작업을 할 때 치료자가 주의해야 할 부분은 내담자의 인지적 오류 유형을 모두 찾아내거나 인지적 오류를 찾은 후 정확하게 명명하는 것보다는 내담자로 하여금 인지적 오류를 범하고 있다는 것을 깨닫도록 돕는 것이 더 중요하다는 점을 인식하는 것이다. 또한 한 가지 생각에 한 가지 오류만 포함되어 있는 것이 아니라 두 가지, 세 가지 오류가 중복되어 있는 경우도 흔히 있으므로 정답이 한 가지 정해져 있어서 그것을 정확하게 찾아야 한다는 잘못된 지침을 내담자에게 전달하지 않도록 주의해야 한다.

인지적 오류의 종류가 상당히 많은 편이어서 이를 처음 접하는 내담자의 입장에서는 정확하게 숙지하여 구분하는 것이 쉽지 않을 수 있다. 특히 자신의 자동적 사고가 어떤 오류 유형에 해당하는지를 명확하게 지적하는 것이 어려울 수 있으므로 내담자에게 반복된 교육과 연습을 시킬 필요가 있으며, 내담자에게 주로 자주 나타나는 오류 유형이 있다면 이러한 오류 유형 몇 가지에 초점을 두고 치료를 진행하는 것이 효율적이다.

4장
상담목표

인지치료의 주요 상담목표는 인지매개가설에서 볼 수 있듯이, 특정 사건(A)과 정서적 · 행동적 · 생리적 반응(C)을 매개하는 생각(B)을 찾아 수정함으로써 불쾌하고 고통스러운 반응을 감소시키는 것(C′)이라고 할 수 있다. 우리는 일상을 살면서 자신 혹은 타인의 정서적 반응이나 행동적 반응이 잘 이해가 되지 않거나 부적절하다고 느낄 때가 있는데, 이는 많은 경우 이러한 반응을 야기하는 자신 혹은 타인의 상황에 대한 주관적 해석이나 의미 부여를 정확히 알지 못하기 때문이다. 상담에서도 이와 마찬가지인데, 내담자의 잘 이해되지 않는 반응을 이해할 수 있는 열쇠는 특정 사건에 대한 내담자의 해석이므로 내담자가 이를 자각하고 이해하도록 돕고, 자각한 자신의 해석과 생각이 타당하고 유용한지 스스로 따져 볼 수 있게 함으로써 자신이 원하는 바(예를 들어, 불안이 줄어들어 가고 싶은 장소에 가는 것)를 이루는 것이 상담목표라고 할 수 있다.

Dienes 등(Corey, 2014 재인용)이 제시한 것처럼 '구체적이고 평가할 수 있는 목적을 정한 후 내담자를 가장 곤란하게 하는 부분을 해결하는 것'을 인지치료의 목표로 본다면, 증상의 완화, 즉 기분이나 생리적 증상의 변화가 상담목표가 될 수 있다. 앞서 언급한 인지매개가설에서의 반응의 변화가 될 것이다(C → C'). 그런데 반응이 변화하고 긍정적 결과가 유지되기 위해서는 이 반응을 야기하는 생각(B)의 변화가 궁극적으로 이루어져야 한다는 것이 인지치료에서는 중요하다. 문제 상황에서 스스로 자신의 생각을 자각하고 검토하여 적절하게 생각을 수정할 수 있다면 자가 치료자(self therapist)가 되었다고 할 수 있으며, 자가 치료자는 삶 속에서 나타나는 많은 문제를 해결해 나갈 수 있는 지혜와 기술을 가지고 있다는 점에서 인지치료의 궁극적인 목표이다.

내담자가 좋아졌다는 것에 치료자가 단순히 만족하지 않고 왜 혹은 어떻게 해서 좋아졌는지를 내담자가 이해하도록 돕는다면, 향후 문제가 닥쳤을 때 내담자가 자신만의 노하우를 적용하여 적절히 대처할 수 있을 것이다. 비유하자면, 인지치료는 내담자의 심리적 허기를 채워 주기 위해 물고기를 몇 마리 잡아 주려고 하기보다는 스스로 고기를 잡는 방법을 익히게 함으로써 치료자 없이도 스스로 허기를 채워 나갈 수 있는 사람, 즉 자가 치료자가 될 수 있도록 돕고자 한다. 이것이 인지치료에서 자가 치료자가 되는 것을 강조하는 이유이다.

자가 치료자가 되기 위해서는 자신의 생각을 자각하고 검토하며 수정할 수 있는 훈련이 필요한데, 이때 생각을 자각하기 위한 주요 단서가 되는 것이 내담자의 반응이며, 특히 정서적 반응에 주목함으로써 그 정서와 관련된 생각을 찾아들어 갈 수 있다. 인지치료에서는 항상 치료 초기에 자신의 반응을 자기 모니터링(self-monitoring)함으로써 문제가 되는 반응을 객관적으로 명료화하며, 이러한 명료화는 이후 자동적 사고를 구체적으로 탐색할 수 있게 해 준다.

자가 치료자가 되는 목표를 이루기 위한 주요 수단 중 하나로 과제를 언급할 수 있는데, 과제는 회기에서 배운 기술들을 회기 밖에서 계속 연습할 수 있게 해 줄 뿐만 아니라 자신의 생각을 일상생활에서 검증할 수 있게 해 준다. 내담자는 상담에서 해 보거나 깨달은 것들을 상담실 밖에서도 과제를 통해 확인해 봄으로써 실제 생활로의 일반화 가능성을 높일 수 있다.

지금까지 인지치료의 상담목표를 간략하게 언급하였지만, 앞선 인간관에서의 설명방식과 유사하게 인지치료의 목표를 다른 심리치료의 목표와 비교해 보면 인지치료가 지향하는 지점이 보다 분명해진다.

인지치료는 정신분석치료와는 달리 '치료과정의 신비화'를 벗어나고자 하는데, 객관적이고 명확한 치료모형을 내담자에게 제시하고 이해시키며, 치료자와 내담자의 협력을 통해 내담자 스스로 자신의 문제를 해결할 수 있는 기술과 자신감을 갖게 하여 자가 치료자가 되는 것을 치료의 목표로 잡음으로써 지속적이고 체계적인 훈련을 쌓아 나가면 누구든 사용할 수 있는 상식적이고 실용적인 방법을 제시한다는 특징이 있다.

REBT와 비교해 보면, 두 치료 모두 심리장애에서 부적응적 인지의 역할을 강조하고 이러한 인지의 수정을 목표로 한다는 유사성이 있다. 또한 두 치료 모두 지금-여기의 문제해결에 초점을 맞추어 심리치료의 초점을 현재의 사건에 둔다. 그러나 두 치료는 차이점 또한 많은데, 인지치료는 REBT에 비해 역기능적 믿음의 내용을 탐색하고 수정하는 치료 목표 외에 인지적 오류와 같은 인지과정에서 일어나는 편향적 오류를 바로잡고자 하는 목표를 가지고 있다. 또한 인지치료는 모든 사람이 가지는 보편적인 비합리적 믿음을 가정하기보다는 개인의 특수한 역기능적 믿음을 찾고자 한다.

Beck은 '비합리적'이라는 용어를 즐겨 사용하지 않았는데, 개인의 인생에서 현재 도움이 되지 않고 기능적이지 않은 믿음들이 과거 그 믿음들이 형성된 시기에는 도움이 되고 적절하였을 수 있기 때문이다. 아마도 Ellis는 비합리적 사고가 생물학적 기초를 지닌 것으로 보아 대부분의 사람을 그렇게 생각하게 만드는 경향성이 있다고 생각한 반면, Beck은 심리 장애의 발생에 있어서 생활사건의 영향이 크다는 점을 강조한 차이가 치료목표 설정에도 영향을 주었을 것이다. 치료방식에 있어서도 Ellis는 주로 합리적인 논박을 강조한 것에 비해, Beck은 자동적 사고 혹은 역기능적 믿음의 실증적인 검증을 중시한 차이를 보인다.

5장
상담과정 및 특징

인지치료 혹은 인지행동치료의 상담과정은 대부분 심리치료에서처럼, 치료 초반에 내담자의 문제에 대한 정확한 평가와 진단을 위한 노력에서 시작하여 내담자의 특징과 내담자가 경험하고 있는 문제를 통합적으로 이해하기 위한 사례개념화 작업 및 치료적 관계 확립으로 이어진다. 이번 장에서는 이러한 과정들에서의 특징과 주의사항을 알아보고, 인지행동치료에서 행하는 치료계획, 치료시간의 구조화, 치료 종결의 특징에 대해서도 살펴본 후, 마지막으로 인지행동치료에 대한 흔한 오해에 대해 풀이를 하고자 한다.

1. 평가

평가의 목적은 내담자의 문제를 인지모델에 따라 파악하여 진단적 정보를 확인하고 치료계획을 세우는 것이다. 이를 위해 다양한 원천으로부터 정보를 수집하게 되는데, 크게 면접, 질문지, 행동평가 등의 방법을 활용한다.

1) 면접

면접은 구조화의 정도에 따라 다양하지만 흔히 반구조화된 면접과 비구조화된 면접으로 구분한다. 반구조화된 면접은 DSM 진단준거에 따라 연구대상을 선정하는 연구 수행장면에서 전형적으로 많이 사용되는데, 대표적인 면접도구로는 DSM-5 장애에 대한 구조화된 임상적 면담(Structured Clinical Interview for DSM-5: SCID-5; First, Williams, Karg, & Spitzer, 2016)과 DSM-5의 불안장애 면담도구(Anxiety and Related Disorders Interview Schedule for DSM-5: ADIS-5; Brown & Barlow, 2014) 등이 있다. 반구조화된 면접에서는 치료자가 기본적으로 특정 장애의 준거와 관련된 질문 내용과 순서 등에 익숙해야 하지만, 내담자가 실제 대답하는 내용에 주의를 기울이고, 대답과 연관된 추가질문을 하며, 무엇보다 이러한 면접과정을 공감적으로 진행하는 것이 중요하다.

내담자가 특정 진단에 해당하는지를 확인하기 위한 목적이 아닌 경우에는 비구조화된 면접을 많이 사용하게 된다. 비구조화된 면접을 통해 내담자의 일상생활 기능 수준이나 대처방식 등 내담자의 전반적인 특징을 살펴보게 된다. 비구조화된 면접은 명칭 그대로 정해진 구조가 없이 진행되는 면접이지만, 많은 경우 면접에서 다루어야 할 주제 혹은 항목에 대한 지침을 가지고 있다. 지침은 대개 개인정보, 현재 문제, 가족배경, 개인력 등으로 구성된다. 개인정보에는 나이, 학력, 직업, 수입, 주거상태, 동거인 등이 포함된다. 현재 문제에는 주요 호소문제, 문제의 발생 시기와 진행경과, 촉발요인, 스트레스 사건, 문제에 대한 과거 치료, 문제와 관련된 자동적 사고나 핵심믿음 등이 포함된다. 가족배경에는 가족구성원 및 구성원의 나이, 구성원의 직업과 사회경제적 지위, 구성원의 성격 및 구성원 간 관계, 가족의 신체적 및 정신적 병력 등이 포함된다. 개인력에는 임신 및 출산 시 특이사항, 발달 시기별 특이사항, 학교 적응과 성적, 친구관계와 이성관계, 취미나 흥미, 남자의 경우 군대생활 등이 포함된다.

2) 질문지

질문지도 임상장면에서 널리 사용하고 있는 평가 도구로서 비교적 큰 부담 없이 내담자에게 시행할 수 있는 용이성이 장점이다. 주로 특정 증상을 평가하는 자기보고식 질문지가 사용되는데, 많이 사용되는 질문지로 Beck 우울질문지(Beck Depression Inventory: BDI), Beck 불안질문지(Beck Anxiety Inventory: BAI), Beck 무망감질문지(Beck Hopelessness Scale: BHS) 등을 들 수 있다.

자기보고식 질문지는 평가회기를 시작하기 전이나 후에 내담자에게 작성을 요청할 수 있으며, 질문지를 통해 확인된 결과는 내담자의 증상과 상태를 정확하게 파악하는 평가의 목적뿐만 아니라 치료가 시작된 이후 치료효과를 가늠할 기저선으로도 활용된다. 진단 후 증상의 심각도를 좀 더 종합적으로 평정하기 위해서는 각 장애별로 개발된 임상가 평정 척도를 자기보고식 질문지와 함께 사용하는 것이 바람직하다.

질문지의 결과와 면접 혹은 관찰 행동 간의 불일치가 발견될 때 이는 내담자의 주요 특징을 이해할 수 있는 또 다른 단서로 간주되며, 가능한 이유에 대한 가설을 세워 보고 이를 내담자에게 직접 물어보며 확인하거나 이후 치료과정 속에서 확인할 수 있다. 예를 들어, 면접에서는 일상생활에서의 무기력함과 활동 저하를 포함하는 우울 증상이 확인되었으나 Beck 우울질문지에서는 정상 범위의 점수가 나타났을 때 이 내담자는 자신의 정서나 행동에 대한 인식이 부족할 수 있고, 주관적인 우울의 호소보다는 동기 및 행동과 관련된 우울 증상을 주로 나타내고 있을 수 있다.

3) 행동평가

행동평가는 내담자의 행동을 주의 깊게 관찰하는 것인데, 상담센터에 들어와 대기하는 행동부터 면접에서의 행동이나 질문지를 실시하는 동안의 행동 등은 모두 내담자가 실제 생활에서 보일 수 있는 행동들의 표본이라고 할 수 있고, 다른 사람들에게 어떻게 대하고 행동하는지를 유추할 수 있는 정보를 제공해 준다.

행동을 평가하기 위한 보다 공식적인 절차는 행동검사로서 내담자가 두려워서 회피하는 행동이 어느 정도 수준인지를 확인해 볼 수 있다. 예를 들어, 새 공포증이 있는 내담자에게 두려움의 위계에 따른 자극을 제시하면서(예를 들어, 새 사진 보기, 새 인형 보기, 새가 날아다니는 동영상 보기, 새 인형 만지기, 새장에 있는 새 앞에 있기) 공포 및 회피 점수를 매길 수 있다. 행동검사는 실시를 위한 준비과정과 시간이 요구되어 연구 목적으로 많이 사용되고 임상 현장에서는 별로 사용되지 않지만, 내담자에 대한 유용한 정보를 얻을 수 있는 방법이다.

4) 그 외 방법

지금까지 살펴본 면접, 질문지, 행동평가 등의 방법 외에도 내담자 스스로 자신의 문제 행동을 관찰하여 기록하는 자기관찰 일지도 많이 사용하는 방법이며, 내담자와 생활하는 주변 사람들, 즉 부모, 배우자, 룸메이트 등을 통해 내담자에 관한 정보를 얻을 수도 있다. 치료자가 내담자의 주변 사람들에게 정보를 얻을 필요가 있다고 판단할 경우 내담자의 동의를 반드시 받아야 하며, 이러한 정보 탐색이 필요한 이유와 이러한 절차가 내담자의 치료에 어떤 도움이 되는지를 내담자에게 잘 설명해 주어야 한다.

5) 평가과정에서 유념해야 할 사항

평가과정에서 치료자가 유념해야 할 몇 가지 사항을 짚어 보면 다음과 같다. 우선, 평가해야 할 항목들을 기계적으로 질문하거나, 다음 질문을 머릿속에 떠올리면서 형식적으로 경청하기보다는 내담자의 이야기를 주의 깊게 경청하며 공감적 반응을 보일 필요가 있다. 평가과정은 치료로 이어지는 전 단계로서 내담자에게 치료에 대한 기대를 만들어 주고 치료적 관계 형성을 도모할 수 있는 기회이기도 하다. 따라서 치료자는 내담자의 정보를 수집하고 평가하는 목적이 내담자를 정확하게 이해하여 효과적인 치료계획을 세우는 것이라는 것을 내담자에게 언어적으로나 비언어적으로 충분히 전달할 필요가 있다.

둘째, 내담자의 문제를 사소화(minimization)하지 않고 보편화(normalization)하려고 노력해야 한다. 많은 내담자는 자신의 문제를 이 세상에서 자신만이 경험하는 특이하고 이상한 것으로 간주하여 치료자에게조차 얘기하기를 주저한다. 그러나 실제 내담자의 문제가 정말 특이하거나 이상한 경우보다는 흔히 임상장면에서 볼 수 있거나 보아 왔던 문제인 경우가 많다. 이럴 경우 유사한 문제로 고민하거나 힘들어하는 사람들이 적지 않음을 얘기해 주고 치료를 통해 좋아질 수 있음을 알리는 것은 내담자에게 큰 위안이 되며 치료에 대한 기대를 키우고 치료동맹을 향상시킬 수 있다. 다만 내담자의 문제가 사소하거나 별것도 아닌데 고민하는 것이라는 어감으로 전달되지 않도록 주의해야 하는데, 치료자의 지나치게 자신감 있는 태도나 희망적인 태도가 오히려 내담자에게는 자신의 문제를 충분히 이해하지 못한 것으로 받아들여 치료에 대한 불신을 야기할 수 있다. 따라서 내담자가 호소하는 문제의 독특성이나 개별성을 인정하면서도 유사하거나 동일한 문제들과 연결하여 설명함으로써 내담자에게 위안과 희망을 주도록 해야 한다.

셋째, 평가과정에서 내담자의 얘기를 들으면서 치료자는 자연스럽게 자신의 정서적 반응을 전달할 수 있고, 이는 내담자의 경험을 공감해 주고 타당화시키는 역할을 한다. 내담자의 슬프거나 두렵거나 화나는 얘기를 들으면서 나타나는 치료자의 정서적 반응은 자연스러운 것이다. 그러나 치료자에게서 과도하게 정서적 반응이 나타나면 내담자의 주의가 산만해지고 내담자 자신의 반응을 충분히 표현하지 못할 수 있기 때문에 내담자의 표현이나 반응을 넘어서는 치료자의 지나친 정서적 반응은 자제해야 한다.

2. 사례개념화

1) 사례개념화의 정의 및 필요성

사례개념화(case conceptualization)라는 용어는 사례설계 혹은 사례공식화(case formulation), 인지개념화(cognitive conceptualization) 등의 용어와 유사한 의미로 상호 교환적으로 사용되고 있다.

사례개념화는 내담자의 특정 문제가 인지모델로 이해될 수 있도록 가설을 만드는 것으로, 모든 내담자에게 평가와 치료의 전 과정에 걸쳐 사용되면서 치료과정의 효율을 높이는 주요 과정기법이다. 치료자는 접수면접, 심리검사 결과, 상담 회기 등에서 나온 내담자에 대한 많은 정보를 체계적으로 검토하여 내담자의 심리적 문제를 유지하는 요인들에 대해 가설을 발전시키고, 이 가설에 근거하여 치료계획을 세운다. 따라서 내담자에 대한 초기 평가와 본격적인 치료 사이에는 사례개념화라는 매우 중요한 단계가 있다. 사례개념화는 여러 조각으로 된 퍼즐을 잘 맞도록 합리적으로 맞추어 가는 과정과 유사하고, 회기가 진행되면서 추가되는 새로운 정보에 따라 변경될 수 있는 지속적인 과정이다.

Persons(1989)는 사례개념화를 '치료자의 나침반' 혹은 '길잡이'라고 표현했는데, 사례개념화에서 특히 이면기제 혹은 핵심믿음에 대한 치료자의 가설은 치료자가 개입방법을 선택하는 데 매우 중요한 길잡이가 된다. 만약 사례개념화 없이 치료계획을 세운다면, 치료자가 생각하는 치료방법들을 이것저것 적용해 보고, 뭐라도 하나 효과가 있기를 기대하는 산탄총식 접근을 할 수밖에 없을 것이다.

특정 장애를 치료하기 위한 효과적인 인지행동치료 기법들이 매뉴얼로 나와 있기 때문에 진단만 잘 이루어진다면 매뉴얼에 따라 인지행동치료를 진행할 수 있다고 생각하기 쉽다. 하지만 이는 내담자에 대한 이해 없이 기법만을 적용하는 태도이며, 심리치료를 매우 기계적으로 접근하는 위험한 발상이다.

Persons(2008)에 따르면, 사례개념화가 치료진행에 필수적인 이유는, 첫째, 치료 매뉴얼은 보통 단일장애 치료를 위해 개발되어 있지만 일반적으로 내담자는 여러 장애와 문제를 동시에 가지고 있다. 둘째, 내담자가 단일장애만 가졌을 경우에도 내담자에 따라 많은 이질적 증상이 있기 때문에 동일하게 접근할 수 없다. 셋째, 어떤 한 가지 장애나 문제, 예를 들어 우울에 여러 가지 경험적으로 지지되는 치료기법이 있을 수 있지만, 어떤 치료기법이 어떤 내담자에게 적합할 것인지는 매뉴얼이 제시해 주지 못한다. 넷째, 모든 문제에 대해 효과가 있는 것으로 확인된 만병통치의 치료기법은 없으므로 특정 내담자의 문제에 효과적일 것으로 예상되는 치료기법을 면밀히 연계하는 노력이 필요하다.

Persons(1989)는 규칙적으로 운동하는 것을 자꾸 미루는 행동이 표면적인 문제로 똑같은 두 환자 A와 B를 예로 들어 사례개념화의 필요성을 설명하였다. 치료자는 두 사람 모두에게 자신의 운동(A는 조깅, B는 수영)에 대한 계획표를 작성해서 수행해 보는 과제를 주었는데, 이 치료적 개입은 미루는 행동을 해결하는 접근으로 A에게는 효과적이었지만, B에게는 효과적이지 않았다. A는 계획을 세우고 그것을 일관성 있게 수행하지 못하는 것이 핵심문제였기 때문에 계획표를 사용함으로써 도움을 받을 수 있었지만, B는 수영복을 입은 자신이 남들에게 어떻게 보일까, 다른 사람들이 흉하다고 생각하지 않을까라는 두려움이 핵심문제였기 때문에 이러한 두려움을 건드리지 않은 상태에서 계획을 세우는 것만으로는 효과를 보기 어려웠던 것이다.

2) Persons의 사례개념화 모델

Jacqueline B. Persons

그렇다면 어떤 방식으로 사례개념화를 해야 할 것인가? Persons(2008)의 사례개념화 모델에서는 다음과 같은 다섯 단계의 접근을 제시하였다. 첫째, 내담자의 문제를 총망라한 문제목록 작성하기, 둘째, 장애와 문제를 유발하는 기제 확인하기, 셋째, 현재 문제를 활성화시키는 촉진요인 명료화하기, 넷째, 내담자의 어린 시절에서 현재 문제의 기원 고려하기,

〈표 5-1〉 Persons의 사례개념화 모델 5단계

1. 문제목록 작성하기
2. 문제 유발기제 확인하기
3. 촉진요인 명료화하기
4. 현재 문제의 기원 고려하기
5. 모든 요소를 전체로 통합하기

다섯째, 모든 요소를 일관성 있게 전체로 엮기가 그것이다. 이들 단계를 하나씩 살펴보면 다음과 같다.

먼저, 문제목록 작성하기는 내담자가 경험하는 모든 문제를 확인하여 목록으로 기록하는 것이다. 이러한 종합적 문제 목록은 DSM의 진단적 범주를 넘어 삶의 전반적 영역에서 내담자가 어느 정도 기능하는지를 탐색하도록 해 주는데, 정신과적 증상, 대인관계적 · 직업적 · 학업적 · 의학적 · 경제적 · 주거환경적 · 법적 · 여가적 문제, 정신건강 및 의학적 치료와 관련한 문제 등을 살펴보아야 하며, 흔한 문제로는 우울, 공황발작, 사회불안, 공포증, 폭식, 알코올 남용, 자녀문제, 직장이나 결혼생활 갈등, 사회적 고립, 실직, 경제적 곤란, 생활상의 불만, 두통, 불면 등이 있다.

내담자가 막연하고 모호한 설명을 할 때에는 보다 분명하고 구체적인 문제목록으로 명료화시키기 위해 치료자는 문제와 관련된 특정 상황을 중심으로 자세하게 설명하도록 요구해야 한다. 내담자가 치료자에게 중요한 문제라고 말하지 않은 내용도 내담자의 현재 문제의 기원 또는 유지 요인에 핵심적인 역할을 하는 경우가 있으므로 내담자의 동의를 받아 목록 후순위에 포함시키는 것이 좋다. 목록의 모든 문제가 치료의 초점이 되는 것은 아니지만, 관련된 모든 항목을 문제목록에 기재하여 이것이 핵심문제와 관계가 있는지를 살펴볼 수 있도록 하는 것이 중요하다.

내담자가 문제를 아예 언급하지 않거나 언급하더라도 중요한 문제로 간주하지 않는 경우, 그 이유는 다양할 수 있는데, 문제가 너무 압도적이거나 해결할 수 없다고 느끼고 있을 수도 있고, 남에게 얘기하기 너무 부끄러운 문제라고 생각하고 있을 수도 있으며, 문제를 건드리면 감당할 수 없는 고통이나 어려움이 초래될 것으로 생각할 수도 있고, 도박중독이나 알코올 의존에서처럼 스스로 문제라고 생각하지 않거나 그 영역에 대해서는 변화를 원하지 않을 수도 있다. 이러한 경우 치료자는 치료상황에서 내담자의 행동을 주의 깊게 관찰하고, 내담자의 가정사나 사회사를 탐색하며, 내담자의 가족이나 지인, 혹은 이전 치료자와 접촉을 통해 정보를 얻고, 심리검사 결과를 참고하여 내담자가 보고하지 않았을 수 있는 문제를 유추할 수 있으며, 접수면접이나 치료회기에서 나온 내용들을 토대로 내담자의 이면기제에 대해 가설을 세울 수 있다.

문제목록을 작성했다면, 그다음은 목록에 기록한 문제들 중 우선적으로 치료를 받아야 할 문제를 5개 내외로 추리는 작업을 하게 된다. 이때 문제목록 각각에 대해 주관적 불편감 점수[Subjective Unit of Distress(or Discomfort) Scale: SUDS]나 치료의 시급성 등을 평가하여 치료의 우선순위를 매길 수 있다. 문제가 추려지면 각 문제의 정서 · 인지 · 행동 요소에 대한 정량적인 정보를 얻어야 하는데, SUDS를 활용하여 내담자에게 불편의 정도를 100점 만점에 몇 점 정도인지로 평가하게 할 수도 있고, 활동일지 등을 써 보게 함으로써 객관적으로 자신의 행동을 관찰하게 할 수도 있으며, 우울문제인 경우 BDI를 작성하게 하여 자기보고식 평가를 할 수도 있다.

이와 같은 정량적 정보는 문제를 정확히 이해하고 사례개념화를 할 수 있도록 해 주며, 나중에 치료효과를 평가하기 위한 기초지표로도 중요하다. 어떤 문제, 특히 대인관계 상의 문제는 치료가 진행되어 치료자와의 관계가 발전된 후에야 분명히 드러나는 특징이 있다. 따라서 문제목록을 작성하는 작업은 치료 초기에만 국한된다기보다 치료과정 중에 지속적으로 이루어져야 한다.

둘째, 문제 유발 기제를 확인하기인데, 사례개념화의 핵심 단계로서 내담자의 문제와 증상을 유발하고 유지하는 심리적 기제를 기술하는 것이다. 사례개념화의 최종 목적은 개별적으로 보이는 내담자의 모든 문제를 엮어서 설명할 수 있는 최소한 한 가지의 가설을 만들어 내는 것이다. 이를 위해 중점적으로 다룰 증상들을 선택하고, 이 증상들을 설명할 수 있는 기초 이론, 예를 들어 Beck의 인지이론을 선택하여 이 이론을 개인 사례에 적용하고 추정하게 된다. 대개 이 단계에서 인지모델에 포함된 요소인 상황이나 사건, 자동적 사고, 반응, 핵심믿음 등을 유추하여 기술하게 된다.

셋째, 촉진요인 명료화하기로서 상당 기간 여러 문제를 경험하고 있었음에도 불구하고 지금에야 치료장면에 오게 한 요인이 무엇인지를 살피게 되며, 이는 내담자의 문제를 완화시키거나 악화시키는 상황 혹은 조건을 확인해 봄으로써 더욱 명료화할 수 있다. 내담자의 현재 문제들의 선행사건에서 치료자가 가정하는 기제, 즉 비합리적 자동적 사고나 핵심믿음이 관련되어 나타나는지를 탐색하는 것이 중요하다.

넷째, 현재 문제의 기원 고려하기인데, 내담자의 문제에 대한 가설적인 기제가 내담자의 초기 경험과 어떻게 관련되는지 이해하기 위해 내담자의 개인적 삶의 여정을 자세히 살펴보는 단계이다. 인지행동치료자들은 치료에서 어린 시절의 경험을 논의하는 데 비중을 별로 두지 않지만, 치료회기에서 초기 경험의 탐색을 위해 약간의 시간을 할애할 때의 이점이 있다. 이러한 탐색을 통해 문제행동이 처음에 어디에서 어떻게 발생했으며, 왜 부적응적인 생각과 행동이 현재까지 유지되는지에 대해 중요한 단서들을 찾을 수 있을 뿐만 아니라 내담자의 초기 경험을 공유함으로써 내담자에게 이해받는다는 느낌을 더 갖게 하여 치료적 관계를 강화하는 데 기여할 수 있다.

마지막으로, 모든 요소를 일관성 있게 전체로 엮기인데, 종합문제목록에서 추린 주요 문제들이 생성되고 유지되는 기제, 촉진요소, 문제의 초기 기원 등을 하나의 모형 및 통합가설로서 기술하는 최종 단계이다. 이 단계에서는 모든 주요 문제가 하나의 큰 그림 속에서 일목요연하면서도 유기적으로 연결되어 표현되고 이해된다.

3) J. Beck의 사례개념화 모델

지금까지 Persons의 사례개념화 모델을 살펴보았는데, Beck의 경우에도 인지개념화(cognitive conceptualization)라는 용어를 주로 사용하면서 Persons와 유사한 과정들을 설명하였다. 다만, Beck은 태도(attitude), 규칙(rule), 가정(assumption)으로 구성되어 있는 중간믿음을 포함하여 중간믿음이 핵심믿음과 자동적 사고를 이어주는 구조로 사례개념화를 시도하고 있으며, 고통스러운 핵심믿음에 대처하고 자신을 보호하기 위해 발전시키는 행동적 전략인 보상전략이라는 개념을 도입하였다.

중간믿음에서 태도는 "실수하는 것은 끔찍한 일이야."처럼 대개 'A is B' 형태로 표현되고, 규칙은 "실수해서는 안 돼."처럼 'should statement' 형태로 나타나며, 가정은 "조그마한 실수라도 한다면 실력 없음이 만천하에 드러날 거야."처럼 'if~ then~'의 형태로 표현된다. 사실 보상전략이라는 것은 모든 사람이 자주 사용하는 정상적인 행동이라고 할 수 있다. 그러나 스트레스 상황에서 내담자들이 좀 더 기능적인 전략을 희생시키면서까지 이들 보상전략을 과도하게 사용하는 것이 문제가 된다.

중간믿음에서 'if~ then~' 형태의 가정들이 흔히 핵심믿음과 보상전략을 연결시켜 주는데, 예를 들어 "만약 내가 '보상전략대로 (열심히 공부)한다.'면, '나의 핵심믿음(사람들로부터 인정받지 못할 거야)은 실제로 일어나지 않을 거야.' 그러나 만약 내가 '보상전략대로 (열심히 공부)하지 않으면' '나의 핵심믿음(사람들로부터 인정받지 못할 거야)은 일어날 수도 있을 거야.'"와 같은 내용의 믿음으로 구성될 수 있다. 이 예에서는 사람들로부터 인정받지 못할 거라는 핵심믿음에 대한 보상전략으로 열심히 공부하는 행동이 나타났는데, 열심히 공부하는 것이 부정적 핵심믿음의 출현을 막아줄 거라는 믿음(실제로 어느 정도는 핵심믿음이 결과하지 않도록 하는 효과도 있음) 때문이다. 그렇지만 같은 핵심믿음을 가지고 있어도 회피의 효과를 기대하는 중간 믿음을 가지고 있다면 보상전략으로 발표를 회피하거나 대인관계를 회피하는 행동을 보일 것이다. 유사한 내용의 핵심믿음을 가져도 중간믿음의 내용에 따라 다른 보상전략(혹은 방어행동)을 사용하게 되며, 어린 시절의 환경과 유전적 성향이 특정한 믿음과 보상전략을 발전시키는 것으로 보고 있다.

실제 임상현장에서 내담자와 인지행동치료를 진행하는 경우 인지모델에 여러 개념이 등장하는 것이 내담자에게는 심리적 부담이 될 수 있다. 따라서 중간믿음이라는 수준을 포함하여 치료를 진행하는 것이 좋을지는 내담자의 치료동기나 지적 수준, 혹은 치료회기 수 등을 감안하여 치료자가 융통성 있게 선택하여 진행하면 된다.

4) 사례개념화와 치료계획

사례개념화는 문제들 간의 상호 관련성을 이해할 수 있게 해 주고, 적절한 치료방법을 선택할 수 있게 해 주며, 내담자의 핵심문제와 가장 밀접하게 관련되어 있는 문제에 초점을 맞추게 해 준다. 또한 치료회기를 포함하여 내담자의 일상적 행동을 예측하게 해 주는데, 반복해서 나타나는 관계적 패턴을 파악하여 대인관계의 문제점을 이해하고 해결할 수 있게 해 주고, 치료가 실패했을 경우에는 사례개념화 검토 및 재정립을 통해 방향을 재설정할 수 있게 해 준다.

사례개념화를 작성하는 것은 자연스럽게 치료계획의 수립으로 이어지는데, 치료가 진행되면서 사례개념화의 수정 및 보완에 따라 치료계획이 수정될 수 있다. 또한 사례개념화는 치료를 실행함에 있어 장애물을 예견하는 데 도움이 되는데, 예를 들어 내담자가 과제를 잘해 오지 않을 때, 그 이유가 과제를 하면서 실수를 할까 봐 두려워서인지, 과제를 완벽하게 해내지 못해 치료자로부터 부정적 피드백을 받을 것을 두려워해서인지, 치료적 향상에 도움이 되지 않는다고 생각해서인지 등을 사례개념화에 기초하여 검토해 볼 수 있다.

초보 치료자의 경우에는 치료 매뉴얼을 활용하는 것이 좋은 선택이 될 수 있는데, 치료 매뉴얼은 사례에 대한 구조를 제시하고, 구체적 문제나 장애에 대한 치료 진행방법을 명확하게 제공해 주기 때문에 초보 치료자가 경험하는 불안을 완화시켜 내담자에게 주의의 초점을 맞출 수 있도록 도울 수 있다. 그러나 앞서 언급한 것처럼, 사례개념화 없이 기계적으로 매뉴얼을 적용하는 것은 효과적인 치료접근에 반하는 것이다. 따라서 치료 매뉴얼은 사례개념화에 기초하여 사용해야 한다.

5) 사례개념화 피드백

치료자는 사례개념화를 내담자와 공유해야 하는데, 내담자에게 일방적으로 제시하기보다는 하나의 가설로서 제시하고, 내담자에게 그것을 수정할 기회를 주어야 한다. 이를 사례개념화 피드백 과정이라고 하는데, 치료자는 사례개념화와 관련된 정보를 내담자에게 간략하게 제시하는 것이 좋고, 내담자가 이 정보에 대해 갖는 느낌이나 생각을 수용적으로 경청해야 한다. 피드백 과정에서 치료자는 먼저 문제목록을 검토하고 빠진 것이 없는지를 확인하며, 내담자가 변화를 위해 많은 노력을 해 왔음에도 불구하고 문제가 지속되어 온 이유를 인지행동적 용어로 설명해 주게 된다. 치료자는 내담자의 문제를 사례개념화한 내용에 대해 간략히 전달하면서 그 설명이 얼마나 내담자 자신의 모습이나 문제와 일치한다고 느끼는지 확인한다.

치료자는 사례개념화 공유과정에서 피드백에 대한 내담자의 반응에 개방적이어야 하며, 사례개념화는 계속되는 과정임을 유념하면서 필요한 경우 적절하게 수정할 수 있어야 한다. 피드백에서 유념할 부분은 내담자의 문제와 취약점만 논의하기보다는 내담자의 강점을 언급함으로써 공감적이고 긍정적인 방식의 피드백을 제공하는 것이 필요하다는 것이다. 내담자가 치료를 받고자 하는 것 자체가 강점이므로 이러한 부분부터 격려하고 강화해 주는 것이 바람직하다.

내담자가 아직 치료를 선택하지 않은 상황이라면, 인지행동치료나 다른 심리치료, 혹은 약물치료와 같은 다양한 치료 선택이 있음을 알려 주고 각각의 장점 및 단점을 제시해야 하며, 인지행동치료를 받게 된다면 어떤 방식으로 받게 되는지 또 어떤 특징의 치료인지를 내담자가 알 수 있도록 주요 정보를 제공해야 한다.

6) 진전도 모니터링

사례개념화 과정에서 마지막으로 꼭 언급해야 할 사안은 진전도 모니터링(progress monitoring)이다. 치료 초기에 좋은 반응을 보이지 않는 내담자의 경우, 치료자가 내담자의 상태가 좋지 않다는 피드백을 받을 때가 이러한 피드백을 받지 않을 때보다 결과적으로 나중에 더 좋은 치료효과가 나타났다는 연구결과가 있다(Lambert et al., 2005). 따라서 치료자가 내담자의 진전을 모니터할 때 내담자는 더 좋은 결과를 갖게 된다. 이로 볼 때 치료에서 진전도 모니터링은 매우 중요한 요소이다.

경험적으로 지지되는 치료, 즉 EST(Empirically Supported Treatment)는 대부분 모니터 단계로 시작한다. 모니터 자료는 변화를 위한 기초 정보를 제공하고, 문제들 간의 관계성에 대한 개념화 가설을 세우고 검증하는 데 도움이 되며, 자료 공유를 통해 내담자에게도 치료 결정의 중요한 역할을 부여함으로써 치료관계를 강화할 수 있다.

매 치료회기의 시작과 끝날 때, 회기 동안, 치료 시작 1~3개월 또는 6개월 후나 치료 종결 시 결과와 과정을 모니터할 수 있는데, 가급적 매 회기 시작 때 간단하게라도 모니터링 작업을 하는 것이 치료적으로 바람직하다.

치료목표 혹은 모니터 목적에 따라 모니터할 표적이 증상이 될 수도 있고, 감정이 될 수도 있으며, 기능 정도가 될 수도 있다. 또한 예-아니요 표기, 빈도, 지속시간, 강도(0~10 혹은 0~100) 등의 평가방법 중 적절한 것을 선택하여 기록하면 된다. 특정 증상 측정을 위해 BDI, BAI, 상태 불안 척도(State-Trait Anxiety Inventory: STAI), 예일-브라운 강박 척도(Yale-Brown Obsessive Compulsive Scale: Y-BOCS) 등과 같은 지필검사를 활용할 수 있고, 감정상태 확인을 위해서는 긍정적 · 부정적 감정 척도(Positive and Negative Affect Schedule: PANAS), 기분차트, 생활기록지 등을 사용할 수 있다.

진전도 모니터링 점수를 그래프에 그려 시각화하고, 이를 내담자와 함께 검토해 보면 평가, 개념화, 치료에 도움이 될 수 있는데, 치료과정 중 여러 회기의 모니터 점수들을 살펴봄으로써 치료자와 내담자 모두가 치료 경과 및 효과와 관련된 중요한 정보를 얻을 수 있다. 예를 들어, 10회기를 치료받은 우울증 내담자에게 치료자가 우울이 다소 호전되었다는 것을 알려 주었을 때 내담자가 이를 인정하지 않고 여전히 우울하다고 주장하더라도, 매 회기에 실시했던 BDI 검사 점수들이 보여 주는 결과가 점진적인 우울의 감소 경향이라면 내담자에게 조금씩 호전이 이루어지고 있음을 희망적으로 얘기할 수 있을 뿐만 아니라 내담자가 부정적으로 지각하고 해석하는 인지적 특징이 여기에서도 나타나고 있음을 함께 논의하며 치료적으로 다룰 수 있다.

모니터링은 자신을 객관적으로 관찰하여 기록한다는 측면에서 자기인식(self-awareness), 마음챙김(mindfulness)과 유사한 특징을 지니고 있다. 치료장면에서는 주로 내담자 입장에서 자신의 문제에 대해 모니터링하는 것이 초점이 되지만 치료자 입장에서 객관적인 도구를 사용하지 않고 내담자-치료자 상호작용을 관찰하거나 치료자 자신의 정서적 반응을 관찰하는 형태로 모니터가 이루어질 수도 있으며, 치료자의 자기 모니터링을 통한 성찰은 인지행동치료뿐만 아니라 모든 심리치료에서 중요한 부분이다.

지금까지 설명한 사례개념화에 대한 내용들을 정리하자면, 치료자는 사례개념화를 통해 내담자의 입장에 서서 내담자가 겪어 온 일들에 대하여 공감하고, 내담자가 느끼고 있는 것을 이해하며, 내담자의 눈을 통하여 내담자의 문제를 바라보고자 한다. 사례개념화는 치료자와 내담자 모두에게 논리적으로 납득이 되는 것이어야 하며, 추가 자료가 모일 때마다 계속적으로 재검토되고 세련되게 다듬어져야 한다. 사례개념화가 정확하면 내담자는 '잘 들어맞는다는 느낌'을 가지며, 치료자의 설명이 자신의 모습과 일치한다고 동의할 것이다. 또한 사례개념화가 정확하고 이에 맞추어 치료가 진행되었다면 치료효과가 나야 할 것이다.

치료자는 사례개념화를 시도할 때, 큰 틀에서 시작하여 정보가 생길수록 구체화시켜 나가는 것이 바람직하고, 치료에서 나타나는 내담자의 행동들이 사례개념화로 설명이 되는지 확인해야 한다. 또한 내담자의 강점을 사례개념화 및 치료계획에 포함시킬 수 있도록 신경써야 하고, 사례개념화의 주요 내용을 내담자와 공유하면서 피드백에 따라 융통성 있게 그 내용을 수정해 나가야 한다.

3. 치료 관계

1) 심리치료와 치료관계

Norcross(2002)에 따르면, 치료관계가 심리치료 효과의 약 30%를 설명하는 것으로 추정되어 실제 구체적인 치료기법이 심리치료 효과에 미치는 것으로 추정된 영향력 약 15% 정도를 능가하는 것으로 나타났다. 이에 더해 치료에 대한 기대가 치료효과의 15% 정도를 설명하는 것으로 나타나 치료자가 내담자와 관계 형성을 잘하고 내담자에게 치료에 대한 기대를 긍정적으로 심어 주는 것이 치료효과에 매우 중요한 것으로 드러났다.

한 가지 흥미로우면서도 생각해 봐야 할 결과는 치료외적 변화가 심리치료 효과의 40% 정도를 설명하는 것으로 나타났는데, 당연한 얘기이기도 하지만 결국 치료자가 내담자의 치료적 변화를 모두 책임질 수 없음을 잘 보여 주는 통계 수치이다. 내담자는 대개 일주일에 1회나 2회 심리치료를 받으러 와서 치료자와 만나고, 과제 등을 통해 자신의 문제해결을 위한 노력을 이어 감으로써 생활의 많은 시간을 치료와 관련된 활동에 투입할 수 있지만 치료자의 통제 하에 있지 않은 치료외적 부분들이 많을 수밖에 없다. 따라서 치료자 입장에서는 심리치료가 내담자에게 영향을 미칠 수 있는 부분에 있어 최선을 다한다는 자세와 치료관계 수립의 중요성을 인식하는 것이 필요하다.

2) 인지행동치료와 치료관계

치료관계 수립을 위한 절대 원칙이나 첩경은 사실상 존재하지 않는다고 해야 할 것이다. 인지행동치료는 치료관계를 치료효과를 위한 필요충분조건이 아닌 필요조건으로만 보는 전통이 있어 치료관계를 중시하지 않는다는 오해를 받기도 하였다. 필요충분조건이 아닌 필요조건으로 보는 입장에서 충분한 치료효과를 내기 위해서는 치료관계 수립에 이어 구체적인 특정 기법이 역할을 해야 한다. 좋은 치료관계를 형성하는 것은 특정 기법의 효과를 극대화하기 위해 필요한 것이지 그 자체로 충분히 치료효과를 보장하는 것은 아니라고 본다.

이러한 입장에 더해 대부분의 초기 인지행동치료 저서가 치료관계의 중요성을 강조하지 않은 채 기법 중심으로 구성됨으로써 인지행동치료는 치료관계의 중요성을 간과한다는 오해를 부채질하였다. 그러나 인지행동치료 역시 심리치료의 한 가지 접근일 뿐이다. 심리치료가 가지고 있는 기본적인 대면적 인간관계의 맥락을 떠나서 인지행동치료가 존재할 수는 없다. 다른 심리치료에서 나타나는 치료자와 내담자의 관계적 특징이 인지행동치료에서는 나타나지 않는다거나 다르게 나타난다고 가정할 아무런 이유가 없다. 따라서 인지행동치료에서의 치료관계는 다른 심리치료에서 언급할 수 있는 치료관계와 기본적으로 동일한 맥락에 있다고 할 수 있다. 더구나 Beck의 인지치료는 내담자 스스로 자신의 문제를 해결할 수 있는 자가 치료자가 될 수 있도록 필요한 기술을 배워 나가는 치료목표를 이루기 위해 강력한 협력적 치료동맹이 필수적이다.

치료동맹 수립을 위한 치료자의 자질은 Carl Rogers가 이미 얘기한 바 있으며, 인지행동치료에서도 마찬가지로 이러한 자질은 필수적이다. Rogers가 언급한 세 가지 자질은 내담자의 관점으로 그들의 세상을 보는 능력인 공감, 자신이 생각하고 느끼는 것과 일치되게 말하고 행동하는 진솔성, 조건이나 결과와 상관없이 있는 그대로 수용하고 존중하는 무조건적인 긍정적 존중이다.

3) 공감

인지행동치료에서는 적절한 공감을 강조하는데, 내담자의 문제를 해결해 나가기 위해서는 치료자가 내담자의 입장에서 내담자의 감정과 생각을 이해하는 것뿐만 아니라 내담자의 문제를 객관적으로 바라보는 것이 필요하기 때문이다. Beck 등(1979) 역시 치료자가 공감과 개인적인 따뜻함을 적절하게 조절하는 것이 중요함을 강조하였다.

일반적으로는 내담자에게 치료자의 공감이 부족하다고 느껴질 때 문제가 되지만, 치료자의 과도한 공감이 오히려 치료를 방해하는 경우도 있을 수 있다. 예를 들어, 편집증적 특징으로 의심이 많은 내담자의 경우에는 치료자의 친절이나 공감에 대해 경계를 하며 그 의도를 살필 수 있는데, 과도한 공감 행동에 대해 이러한 경계가 더 심하게 나타나 초기의 치료관계 형성이 더욱 어려울 수 있다.

자존감이 낮고 타인에 대한 신뢰가 부족한 내담자의 경우에도 치료자의 과도한 공감 노력을 부정적으로 받아들일 수 있다(예를 들어, "치료자가 저렇게 노력하는 것을 보니 내가 너무나 부족한 사람인 게 틀림없어." "나를 잘 모르니까 저렇게 친절하게 대하지만, 조금만 더 알게 되면 태도가 바뀌게 될 거야."). 내담자가 자신에 대한 부정적 믿음이나 생각을 가지고 있는데 치료자가 지속적으로 공감적 표현을 하게 되면, 은연중에 내담자의 부정적 믿음이나 생각을 강화할 수도 있다.

또한 공황장애 내담자의 신체 증상에 대한 공포를 끊어 내고 광장공포증의 회피행동을 해결하기 위해 노출훈련을 할 때, 치료자가 내담자의 정서적 고통에 과도하게 공감하게 되면 적극적인 노출을 시도하지 못하고 내담자의 회피행동에 동조하게 될 우려도 있다. 이처럼 치료자의 의도와 상관없이 과도한 공감이 내담자에게 오히려 부정적 영향을 미치는 맥락이 있을 수 있으므로 치료자는 자신의 공감적 태도가 내담자에게 어떻게 전달되는지 그리고 과도하지는 않은지 살필 필요가 있다.

내담자에게 공감해 주는 타이밍 역시 중요한데, 치료자는 너무 서두르거나 성급하게 공감적 표현을 전달하지 않도록 주의할 필요가 있다. 치료자가 내담자의 문제를 충분히 이해하지 못한 상태에서 서둘러 공감의 표현을 한다면, 내담자는 제대로 이해받고 있다는 느낌을 받지 못할 뿐만 아니라 치료관계를 형식적이고 가식적인 것으로 느낄 수도 있다. 따라서 치료자는 내담자에게 공감을 표시하려고 할 때 다음과 같은 질문들을 스스로에게 던져 볼 필요가 있다. "나는 내담자의 문제와 고통을 얼마나 잘 이해하고 있는가?" "지금이 공감을 표현하기에 적절한 맥락인가?" "지금 내담자에게 공감을 표현했을 때 부작용은 없을 것인가?"

인지행동치료에서도 공감의 표현은 진솔성과 무조건적 존중의 태도 하에서 나오는 것이 바람직한데, 내담자의 부정적 측면을 일부러 숨기지 않으면서도 내담자의 강점과 긍정적 측면을 적절히 피드백하게 된다. 치료자는 내담자가 자신의 문제를 극복해 나갈 수 있도록 치료적 피드백을 해 주게 되는데, 공감적 표현과 더불어 다양한 인지행동 기법을 사용하여 내담자가 합리적인 사고와 적응적인 대처행동을 할 수 있도록 격려한다. 이렇게 본다면 좋은 인지치료자의 자질에 낙관성과 인간의 변화 가능성에 대한 믿음이라는 항목을 추가해야 할 것이다.

공감적이고 따뜻하며 진솔한 태도로 치료에 임하는 것이 초보 치료자에게는 말처럼 쉽지는 않을 뿐만 아니라, 실제 그러한 태도를 자신이 가지고 있는지 확신하지 못하는 경우도 많다. 초보 치료자가 내담자에게 공감할 수 있는 자원을 줄이는 요소 중 하나는 치료자의 불안으로 인한 자기몰입이다.

초보 치료자는 자신이 치료를 잘 해낼 것인지 불안해하면서 내담자에게 초보로 비춰져 실력이 부족한 치료자로 받아들여질 것을 두려워하기도 하고, 나중에 수련감독자에게 지적 받을 것을 미리 걱정하기도 하며 자신이 현재 매뉴얼에 따라 제대로 내담자를 대하고 있는지를 신경쓸 수도 있다. 초보 치료자로서 가질 수 있는 현실적 불안을 넘어서는 과도한 자기몰입이 생기는 순간 치료자는 내담자에게 초점을 맞추어 경청하고 공감할 수 있는 자원을 잃어버리게 된다. 치료자는 주의의 초점을 자신이 아닌 내담자에게 두어야 하며, 이럴 때 치료자는 지금-여기에서 공감적 반응을 내담자에게 보일 수 있다. 치료에 들어가기 전에는 치료에서 무엇을 할 것인지 미리 생각하고 준비할 수 있지만, 치료에 들어가서는 앞에 있는 내담자에게 집중하여 내담자가 하는 말과 반응에 몰입하는 것이 바람직하다.

4) 협력적 경험주의

인지치료에서 치료관계를 설명할 때 대표적으로 내세우는 개념은 협력적 경험주의일 것이다. 먼저 내담자의 문제를 해결하기 위해 내담자와 치료자는 한 배를 탄 파트너로서 서로 협력해야 한다는 것인데, 인지치료에서는 치료자와 내담자의 관계를 교사-학생 혹은 코치-선수로 비유하면서 치료자가 조금 앞서서 내담자를 이끌어 나가는 치료자의 적극적인 역할을 강조한다. 또한 상호 협력적인 방식으로 지식과 체험의 학습이 이루어지는 것으로 본다.

내담자는 치료자와 함께 치료목표를 정하고, 치료회기의 의제를 정하며, 피드백을 주고받고, 회기에서 배운 기법들을 일상생활에서 적용할 수 있도록 과제를 고안하는 등 상담과정 내내 협력하게 된다. 내담자와 치료자는 협력을 유지하면서 내담자에게서 문제가 되는 사고나 행동이 타당한지 혹은 유용한지를 경험적으로 함께 검토한다. 내담자의 생각이나 행동은 타당할 수도 있고 그렇지 않을 수도 있다는 전제 하에서 내담자의 생각이나 행동의 타당성을 지지하는 증거와 지지하지 않는 증거 등을 함께 살펴보며 보다 합리적이고 객관적인 결론을 내리게 된다. 내담자의 생각이나 행동이 타당하지 않다면, 타당하고 합리적인 생각과 행동을 가질 수 있도록 다양한 기법을 활용하여 노력하게 되지만 내담자의 생각이나 행동이 타당하다고 결론 내린다면, 타당성보다는 유용성을 따지게 되거나 실제 문제해결을 위해 대안을 찾는 노력을 하게 된다.

협력적 경험주의를 실천하는 인지행동치료자는 호의적이고 친절한 태도로 내담자의 적극적인 참여를 이끌어 낼 수 있어야 하고, 경직된 내담자의 사고방식과 행동패턴을 변화시키기 위해 치료자 스스로 창의성과 융통성을 발휘할 수 있어야 하며, 내담자의 체험적 변화를 유도하기 위해 내담자가 실생활에서 치료기법을 적용하도록 적극적으로 도울 수 있어야 한다.

5) 전이와 역전이

인지행동치료에서는 전이와 역전이라는 용어를 공식적으로 사용하지는 않으나, 전이와 역전이를 잘 이해하고 활용한다면 치료관계 강화와 더불어 치료효과를 증진시킬 수 있다. 전이와 역전이의 개념에 대한 이해는 정신분석치료와 인지행동치료에서 차이가 있지만, 정신분석치료에서 나타나는 전이나 역전이 현상이 인지행동치료에서는 나타나지 않을 것이라고 가정할 근거는 없다. 물론 전이는 인지행동치료의 주요 관심사도 아니고, 변화를 위한 주요 기제도 아니다. 그러나 인지행동치료에서도 내담자가 치료 장면에서 나타내는 전이 현상을 이해하고 이를 역기능적 사고패턴의 수정에 활용한다면, 치료를 촉진할 뿐만 아니라 치료관계의 강화에도 도움이 된다.

전이의 개념은 정신분석치료에서 유래된 것으로 정신분석치료에서는 치료의 필수 기제로 보고 전이의 무의식적 요소를 탐색하지만, 인지행동치료에서는 중요한 관계에서 나타나는 인지적 · 정서적 · 행동적 반응이 치료관계에서도 반복되는 양상에 관심이 있다. 현재 치료장면에서 보이고 있는 내담자의 대인관계적 특징이 치료 외 장면에서도 나타나는 내담자의 주요 특징이라고 한다면, 이러한 특징은 내담자의 근본적인 변화를 위해 다루어야 하는 부분으로서 내담자가 과거에 중요한 관계에서 발달시켜 온 스키마와 관련된 행동패턴일 가능성이 매우 높다.

인지행동치료자는 치료에서 나타나는 내담자의 이러한 행동패턴을 읽어 냄으로써 내담자의 스키마를 알 수 있고, 스키마가 내담자의 대인관계 행동에 미치는 영향을 이해할 수 있다. 또한 내담자의 이러한 행동패턴이 향후 치료 관계나 치료결과에 미칠 영향을 예상할 수 있고, 부정적 영향을 줄이기 위해 미리 대비를 하거나 치료적으로 직접 다룰 수도 있다.

인지행동치료자도 다른 심리치료자들처럼 역전이 현상으로 치료진행에 어려움을 겪을 수 있다. 내담자와의 치료관계는 치료자의 자동적 사고와 스키마를 활성화시킬 수 있고, 치료자의 취약한 스키마가 자극될 때 역전이 반응이 나타나게 된다.

역전이 반응을 지적할 수 있는 흔한 예로는 내담자에게 답답함과 짜증이 나거나 화가 날 때, 치료회기에서 지루함과 무료함으로 내담자에게 집중을 잘하지 못할 때, 내담자가 오지 않거나 약속을 취소할 경우 안도감이 들 때, 특정 내담자에게 유독 친절하게 챙기거나 호의를 베푸는 행동을 보일 때 등이 있다. 또한 치료자는 특정 장애나 증상 혹은 성격에 대해 편하게 느끼거나 반대로 불편하게 느끼기도 하며, 회기 중 특정 주제에 대해 불편함을 느끼면서 자신도 모르게 이 주제를 제대로 다루지 않은 채 다른 주제로 그냥 넘어가기도 한다.

이러한 역전이 현상은 내담자와의 치료관계를 위협할 뿐만 아니라 효과적인 치료진행을 방해하게 되므로 치료자는 자신의 반응을 객관적으로 인식하고 다룰 수 있도록 스스로 인지행동치료 기법을 적용할 필요가 있다. 자신의 부정적인 자동적 사고를 찾아 합리적인 대안으로 수정하고, 자신의 스키마에 대한 검토와 수정 작업도 지속적으로 이루어져야 한다.

한편 치료자의 역전이 반응은 내담자의 주요 행동패턴이 다른 사람들에게 야기하는 정서적 · 행동적 반응을 반영하는 특징도 포함하고 있으므로 내담자의 주요 특징을 시사하는 지표로 치료에서 활용할 수도 있다. 다시 말해, 치료자가 내담자로부터 느끼는 감정을 다른 사람들도 내담자로부터 느낄 수 있기 때문에 치료자의 감정반응을 잘 이해하는 것은 내담자의 대인관계 패턴을 이해하는 단서가 될 수 있다. 따라서 인지행동치료자는 역전이 반응이 지니고 있는 치료자 자신 및 내담자의 특징을 적절히 구분하여 이해하려는 노력이 있어야 할 것이다.

6) 유머

인지행동치료에서의 치료관계를 설명하면서 한 가지 언급하고 싶은 것은 유머이다. 유머는 치료자의 자질이나 특성이라고 볼 수도 있고, 치료기법으로 볼 수도 있다. 심리치료에서 유머는 내담자가 자신의 문제를 너무 심각하게 보지 않으면서도 객관적으로 한 발 떨어져 여유를 가지고 자신의 문제를 조명하고 또 수용하도록 돕는 치료적 기법이자 내담자와 치료자의 심리적 거리를 좁힐 수 있는 관계 형성 기법이다. 이러한 유머의 사용은 인지행동치료에서도 중요한 역할을 할 수 있다.

유머는 자신의 비합리적 사고를 인식하고 변화 가능한 부분은 변화시키지만 그렇지 않은 부분은 수용하도록 하는 내담자의 유연성을 촉진시킨다. 평소 일상생활에서 위축되어 있던 내담자의 유머 감각을 되살려 줌으로써 어려움 속에서도 버틸 수 있는 힘과 유연성이 향상될 수 있다.

많은 사람에게 유머는 적응적인 대처전략으로, 사람들의 삶에 카타르시스와 즐거움을 가져다준다. 그러나 심리치료에서 유머를 사용할 때 치료자는 유머 사용이 내담자에게 긍정적인 영향을 줄 것인지, 혹시 내담자에게 부정적으로 영향을 미칠 가능성은 없는지 주의할 필요가 있다. 치료자가 유머러스하게 얘기하는 것이 어떤 내담자에게는 자신의 문제를 사소하거나 심각하지 않게 취급하는 것으로 받아들여지기도 하고, 심지어는 내담자를 비웃거나 조롱하는 것으로 여겨져 치료관계를 오히려 악화시킬 수도 있다.

심리치료에서 유머는 치료자나 내담자가 단순히 농담을 나누는 것을 말하는 것은 아니다. 특히 인지행동치료에서는 치료자가 유머를 사용하여 부적응적 신념이나 완고하고 효과적이지 않은 행동패턴을 고집함으로써 생기는 일을 과장하여 묘사하는 경우가 많다. 이러한 방식의 유머는 자발적이고, 진심에서 우러난 것이어야 하며, 건설적이어야 하고, 개인적인 비난이 아닌 비합리적 사고방식이나 외적 문제에 초점을 맞춘 것이어야 한다. 이러한 특징을 지닌 유머는 내담자의 방어적이고 완고한 태도를 누그러뜨려 자신의 역기능적 인지나 행동의 변화 수용성과 동기를 높여준다.

인지행동치료에서 유머를 사용하는 주요 이유는 다음과 같다(Wright et al., 2006). 첫째, 유머는 치료적 관계를 보다 인간적인 관계로 만들 수 있다. 유머는 삶의 중요한 부분이고 관계 형성을 촉진하므로 분별력 있고 적절한 유머는 인지행동치료의 친절하고 협력적인 특징을 촉진시킬 수 있다. 둘째, 유머는 내담자의 경직된 사고 및 행동패턴을 깨뜨릴 수 있다. 만약 상황을 극단적인 것으로 바라볼 때 일어나는 문제점들에 대해 치료자와 내담자가 함께 웃을 수 있다면, 내담자 입장에서 인지적 변화를 받아들이는 일이 더욱 쉬워질 것이다. 셋째, 내담자의 유머 기술을 찾아 강화시킴으로써 일상생활의 스트레스에 대처하는 중요한 자원을 만들 수 있고, 이는 내담자의 삶의 질을 높이는 역할을 할 것이다.

인지행동치료자는 치료과정을 통해 자신의 유머 감각을 적절히 활용함으로써 내담자가 긍정적인 대처자원으로서의 유머 기술을 학습할 수 있도록 롤 모델이 되어야 하며, 유머를 사용하여 내담자와의 관계 형성을 촉진하고, 내담자가 자신의 비합리적 사고 및 역기능적 행동을 변화시켜 나가도록 도와야 한다. 물론 어떤 치료자는 스스로 유머가 부족하다고 느끼거나 치료과정에 유머를 활용하는 것을 불편하거나 어렵다고 느낄 수도 있다. 이런 경우 유며 활용에 지나친 부담을 가지기보다는 주의 깊은 경청과 공감을 통한 협력적 경험주의의 분위기가 잘 형성되도록 신경쓰는 것이 바람직하다.

4. 치료계획

1) 치료계획과 사례개념화

앞서 언급한 사례개념화는 치료계획의 수립으로 자연스럽게 이어진다. 물론 사례개념화는 치료를 진행하며 지속적으로 재점검되고 수정되므로 치료계획 역시 치료과정 동안 재검토되고 수정될 수 있어야 한다. 사례개념화를 통해 내담자의 주요 문제와 이 문제를 유지시키는 기제에 대해 가설이 나오게 되면, 치료목표를 설정하고 이를 달성하기 위한 주요 전략 방향을 정하게 되며, 구체적인 치료 기법도 선택할 수 있게 된다. 물론 치료과정에서 효과에 대한 주기적인 검토를 통해 사례개념화의 정확성을 평가해야 하고, 이는 치료계획의 유지 혹은 수정으로 이어지게 된다. 이처럼 치료계획의 수립과 실행은 사례개념화와 뗄 수 없는 관계에 있다.

2) 치료목표 설정

치료계획에서 고려해야 할 부분은 치료목표 설정인데, 구체적이고 측정 가능한 목표를 세울 수 있도록 내담자와 잘 상의해야 한다. 내담자의 주요 문제뿐만 아니라 내담자가 원하는 삶의 모습, 강점과 자원 등을 종합적으로 고려하여 목표를 설정하는 것이 바람직하다. 많은 내담자는 "자신감을 가지고 싶다."라든가 "불안에서 벗어나고 싶다."와 같은 막연한 치료목표를 언급하므로 치료자는 내담자가 자신감을 가지게 되거나 불안에서 벗어나면 어떤 것들을 할 수 있게 될 것 같은지, 내담자의 일상생활이 구체적으로 어떻게 달라질 것 같은지를 확인함으로써 보다 구체적이면서도 달성 가능한 치료목표를 설정할 수 있도록 이끌어야 하며, 필요하다면 내담자에게 효과적인 목표 설정과정에 대해 간략한 교육을 제공할 수도 있다.

치료계획의 우선순위와 관련하여 내담자에게서 여러 항목의 문제목록을 확보했을 때 어떤 문제부터 풀어 나갈 것인가가 고민이 될 수 있다. 많은 경우 내담자가 자발적으로 정하는 순위에 따라 치료목표와 치료계획이 정해지지만, 핵심문제가 있음에도 불구하고 당장 시급하게 대응해야 할 다른 실제적 문제가 있기도 하고(예를 들어, 사회불안을 호소하고 있지만 중학생 자녀의 가출문제를 다루어야 하는 상황), 핵심문제를 치료하기 전에 이를 방해하는 다른 문제를 먼저 해결해야 하는 경우도 있기 때문에(예를 들어, 공황장애가 핵심문제이지만 공황발작에 대한 불안을 이겨 내기 위해 과도하게 알코올에 의존하고 있는 경우 우선 알코올에 대한 의존을 다루어 건강한 생활 습관을 만드는 것이 필요함) 치료자는 치료 우선순위에 대한 판단을 잘해야 한다. 가장 중요한 사실은 어떤 문제부터 다루어 나가는 것이 내담자에게 가장 이득이 되고 목표 달성에 효과적일지 내담자와 상의하는 데 충분한 시간을 할애해야 하며, 우선순위 설정과 관련된 장단점에 대해 함께 논의하는 과정은 치료관계를 돈독히 하는 데 기여할 수 있다.

우울증, 공황장애, 사회불안장애, 외상 후 스트레스 장애 등과 같이 다루고자 하는 내담자의 장애나 증상에 대한 치료 매뉴얼이 나와 있다면 이를 활용하는 것이 여러 모로 유리하다. 이미 확립된 구조화된 치료방식을 제시함으로써 내담자의 신뢰를 얻을 수 있고, 치료자 입장에서는 근거기반 접근에 따라 치료계획을 세울 수 있다. 물론 매뉴얼대로만 교과서적으로 적용하는 치료방식은 바람직하지 않다. 같은 장애나 증상을 가지고 있다고 하더라도 내담자의 개별 특징은 모두 다르다. 따라서 내담자에 대한 사례개념화를 적용하지 않은 채 매뉴얼에 따라서만 진행하면 된다는 자세는 버려야 한다. 사례개념화에서 파악한 내담자의 개인적 특징을 구조화된 치료방식에 담아 내기 위한 치료자의 노력이 있어야 하며, 인지행동치료에서는 주로 과제를 통한 치료 작업에서 이러한 개인적 특징을 다룰 수 있는 기회를 많이 가지게 된다.

5. 치료시간의 구조화

1) 구조화의 특징

인지행동치료의 주요 특징 중 하나가 구조화하기인데, 구조화는 혼란스럽고 좌절감을 느끼는 내담자에게 변화의 방향을 질서 있게 제시함으로써 치료효과에 대한 기대를 올리고 희망을 고취시키는 역할을 한다.

마라톤 선수가 42.195km를 뛰면서 기록을 내기 위해서는 세분화된 구간에서 일정한 기록을 내며 지속적으로 연습하는 과정이 필요하다. 마찬가지로 인지행동치료도 전체 목표를 향해 뛰면서 세분화된 구간별로 평가를 하는 등 일정한 구조를 가지고 효율성을 증대시키는 작업을 하며, 45분 혹은 50분의 한 회기의 운영도 효율적인 구조를 가질 수 있도록 계획한다. 결국 이러한 구조화의 특징은 내담자의 치료목표를 최대한 효율적으로 달성하기 위한 목적에서 나온 것이다. 그렇기 때문에 치료에서 얼마나 엄격하게 구조화를 적용할지는 내담자의 구조화 정도에 대한 수용성의 정도와 치료자가 구조화를 얼마나 편하게 혹은 능숙하게 활용하는지의 여부 등에 달려 있다.

따라서 인지행동치료에서는 구조화가 매우 중요한 특징이지만, 치료자 자신의 특성에 맞추어 구조화의 정도에 융통성을 발휘할 여지가 있으며, 내담자의 구조화 수용성 여부나 치료진행의 효율성 여부 등에 따라 유연하게 조절하는 것도 필요할 수 있다. 예를 들어, 인지행동치료에서는 이전 시간의 반응에 대해 질문을 함으로써 회기와 회기를 연결하며 의제에 포함되어야 할 중요한 문제가 있었는지 확인한다. 이러한 절차는 내담자에 따라서 지나간 일들을 사소한 것부터 중요한 것까지 모두 얘기하며 실제 의제를 다룰 시간을 부족하게 만들 수 있으며, 특히 지금 현재에 초점을 잘 두지 못하는 내담자의 경우 과거 경험으로 회피하게 만드는 역할을 할 수도 있다. 이런 경우 치료자는 이전 치료시간과 연결 짓는 구조화 단계를 생략하고 진행하는 것이 치료에 더 효율적이라고 판단할 수 있다.

2) 회기 구조화

일반적인 회기 구조화는 증상 혹은 기분 점검하기, 이전 치료시간과의 연결, 의제 설정하기, 이전 회기에 내준 과제 검토하기, 의제 다루기, 다음주에 해 올 과제 내주기, 회기 요약하기 및 피드백 주고받기로 구성된다. 물론 이러한 순서는 상황에 따라 바뀔 수 있고, 일부 항목은 생략할 수도 있다. 회기를 시작하여 증상 혹은 기분 점검하기, 이전 치료시간과의 연결, 의제 설정하기에 소요되는 시간은 대략 5분 정도이며, 이전 회기에 내준 과제를 검토하는 시간은 약 5분 정도 소요된다. 물론 다룰 과제 내용이 상당히 많고 중요하거나 오늘 다룰 의제와 관련이 있는 등의 경우에는 좀 더 시간을 할애하여 다룰 수도 있고, 본격적인 의제에 올려 집중적으로 다룰 수도 있다.

치료의 본론이라고 할 수 있는 의제 다루기는 약 30분 정도 활용할 수 있는데, 대개 중요한 의제 한두 가지, 혹은 작은 의제인 경우 세 가지 정도를 다룰 수 있다. 회기가 약 10여 분이 남았을 때 치료자는 다음주에 해 올 과제를 내주는데, 회기에서 다룬 내용과 관련된 과제를 치료자가 직접 제시할 수도 있고 내담자와 상의하여 과제를 결정할 수도 있다. 또한 회기내용을 요약하고 치료시간과 관련하여 피드백을 주고받는 것으로 회기를 마무리한다. 이러한 회기 구조화의 일반적인 형식과 대략적 소요 시간을 〈표

5-2〉에 제시하였다.

이러한 일반적인 치료의 회기 구조는 치료 초기 및 후기에 약간의 변형이 이루어져야 하는데, 치료 초기의 경우 인지모델과 인지행동치료의 개념 및 주요 특징에 대한 심리교육이 포함되어야 하고, 치료 후기의 경우 재발 방지를 다루고, 치료 종결을 준비시키는 부분이 추가되어야 한다. 회기 구조화의 각 항목들을 좀 더 자세히 설명하면 다음과 같다.

〈표 5-2〉 회기 구조화의 일반적인 형식과 대략적 소요 시간

1. 증상 혹은 기분 점검하기	
2. 이전 치료시간과의 연결	
3. 의제 설정하기	(여기까지 약 5분)
4. 이전 회기에 내준 과제 검토하기	(약 5분)
5. 의제 다루기	(약 30분)
6. 다음주에 해 올 과제 내주기	(약 5분)
7. 회기 요약하기 및 피드백 주고받기	(약 5분)

(1) 증상 혹은 기분 점검하기

인지행동치료자들은 회기를 시작할 때 대개 증상 혹은 기분의 정도를 평가한다. 0~10점 혹은 0~100점 척도(낮을수록 증상이 없거나 기분이 좋은 상태이고, 높을수록 증상이 심하거나 기분이 나쁜 상태)를 이용하여 내담자 스스로가 자신의 우울, 불안, 분노 등을 평가하도록 할 수 있는데, 이러한 평가는 내담자의 증상이나 기분 상태에 대한 정량적 정보를 제공하여 내담자의 상태를 정확하게 파악할 수 있게 해 줄뿐만 아니라 치료과정에서 보이는 변화의 추세를 객관적으로 확인할 수 있게 해 준다.

매 회기 시작 직전에 내담자로 하여금 증상 관련 질문지(예를 들어, 우울은 BDI, 불안은 BAI)를 작성하도록 한 후 회기 시작 때 치료자가 미리 질문지에 체크된 점수를 합산하여 내담자의 증상이나 기분을 확인하는 것도 좋은 방법이다. 이처럼 객관적인 검사 점수를 얻을 수 있다면 내담자의 주관적인 증상이나 기분 평정을 비교하여 차이가 있는지, 차이가 있다면 왜 그런지 논의할 수 있다. 또한 이전 회기들의 평가점수와도 비교하여 더 높은지, 혹은 더 낮은지, 높거나 낮은 데 영향을 준 요소는 무엇인지 등을 논의할 수 있다.

(2) 이전 치료시간과의 연결

이전 치료시간과의 연결은 치료자가 내담자에게 이전 시간의 반응에 대해 질문하거나 지난 한 주 동안 있었던 중요한 문제들을 확인하는 과정인데, 이를 통해 내담자가 이전에 제공하지 않은 중요한 피드백을 얻을 수 있고, 내담자를 좀 더 치료과정에 동참시킬 수 있게 된다. 치료자는 내담자에게 지난 회기에 이어 계속해서 다뤄야 할 것이 있는지 질문할 수 있는데, 이때 치료자의 치료노트와 함께 내담자가 기록해 둔 치료노트가 있다면 이를 참고하여 살펴보는 것이 도움이 된다.

치료자는 부정적인 경험 외에 긍정적인 경험에 대해서도 물어봄으로써 내담자가 자신의 경험을 균형 있게 살피면서 긍정적인 측면에 주의를 둘 수 있도록 도와야 한다. 이처럼 긍정적인 경험을 다룸으로써 치료자는 내담자의 기분을 향상시킬 수 있고, 내담자에 대한 관심을 전달하여 내담자와의 관계를 공고히 할 수 있다.

(3) 의제 설정하기

회기에서의 의제 설정 시 선택과 집중의 원칙이 적용될 수 있다. 치료목표와 관련 있으면서 내담자에게 시급한 문제를 의제로 다루어야 할 것이다. 그러나 의제를 결정한 경우에도 회기에서 어떤 문제를 다루는 것이 더 이상 효과가 없거나 지금이 적절하지 않다고 판단되면 다른 문제로 옮겨 가거나 의제를 새로이 설정할 수도 있다. 어쨌든 치료자는 의제의 순위 설정과 시간 배분을 적절히 하여 중요한 주제를 잘 다룰 수 있도록 해야 한다.

회기의 의제 설정을 할 때 요령은 다음과 같다.

첫째, 회기에서 다룰 의제는 치료목표와 직접 관련이 있어야 한다. 단기치료를 지향하는 인지행동치료의 특징상 치료목표를 달성하기 위한 의제를 회기에서 정하고 이를 다루는 것이 필요하다. 그러나 치료목표와 직접 관련이 없지만 당장 다루어야 할 의제가 생기기도 하고, 표면적으로는 치료목표와 관련이 없어 보이지만 나중에 관련이 있는 것으로 드러나는 의제도 있으며, 의제 설정을 하다 보면 치료목표를 수정해야 하는 경우도 생기므로 내담자와 협력하여 유연한 태도로 의제를 설정하는 것이 필요하다.

둘째, 회기에서 다룰 의제는 구체적이고 평가 가능해야 하며 한 회기 동안 다룰 수 있는 것이어야 한다. 이는 치료목표 설정에서 목표가 구체적이고 측정 가능해야 한다는 원칙과 일맥상통한다. 우울한 기분이라든가 엄마와의 갈등과 같이 지나치게 광범위하고 일반적인 의제는 한 회기 동안에 적절히 다루기에는 너무 포괄적이다. 아침에 늦게 일어나 오전 수업에 지각하는 문제해결하기나 엄마의 간섭에 적절히 대응하기와 같이 보다 구체적이면서도 회기에서 다룰 수 있는 내용으로 의제를 정하도록 치료자와 내담자는 함께 노력해야 한다.

셋째, 치료 초기에는 치료자가 좀 더 주도적으로 의제 설정을 이끄는 경향이 있지만, 점차적으로 내담자가 의제 설정을 주도해 나갈 수 있도록 해야 한다. 필요한 경우 회기에 올릴 의제를 내담자에게 미리 과제로 생각해 오도록 할 수도 있다.

(4) 이전 회기에 내준 과제 검토하기

다음으로는 이전 회기에 내준 과제 검토하기가 있는데, 인지행동치료에서 과제는 매우 중요하다. 과제 순응 여부가 치료효과와 관련 있다는 연구결과가 나와 있으며, 인지행동치료는 과제에서 시작하여 과제로 끝난다는 말이 있을 정도로 과제의 활용도가 매우 높은 치료방법이다.

보통 일주일에 1회 약 50분의 회기에서 내담자의 문제를 풀어 나가는 데에는 실제적인 한계가 있을 수밖에 없고, 내담자의 인지적 · 행동적 특징을 변화시켜 나가는 목표는 한두 번의 노력으로 쉽게 달성하기 어려운 경우가 대부분이므로 실생활에서 반복적으로 연습함으로써 내담자의 변화를 이뤄 내고자 하는 방법이 과제라고 할 수 있다. 따라서 과제의 역할과 기능은 실생활의 다양한 문제를 해결할 수 있는 자가 치료자를 만들어 주는 것이며, 매 회기마다 일상적인 문제를 제공해 주고 회기와 회기를 연결하는 역할을 함으로써 치료의 구조화에도 기여한다.

과제의 활용에서 꼭 기억해야 할 것은 내준 과제에 대해서는 반드시 검토가 있어야 한다는 것이다. 과제만 내주고 검토를 제대로 하지 않으면 대부분 내담자들은 과제에 의미 부여를 하지 않게 되며 과제 수행을 제대로 하지 않는다. 과제 검토는 보통 5분 이내로 짧게 이루어지지만, 의제와 관련된 주요 내용을 포함하고 있을 때에는 대부분의 치료시간을 과제 검토에 할애해야 할 때도 있다.

과제 수행이 성공적인 경우 치료자는 내담자의 노력과 그 결과를 칭찬하고 격려하며 내담자가 그 경험으로부터 배운 바를 공고히 할 수 있도록 도와야 한다. 성공적 결과를 이끌어 낸 원동력을 내담자 자신의 노력과 생각 및 행동의 변화에 상당 부분 귀인할 수 있도록 도와야 한다.

과제 수행을 해 오지 않거나 수행이 성공적이지 못했을 때 치료자는 가능한 다양한 이유를 탐색할 필요가 있으며, 특히 수행했으나 성공적이지 못할 경우 내담자가 실망하거나 의기소침하지 않도록 격려할 필요가 있다. 내담자가 과제를 왜 해야 하는지 충분히 납득하지 못한 것인지, 과제가 내담자의 핵심문제와 직접 관련이 없는 것인지, 과제의 난이도가 너무 높은 것인지, 실제 과제 수행을 방해하는 환경적 요소가 있는지 등을 살펴서 과제 수행의 장애물을 확인할 수 있다면 이후 과제 수행은 성공적으로 이루어질 가능성이 높다. 결과적으로 과제를 활용하여 치료효과를 높이는 기술은 인지행동치료자의 핵심 역량이라고 할 수 있다.

(5) 의제 다루기

이제 회기 구조화에서 본격적으로 의제 다루기로 넘어가는데, 초보 치료자의 경우 한 회기에서 너무 많은 의제를 다루겠다고 과욕을 부리지 않도록 주의해야 한다. 일반적으로 한 회기에서 한

두 개의 의제를 다루게 되므로 두 개나 세 개 정도의 의제를 설정하면 충분하다.

설정된 의제의 우선순위에 대해서는 내담자가 먼저 얘기하고 싶은 것을 가능한 한 우선으로 다루는 것이 좋다. 이를 통해 내담자는 좀 더 적극적이고 책임 있는 역할을 맡게 된다. 그러나 간혹 치료자가 회기에서 먼저 다루는 것이 치료효과에 긍정적일 것이라고 판단하는 의제가 있다면, 내담자에게 제안하여 먼저 다루기도 한다. 치료자는 의제를 다루면서 치료목표와 연관하여 논의가 이루어지고 있는지 고려해야 하고, 내담자가 인지모델에 근거하여 자신의 인지적 · 정서적 · 행동적 특징을 객관적으로 인식하면서 변화를 향해 나아가고 있는지 검토해야 하며, 사례개념화와 치료계획이 잘 맞물려 돌아가고 있는지를 치료성과 점검을 통해 중간 중간 확인할 필요가 있다.

(6) 다음주에 해 올 과제 내주기

회기에서 다룰 의제를 중심으로 치료를 진행한 후 회기 말미에는 다음주에 해 올 과제 내주기를 해야 하는데, 과제를 내줄 때 주의사항으로는 우선 과제가 왜 어떻게 도움이 되는지 그 근거를 설명해주어 내담자의 동기를 높이고, 가능한 한 내담자와 상의하여 과제를 정하는 것이 바람직하다. 그리고 과제는 내담자에게 너무 어렵지도 않고 너무 쉽지도 않아야 하는데, 과제를 내주고 내담자로 하여금 과제의 일부를 치료시간 중에 해 보도록 하면 그 과제가 내담자에게 맞는지 또 과제를 하는 데 어려움은 없는지 등을 미리 알 수 있다. 또한 치료시간에 다룬 문제와 연관된 과제를 내

줌으로써 내담자가 과제에 흥미를 느끼도록 해야 하고, 내담자로 하여금 과제를 하는 데 장애물이 될 만한 요소를 미리 예상해 보게 하여 거기에 대한 대처방안을 논의하는 것이 성공적인 과제 수행에 도움이 된다. 한편 과제는 밑져야 본전이 되도록 만들어야 하는데, 과제를 성공하면 좋지만 성공하지 못해도 앞으로의 치료에서 무엇을 보강해야 하는지를 알 수 있으므로 치료적 이득이 있음을 내담자에게 강조해야 한다.

과제가 인지행동치료를 움직이는 윤활유라고 할 만큼 인지행동치료에서 과제를 잘 활용하는 것은 좋은 치료성과를 거두는 데 매우 중요하다. 물론 내담자에 따라서는 과제에 대한 저항이 커 과제 활용이 힘든 경우가 없지 않지만, 많은 경우 치료자가 과제를 어떻게 내주고 활용하는가에 따라 내담자의 과제에 대한 태도가 달라질 수 있다. 내담자의 과제에 대한 태도는 치료자 자신이 과제를 얼마나 중요하게 생각하는가에 따라 많이 좌우된다. 따라서 치료자 자신이 과제에 부여하는 의미와 과제의 치료적 효용성에 대해 가지고 있는 믿음을 점검해 볼 필요가 있다.

(7) 회기 요약하기 및 피드백 주고받기

회기의 마지막 부분에는 전체 요약하기 및 피드백 주고받기가 있다. 요약 및 피드백은 회기 내에서 의제를 다루는 중에 치료자가 중간 중간 하게 되고, 내담자에게도 그러한 요약 및 피드백을 요구하게 된다. 이때 치료자는 치료의 내용을 자주 요약하여 제시하기보다는 회기당 두어 번 정도의 간략한 요약을 제공하는 경우가 많다. 치료자는 내담자를 격려하면서 통찰을 얻을 수 있는 지점에서 피드백을 해 주어야 한다.

회기시간이 얼마 남지 않으면 전체 요약을 하게 되는데, 전체 요약의 목표는 내담자가 치료시간에 얘기했던 요점을 긍정적인 방식으로 정리하는 것이다. 치료 초기에는 치료자가 주로 전체 요약을 제시해 주지만, 치료가 진행되어 갈수록 내담자가 직접 전체 요약을 해 보도록 치료자가 측면 지원하게 된다.

치료자는 전체 요약에 이어 치료시간에 대한 내담자의 피드백을 요청한다. 일반적으로는 오늘 치료시간에 대한 소감을 묻는 것이지만, 구체적으로 불편했거나 마음에 걸렸던 부분이 있었는지를 물어보는 것이 좋다. 이를 통해 내담자가 마음에 담고 있던 부정적 감정을 털고 갈 수 있는 기회를 줄 수 있고, 내담자의 치료에 대한 태도도 확인할 수 있다. 자신의 감정을 충분히 표현하지 못하는 내담자를 위하여 치료 후 피드백 양식지를 만들어 활용할 수도 있다.

6. 치료 종결

1) 치료 초기에서의 준비

치료 종결에 대한 준비는 첫 번째 치료시간부터 시작된다(Beck, 1976). 첫 회기 때 치료자는 내담자의 치료효과에 대한 기대, 즉 얼마나 좋아질 것으로 예상하는지, 좋아지는 데 얼마나 걸릴 것으로 생각하는지, 치료적 퇴보 없이 직선적으로 꾸준히 좋아질 것이라고 기대하는지 등을 살펴보는 것이 좋다. 내담자가 가질 수 있는 치료효과에 대한 비현실적 기대를 다루지 않은 채 치료가 진행된다면 실제 치료의 진전과 상관없이 내담자가 중도 탈락할 가능성이 높아질 수 있다.

치료자는 내담자에게 '치료의 향상이 직선적으로만 이루어지는 것이 아니라 좋아지다가도 중간 중간 악화되는 시기를 겪지만 다시 호전이 되는 굴곡의 양상을 보이며, 결국 큰 그림으로 보면 전체적으로 향상이 되는 것이다.'라는 점을 미리 알려 주어 실제 그러한 상황이 닥쳤을 때 내담자가 실망하거나 부정적으로 받아들이기보다는 이를 치료의 정상적인 과정으로 받아들일 수 있도록 해야 한다.

치료과정에서 일시적으로 나빠지는 상황을 치료적 퇴보라고 하는데, 치료적 퇴보는 치료과정에서 나타나는 정상적인 현상이라는 점, 이를 극복하는 경험을 통해 스스로 나빠지는 상황에 대처할 수 있는 노하우를 배우게 되는 점, 그럼으로써 자가 치료자의 목표를 이룰 수 있다는 점을 내담자가 이해하도록 설명할 필요가 있다. 치료자는 치료의 향상이 일시적인 정체, 치료적 퇴보와 함께 굴곡을 그리면서 일어난다는 점을 그래프로 그려 보여주면서 설명할 수도 있다. Beck(1976)은 이러한 치료의 경과 양상이 미국 남부의 국경선과 닮았다고 얘기한 바 있다.

2) 치료 종결의 특징

치료 종결을 하는 기준에 정답이 있는 것은 아니다. 형식적으로는 치료 처음에 약속한 회기에 이르렀거나 서로 합의한 치료목표를 성취했는지가 기준이 되겠지만, 치료자와 내담자가 치료목표의 성취 여부뿐만 아니라 회기에서 학습한 기법들을 활용할 수 있는 노하우와 자신감을 얼마나 갖추었는지도 평가하는 것이 중요하다.

치료 종결을 앞두고는 대개 주 1회의 치료간격을 격주로 늘려 몇 회 진행한 후, 별 문제가 없으면 1달 간격으로 한두 회 진행한 후 종결하는 경우가 많다. 물론 치료간격을 늘리는 것은 내담자와의 상의를 통해 이루어져야 하고, 내담자의 적응 여부에 따라 재조정될 수 있음을 내담자에게 알리는 것이 필요하다.

대부분의 내담자는 종결에 대해 양가감정을 갖는데, 종결을 앞두고 있을 정도로 자신이 좋아졌다는 점을 기뻐하면서도 종결 후에 치료자 없이 혼자 대처해 나갈 수 있을지 염려하고, 치료자와의 관계가 끊어지는 것을 불안해한다. 치료자는 내담자가 자신의 복합적인 감정을 표현할 수 있도록 돕고, 그 감정을 공감하고 수용해 주어야 한다. 또한 종결을 맞이하는 치료자의 감정도 진솔하게 전달함으로써 종결 시점에서 내담자와 충분히 교감하는 것이 중요하다.

치료자는 종결에 대해 내담자가 두려워하는 결과가 무엇인지 살펴보고, 과도하게 부정적으로 생각하는 부분이 있다면 합리적으로 반응할 수 있도록 도와야 한다. 필요하다면, 종결의 장점과 단점을 함께 검토하며 논의할 수도 있다. 치료자는 내담자와의 관계가 종결되는 것은 아쉽지만, 내담자가 노력하여 많은 진전이 있었고, 이제는 스스로 자신의 문제를 풀어 나갈 준비가 된 것 같다는 점을 내담자에게 잘 전달할 필요가 있다.

3) 종결 시점 치료자의 활동

종결 시점에 치료자는 다음과 같은 활동을 적절히 할 수 있어야 한다.

첫째, 치료자는 치료 진전을 내담자의 공으로 돌릴 수 있어야 한다. 치료자는 내담자의 치료 진전을 내담자에게 확인시켜주고 피드백할 뿐만 아니라 그 진전에 내담자가 기여한 부분을 반드시 확인시킬 필요가 있다. 다시 말해, 치료 진전을 단순히 치료자 덕분이라든지, 약 복용이나 주변 환경의 호전 혹은 우연으로만 돌리지 않고, 내담자 스스로 노력한 부분과 실제 생각이나 행동에서의 변화가 치료 진전에 영향을 미쳤음을 내담자가 인식하도록 도울 필요가 있다. 이는 구체적으로 내담자의 향상을 이끌어 낸 기제와 방법에 대한 이해도를 높이고 자신감을 높여 줌으로써 자가 치료자가 될 수 있도록 해 주고, 종결 후 재발 방지에 중요한 초석이 된다.

둘째, 치료자는 치료에서 배웠던 기법들의 일상적 활용을 강조해야 한다. 치료회기에서 배웠던 기법들은 내담자가 현재 당면한 문제에만 적용 가능한 것이 아니라 앞으로 살아나가면서 부딪히게 될 다양한 문제 상황에 활용할 수 있다는 점을 치료자는 강조해야 한다. 예를 들어, 우울한 내담자가 치료회기에서 학습하고 응용한 자동적 사고 기록지, 활동계획표, 파이 기법, 장단점 따져보기, 극단적 표현 공략하기, 점진적 과제 부여 등의 기법은 우울한 상황 이외에도 불안하거나 화가 나는 상황 등에서 언제든 활용하여 자신의 감정과 행동을 조절하는 데 도움이 될 수 있다. 이렇게 생활 속에서 바로 자신의 반응을 인식하고 원하는 방향으로 이를 조절할 수 있는 사람을 자가 치료자라고 할 수 있고, 소위 지혜로운 사람이라고도 할 수 있을 것이다.

셋째, 치료 첫 시간부터 치료과정에서의 치료적 퇴보에 대해 준비시키긴 하지만, 종결 시점에서는 종결 이후의 치료적 퇴보에 대해 준비시켜야 한다. 치료자와 내담자는 어떠한 치료적 퇴보가 일어날 수 있을 것인지 예상하고, 이럴 때 어떻게 대응하여 극복할 수 있을 것인지 함께 논의한다. 치료회기에서 배운 기법들을 활용하는 방안과 주변에 지원을 받을 수 있는 방안 및 치료자에게 연락하는 방안 등을 다양하게 살펴본 후, 필요하다면 대처카드에 그 내용들을 기록하여 내담자가 가지고 있도록 한다.

많은 치료에서 추후 회기(booster session)를 가지는데, 종결 후 1개월, 3개월, 6개월, 혹은 1년이 될 때 회기를 가져 내담자의 치료 진전이 유지되고 있는지와 삶의 만족도를 살펴보게 된다. 추후 회기는 치료 종결 후 일정 기간이 지나서 다시 만난다는 것을 가정하기에 내담자에게 종결로 인한 이별에 대한 불안을 완화시킬 뿐만 아니라 다음 회기 때까지 스스로 노력해야 할 동기로 작용할 수 있다. 또한 종결 후 혼자서 해 보면서 어떤 문제에 직면했는지, 잘 대처한 부분과 대처하기 어려웠던 부분은 어떤 것인지, 자동적 사고에 대응하여 합리적 사고를 적용하는 것은 잘 되고 있는지, 내담자에게 가장 도움이 되는 대처기법은 무엇인지, 향후 더 보완하고 노력해야 할 부분은 무엇인지 등을 추후 회기에서 살펴봄으로써 치료에서 배운 내용들을 정리하고, 실생활에서 혼자 해 나갈 때 필요한 보완책들을 강구할 수 있다.

7. 인지행동치료에 대한 오해 풀이

인지행동치료에 대해 많은 사람의 오해가 있다. 물론 오해를 살 만한 이유가 전혀 없는 것은 아니지만, 일부 선입견과 표면적인 이해만으로 실제와는 다르게 오해받는 부분들을 짚어 볼 필요가 있다.

그러한 오해로는, 첫째, 인지행동치료는 인지만 강조하는 딱딱한 이성적인 치료방법이라는 것이다. 인지행동치료는 생각 바꾸기라는 명칭으로도 불리고 있고, 과거 Ellis나 Beck을 비롯한 인지행동치료의 초기 이론에서 정서에 대한 강조가 상대적으로 부족했던 역사도 있어서 정서를 무시한 채 합리적인 생각만을 강조하거나 주입하는 치료라고 오해받는 경우가 많다. 그러나 Ellis나 Beck이 결코 정서를 무시한 바가 없고, Ellis는 자신의 치료법을 합리적 정서행동치료라고 명명한 바 있다. 인지행동치료가 인지와 행동의 변화에 초점을 두고 있는 것은 사실이지만, 내담자를 사례개념화할 때 가장 먼저 주목해야 할 부분은 정서적 반응이고, 치료적으로도 내담자가 자신의 정서를 명확하게 인식하지 못한다면 정서와 연관된 생각을 찾고 바꾸는 작업을 진행하기 힘들 것이다. 또한 정서와 괴리되어 있는 생각보다 정서가 실려 있는 생각을 불러내어 인지적 변화를 시도하는 것이 치료적으로도 효과적이므로 필요한 경우 정서와 접촉하는 체험적 기법을 사용하기도 한다. 따라서 인지행동치료는 인지, 정서, 행동을 모두 균형 있게 파악하고 그 연관성을 다루고자 하는 방법이라고 보는 것이 정확하다.

둘째, 인지행동치료는 생각을 긍정적으로 바꿔 주는 것이라는 주장 또한 흔한 오해이다. 인지행동치료에서는 내담자의 생각이 맞을 수도 있고, 틀릴 수도 있다고 가정한다. 어떤 생각이 완전히 틀리는 경우는 드물기 때문에 생각을 지지하는 증거와 지지하지 않는 증거들을 살피면서 좀 더 현실에 가까운 합리적인 대안을 찾게 된다. 내담자의 생각이 비교적 현실에 잘 부합하는 경우에도 그 생각이 자신에게 이득이 되는지를 따져 보게 된다. 따라서 생각을 긍정적으로 하도록 요구하기보다는 객관적으로 하도록 돕는 것이 목표이다. 다만 대부분의 내담자가 부정적인 생각으로 괴로워하고 있으므로 이를 객관화한다는 것은 결국 긍정적인 방향으로 이동하게 되는 결과를 가져오므로 긍정적으로 생각을 바꿔 준다는 오해를 받지만, 근거 없는 긍정적인 사고를 갖는 것은 근거 없이 부정적인 사고를 지니고 있는 것만큼 현실에 기반 하지 않은 부적응적 특징이라고 할 수 있다.

셋째, 인지행동치료는 기법 중심적이므로 초보자도 쉽게 배워서 시행할 수 있다고 생각하는 사람들이 적지 않다. 이러한 주장은 내담자의 잘 치료받을 권리를 침해할 수도 있는 내용으로서 치료적 윤리와 관련될 수 있는 오해이다. 인지행동치료가 다양한 기법을 활용하여 특정 장애별 매뉴얼 제공을 통한 구조화된 접근을 시도하는 특징이 있고, 이들 구조화된 치료의 효과가 잘 입증되어 있기 때문에 다양한 분야의 초보 치료자들이 인지행동치료 매뉴얼을 활용하면 손쉽게 치료를 진행할 수 있다고 생각하는 것 같다. 그러나 요리책이 있다고 해서 누구나 맛있는 요리를 할 수 있는 것이 아닌 것처럼, 인지행동치료의 주요 특징에 대한 이해와 기본적인 훈련이 이루어지지 않은 상태에서 매뉴얼만 가지고 기법만 사용하려고 한다면 좋은 요리책을 가지고 있어도 맛있는 요리를 만들지 못하는 것과 마찬가지의 결과가 나올 것이다. 인지행동치료자는 기법을 사용하기 전에 반드시 내담자 개인의 문제에 대해 적절히 평가하고 사례개념화하여 치료전략을 구상할 수 있어야 한다.

넷째, 인지행동치료는 내담자와의 관계를 크게 중요시하지 않는다는 오해도 흔한 내용이다. 이러한 오해는 인지행동치료를 기법 중심의 접근으로만 이해할 때 나타날 수 있는 내용이라고 할 수 있다. 이미 언급한 바와 같이, 기법 중심으로만 접근해서는 효과적인 치료를 수행할 수 없다. 내담자와 대면하여 대화로 진행하는 형태의 모든 심리치료에서 내담자와의 관계가 중요하지 않다고 할 수 있는 치료접근은 하나도 없을 것이다. 인지행동치료에서도 내담자와의 관계 형성이 치료효과에 매우 중요한 요소이며, 기법 적용의 효과를 높이기 위해서 관계 형성은 필수적이라고 할 수 있다. 인지행동치료의 많은 초기 저서에서는 내담자와의 관계가 치료효과에 필요조건이긴 하지만 필요충분조건은 아니라고 언급하였다. 아마도 이러한 주장에 대한 오해가 인지행동치료는 치료자와 내담자의 관계를 중요시하지 않는다는 내용으로 확대되었을 수 있다. 치료효과를 충분히 거두기 위해서는 내담자와의 관계 형성을 기반으로 적절한 치료적 개입을 시도해야 한다는 치료적 입장은 아마도 대부분의 심리치료 접근법에서 공통으로 인정하는 내용일 것이다.

다섯째, 인지행동치료는 증상 감소를 목표로 하는 피상적인 치료방법이고, 과거를 다루지 않는다는 주장도 인지행동치료에 대한 비판에서 빠지지 않는 내용이다. 비판하는 입장에서는 내담자 문제의 근본 원인은 항상 과거에 있고, 과거를 다루지 않는다면 근본 원인을 해결할 수 없다는 논리를 제기할 수 있다. 그러한 주장이 맞는지 맞지 않는지를 논하는 것은 현재 논의의 맥락을 벗어나는 것으로 보이므로 인지행동치료에서는 과거가 현재에 미치는 영향을 간과하지도 않고, 과거를 다루지 않은 채 증상만 다루는 것을 목표로 삼는 것도 아니라는 것을 언급하는 정도로 넘어가고자 한다. 인지행동치료는 단기치료를 지향하는 입장이므로 단기치료에 맞는 목표, 즉 증상의 감소나 특정 문제의 해결에 초점을 두는 경향이 있는 것은 분명하다. 그러나 내담자의 발달과정과 관련된 스키마의 수정이 필요하다고 판단되면 단기치료를 넘어선 중장기 치료가 필요함을 또한 인정한다. 현재의 문제를 해결해 나가되 현재의 문제해결을 위해서 과거의 문제를 풀지 않으면 안 되는 상황에서는 과거와 현재의 연결고리를 탐색해 나가는 작업을 진행할 수밖에 없다. 결국 인지행동치료에서 과거를 중요하게 다룰 것이냐 혹은 중요하게 다루지 않을 것이냐의 문제는 내담자 문제의 특징과 내담자와의 치료목표 합의에 따라 결정되는 것이라고 봐야 할 것이다.

여섯째, 인지행동치료는 설교적이고, 설득적이라는 오해도 있다. 이러한 오해는 인지행동치료가 심리교육을 강조하면서 교육적 요소들을 치료에 많이 포함하고 있기 때문에 생기는 것이기도 하고, Ellis가 합리적 정서행동치료에서 직접적인 논박을 통해 내담자를 설득하는 과정을 강조한 데에서 기인한 것이기도 하다. 대부분의 인지행동치료자는 치료 초기에 인지모델에 대한 교육과 더불어 내담자가 가지고 있는 진단이나 문제에 대한 객관적 정보를 전달하고 교육하는 것이 이후 치료진행에 매우 중요하다고 보고, 심리교육을 통해 내담자의 치료에 대한 기대와 동기를 높일 수 있도록 진행한다. 심리교육의 특성상 교육하는 사람과 교육받는 사람이 있게 되지만 인지행동치료자는 이를 수직적인 관계로 보기보다는 협력적 경험주의의 입장에서 내담자와 한 팀으로 작업하는 코치와 선수의 입장으로 보게 된다. 선수가 더 잘 뛸 수 있도록 코치는 선수가 보지 못하는 다양한 요소를 고려하면서 전략을 제시하지만 코치와 선수가 호흡이 잘 맞는 팀이 결국 선수의 역량을 최대로 이끌어 내며 성공하게 된다. 경험 있는 인지행동치료자는 자살 위험성이 있는 응급 상황이거나 심한 공황발작 상태와 같이 설교와 설득이 필요한 특수한 맥락이 있음을 이해하지만, 설교와 설득이 아닌 내담자 스스로의 깨달음과 통찰이 가장 치료적임을 잘 알고 있다.

일곱째, 나이가 많은 분들은 머리가 굳어서 생각을 찾고 바꾸는 방식의 치료가 맞지 않을 것이라는 오해도 있다. 젊은 학생들에 비해 노인들이 생각을 찾고 바꾸는 작업을 비롯하여 과제를 수행하는 것을 힘들어할 가능성은 있다. 그러나 인지행동치료의 효과를 향유할 수 있는 조건으로 나이보다는 치료에 대한 동기와 치료

접근의 특징에 대한 이해가 더 중요하다고 할 수 있다. 치료자가 인지행동치료를 정해진 구조화 공식에 따라 반드시 진행해야 한다는 경직된 사고를 갖고 있지 않다면, 아동이든 노인이든 인지행동치료를 유연하면서도 창의적인 방식으로 적용할 수 있을 것이다. 저자는 공황장애로 치료를 받으러 온 팔순이 다 되어 가는 분이 사고 기록지를 열심히 써 와서 감동했던 기억이 있는데, 정확하게 교과서적으로 써 오지는 못했어도 자신의 변화를 위해 노력하는 행동 자체가 박수를 받을 만하고 치료효과에 긍정적인 영향을 미치는 요소가 된다.

마지막으로, 우리나라와 같이 정을 강조하는 문화에서는 인지행동치료가 효과적이지 않을 것이라는 주장도 있다. 이러한 오해는 우리나라에 인지행동치료가 처음 도입될 때 많이 제기되었는데, 미국과 달리 기분과 생각을 잘 구분해서 얘기하는 언어습관도 아니고, 자신의 생각을 분명하게 제시하는 문화도 아니기 때문에 인지행동치료 적용에 한계가 있을 거라는 얘기이다. 그런데 미국의 내담자도 기분과 생각을 구분하는 데 어려움을 겪는 경우가

〈표 5-3〉 인지행동치료에 대한 오해

1. 인지만 강조하는 이성적인 치료 방법이다.
2. 생각을 긍정적으로 바꿔주는 것이 목표이다.
3. 기법 중심적이므로 초보자도 쉽게 배워서 시행할 수 있다.
4. 내담자와의 관계를 중요시하지 않는다.
5. 증상 감소를 목표로 하는 피상적인 치료 방법이고 과거를 다루지 않는다.
6. 설교적이고, 설득적이다.
7. 나이가 많은 분들에게는 맞지 않을 것이다.
8. 우리나라와 같이 정을 강조하는 문화에서는 효과적이지 않을 것이다.

흔하다고 하는 것을 보면 꼭 문화적 차이를 강조할 필요가 없다는 생각이 든다. 결국 치료에서 중요한 것은 치료자가 치료의 원리나 원칙과 관련하여 그 필요성과 중요성을 얼마나 잘 내담자에게 이해시키면서 치료를 진행하는가인 것 같다. 치료자 스스로가 인지행동치료에서 기분과 생각의 구분이 중요하고, 생각을 수정해 나가는 작업이 내담자에게 효과적이라는 것을 확신하지 못하는 상태에서 내담자에게 이를 잘 활용하여 효과를 내겠다고 한다면 이는 모순일 것이다. 지금까지 살펴본 많은 오해에 대해 인지행동치료자는 스스로 점검하면서 자신이 사용하고자 하는 치료에 대해 얼마나 확신을 가지고 있고 얼마나 잘 이해하고 있는지 생각해 볼 필요가 있다.

6장
상담기법

인지행동치료에서 사용하는 기법은 크게 인지적 기법과 행동적 기법으로 구분할 수 있고, 그 외에도 체험적 기법 등과 같은 다른 치료접근에서 가지고 와서 활용하는 다양한 기법이 있다. 여기서는 인지적 기법과 행동적 기법으로 나누어 살펴볼 것이다.

1. 인지적 기법

인지적 기법에서 가장 널리 사용되면서 인지행동치료의 핵심기법 중 하나는 자동적 사고 찾기와 수정하기이다. 인지모델을 중심으로 한 치료접근에서 내담자의 부정적 반응을 만들어 내고 유지시키는 매개 요소인 자동적 사고를 변화시키는 작업은 내담자의 문제를 해결하기 위해 핵심적인 부분이다. 내담자의 정신병리와 관련된 부적응적인 사고내용과 사고방식을 찾아내어 이를 수정해 나감으로써 지속적인 치료효과와 재발을 방지하는 결과를 도모할 수 있다. 항상 문제의 해결을 위한 첫 단계는 문제의 인식부터 이루어져야 하는 것처럼, 내담자를 괴롭히는 자동적 사고를 수정하기 위해선 먼저 그러한 자동적 사고를 찾는 작업부터 이루어져야 한다.

증상의 심각도가 아주 높지 않거나 통찰력이 있는 내담자의 경우, 자신의 자동적 사고를 찾고 인식하는 작업이 자연스럽게 자동적 사고를 수정하는 작업으로 이어져 비교적 단시간에 치료적 변화를 이루어 내기도 한다. 예를 들어, 발표를 할 때 실수에 대한 불안 때문에 실수를 하지 않으려고 노력하면서 지나치게 긴장을 하거나 발표 상황을 모면하려고만 했던 어떤 내담자가 자동적 사고 찾기를 통해 '실수해선 안 돼. 조금의 실수라도 다른 사람에게 보이게 되면 난 능력 없는 사람으로 찍혀 버릴 거야. 그렇게 되면 모든 사람에게 무능력한 한심한 사람으로 소문이 나서 좋은 일자리도 갖지 못할 것이고 사람들과 친분을 형성할 수도 없을 거야.'라는 생각을 인식한 후 자신의 생각이 과장되어 있고 이를 바꿀 필요가 있음을 받아들이게 되었다. 그러나 대부분의 내담자에게는 자동적 사고를 찾고 수정하는 작업이 쉬운 일이 아니다.

오랫동안 학습되어 몸과 마음에 익은 습관은 바꾸는 데 시간이 한참 걸리는 것처럼 자동적 사고도 지속적인 연습과 노력을 통해 변화가 가능함을 치료자는 유념하고 있어야 한다. 그래야만 치료자가 내담자에게 조급한 태도로 생각 찾기와 바꾸기를 강요하는 우를 범하지 않을 수 있다.

인지행동치료에서 자동적 사고의 인식과 수정은 자동적 사고를 형성하게 한 이면의 구조인 스키마의 인식과 수정으로 이어지는 경우가 흔하지만, 내담자와 합의한 치료목표에 따라서 좀 더 자동적 사고의 수정에 초점을 두어 단기치료의 형태로 끝날 수도 있고, 좀 더 근본적인 믿음에 대해 살펴보기 위해 중장기의 형태로 치료를 연장할 수도 있다. 일반적으로 표면적으로 드러나는 증상의 완화나 특정한 문제의 해결을 목표로 하는 경우에는 자동적 사고를 수정하는 단기치료로도 성과를 낼 수 있지만, 발달과정과 연관된 만성적인 문제나 성격장애와 관련된 문제가 목표가 되는 경우에는 스키마를 다루는 좀 더 장기적인 치료로 가게 된다.

인지적 기법에서는 자동적 사고 찾기, 자동적 사고 수정하기를 각각 소개하고, 스키마 찾기, 스키마 수정하기에 대해서도 각각 살펴볼 것이다.

1) 자동적 사고 찾기

자동적 사고를 다루는 데 있어 우선적인 것은 자동적 사고 찾기 과정이다. 내담자의 문제나 부적응을 야기하는 자동적 사고를 분명하게 찾지 못한 상태에서 자동적 사고를 수정하는 단계로 나아갈 수는 없는 일이다. 비유하자면, 안개가 끼어 목표 지점이 잘 보이지 않는 상황에서 무턱대고 앞으로 나아가는 것은 무모한 일이다. 우리가 도달하고자 하는 지점을 확인하기 위해서는 안개 속에서 목표 지점으로 가기 위한 단서들을 찾아야 한다. 목표 지점의 방향을 어느 정도 가늠해 낸다면 그 방향으로 나아가기 위한 길들을 찾아보고 선택할 수 있게 된다. 우리는 여기에서 자동적 사고라는 목표 지점을 찾기 위한 다음과 같은 다양한 방법을 살펴볼 것이다. (1) 내담자의 감정에 주목하기, (2) 인지모델에 대한 심리교육, (3) 기본질문 사용하기, (4) 자동적 사고 기록지 활용하기, (5) 심상 활용하기, (6) 역할연기 활용하기, (7) 기본질문 외 다양한 질문 사용하기가 그것이다.

(1) 내담자의 감정에 주목하기

치료자는 대개 치료 첫 회기 혹은 두 번째 회기에서 자동적 사고의 개념을 소개한다. 그런데 자동적 사고를 추적하는 데 있어 가장 중요한 단서는 감정이다. 경험이 많은 인지행동치료자는 자동적 사고를 찾기 위해 우선 내담자의 감정에 주목한다. 처음부터 사고에 초점을 맞추거나 자동적 사고를 포함한 인지모델에 대해 강의식 설명을 제공하는 것은 내담자를 매우 곤혹스럽게 하고, 치료를 지나치게 지적인 논의로 만들 가능성이 있다. 치료 초반에는 내담자의 자동적 사고보다 내담자의 정서적 · 행동적 · 생리적 반응에 우선 초점을 두는 것이 바람직하며, 내담자의 감정에 주목하여 감정을 명료화하는 것이 이후 이러한 감정과 연관되어 있는 자동적 사고를 찾아 다루는 인지적 개입을 보다 효율적으로 진행하게 해 준다.

Beck(1989)은 "감정은 인지로 가는 지름길"이라고 언급한 바 있다. 인지행동치료자는 부정적 감정이 들었거나 감정의 변화가 있을 때 내담자의 마음속에 스쳐지나간 자동적 사고를 찾고자 한다. 이때 자동적 사고를 바로 탐색하기보다는 자동적 사고와 관련된 감정을 우선 명료화함으로써 특정 감정과 연결되어 있는 사고의 패턴이나 주제를 탐색할 수 있고, 이는 내담자의 핵심적인 자동적 사고와 스키마를 확인할 수 있는 기회가 된다.

(2) 인지모델에 대한 심리교육

치료자는 치료 초반에 인지모델에 대한 심리교육 형태로 자동적 사고가 무엇인지, 왜 자동적 사고를 다뤄야 하는지 등을 내담자에게 설명한다. 가장 바람직한 심리교육 형태는 내담자가 회기에서 얘기하는 구체적인 상황에서의 생각과 기분을 가지고 인지모델에 대해 설명하는 것이다. 다음의 대화는 치료자가 대학생 내담자와 치료회기에서 나눈 내용이다.

치료자: 지난 상담 이후 기분이 나빴던 경우가 있었나요?
내담자: 글쎄요…. 어제 기분이 좀 좋지 않았어요.
치료자: 어떤 일이 있었나요?
내담자: 과제를 하고 있는데 갑자기 문제풀이가 잘되지 않았고, 그래서 과제를 제대로 마무리하질 못했어요.
치료자: 그런 일이 있었군요. 문제풀이가 잘되지 않아서 과제를 제대로 마무리하지 못했을 때 어떤 기분이 들었습니까?
내담자: 제 자신에게 화도 나고… 슬펐어요.
치료자: 화가 나고 슬펐을 때 어떤 생각을 하셨던 것 같나요?
내담자: …이런 것도 하나 제대로 풀지 못해서 앞으로 어떻게 남은 대학과정을 마칠 수 있을까 생각했어요. 제 자신이 한심하고 바보 같다고 느꼈어요.
치료자: 어제 과제를 하면서 화가 나고 슬펐던 기분과 그때 했던 생각을 잘 얘기해 주셨습니다. 갑자기 문제풀이가 잘되지 않았고, 그

래서 과제를 제대로 마무리하지 못한 상황에서 이런 것도 하나 제대로 풀지 못해서 어떻게 남은 대학과정을 마칠 수 있을까, 난 한심하고 바보 같다고 생각했고 그러자 자신에게 화도 났고 슬퍼졌습니다. 맞습니까?

내담자: 예. 그런 것 같아요.

치료자: 우리가 함께하고 있는 인지행동치료는 어떤 사건이나 상황이 있을 때 내 기분이나 행동, 신체 증상과 같은 반응들이 나타나는 것은 그 사건이나 상황을 우리가 어떻게 해석하고 받아들이느냐가 영향을 준다고 봅니다. 인지행동치료에서는 이러한 해석이나 생각을 자동적 사고라고 부르는데, 나도 모르게 갑자기 머릿속에 떠오르고 매우 빨리 지나가기 때문에 많은 경우 그러한 생각을 했는지도 모릅니다. 그래서 자동적 사고라고 부르는 것입니다. 우리는 보통 자동적 사고를 알아차리기보다는 자동적 사고로 인해 나타나는 기분의 변화를 알아차리게 됩니다. 우리가 화가 나고, 불안해지고, 우울해질 때 대개는 자동적 사고가 주문하는 대로 그러한 기분이 나타나게 되는 것입니다. 자신을 한심하고 바보 같다고 생각한다면 누구나 슬퍼질 것 같습니다. 제 말이 어떤가요?

내담자: 아직 잘 모르겠지만, 그런 것 같기도 하네요….

치료자: 특정 상황에서 그 상황을 어떻게 해석해서 받아들이느냐, 즉 자동적 사고가 기분이나 행동, 신체 증상과 같은 개인의 반응을 결정한다는 설명을 인지행동치료에서는 인지모델이라고 부릅니다. 이때 자동적 사고는 그 상황에 적절히 잘 맞는 것일 수도 있지만, 상황에 딱 맞지 않거나 과장되어 있기도 합니다. 특히 부정적 기분에 압도되어 있을 때의 자동적 사고는 사실에 부합하지 않는 과장된 내용들을 포함하고 있을 가능성이 있습니다. 우리는 앞으로 내게 부정적인 기분을 야기하는 자동적 사고를 확인하여 그 자동적 사고가 상황에 적절한 것인지 살펴볼 것입

니다. 조금 전에 얘기했던 이런 것도 하나 제대로 풀지 못해서 어떻게 남은 대학과정을 마칠 수 있을까, 난 한심하고 바보 같다는 자동적 사고가 상황에 적절한지 한번 살펴볼까요?

내담자가 구체적인 상황에서의 생각과 기분을 분명하게 얘기하지 못한다면, 치료 대기실에서 회기 시작을 기다리면서 가졌던 생각이나 기분 혹은 치료회기 중에 느꼈던 기분이나 생각을 내담자에게 확인하여 활용할 수도 있다. 내담자로부터 분명한 생각이나 기분에 대한 보고가 나오지 않을 때에는 미리 준비한 내용으로 심리교육을 진행하는 것이 필요하다. 치료자가 적절한 예시 내용을 미리 준비해 둔다면 구체적인 내담자의 예시가 없을 때 유용하게 사용할 수 있다. 다음은 치료에서 사용할 수 있는 한 가지 예이다.

치료자: 우리는 일상생활에서 상황은 같아도 개인이 부여하는 의미에 따라 반응이 달라지는 경우를 흔히 보게 됩니다. 예를 들어, 선생님이 자기 반 학생들에게 평소 1등인 영호가 이번에 성적이 많이 떨어졌다고 말하는 상황을 가정해 봅시다. 내담자께서 그때 영호의 반 친구라고 한다면 어떤 기분이 들 것 같나요?

내담자: 글쎄요…. 안됐다고 느낄 것 같은데요.

치료자: 안됐다고 느낄 것 같다고 잘 말해 주셨습니다.[1] 그런데 영호의 반 친구 형석이는 기쁨을 느낀다고 합니다. 반면 종호는 불안하다고 하고요. 재원이는 선생님에게 화가 난다고 하고, 전학온 지 며칠 되지 않은 승철이는 아무렇지도 않다고 합니다. 동

---

1) 여기서 안됐다고 하는 것은 느낌이라기보다는 생각에 해당하지만 느낌이 아니라 생각에 해당한다는 교정을 시도하면 생각과 정서의 연결을 설명하는 맥락이 흐트러지므로 치료자는 이에 대해서는 나중에 다루는 것이 낫다고 판단하여 그냥 지나가는 상황임.

일한 상황을 보면서도 이렇게 다양한 감정적 반응이 나타날 수 있습니다. 그런데 어떤 학생은 기쁨을 느끼고, 어떤 학생은 불안을 느끼고, 화가 나기도 하며, 안됐다고 느끼는 이유는 무엇일까요? 내담자께서 영호가 안됐다고 느낄 때 마음속에 스쳐지나간 생각은 무엇일까요?

내담자: 글쎄요…. 성적이 떨어졌으니 속상할 테고 선생님이 이것을 공개적으로 얘기하니까 더 창피할 것 같은데요.

치료자: 성적이 떨어져 속상하겠다, 선생님이 공개적으로 얘기해서 더 창피하겠다고 생각을 하니 안됐다는 느낌이 들었던 것 같네요. 맞나요?

내담자: 그런 것 같아요.

치료자: 그런데 형석이는 기쁨을 느꼈습니다. 영호가 성적이 많이 떨어졌다면 이번 시험에서 내가 영호보다 좋은 성적을 거두어 내가 영호보다 더 똑똑하다는 것을 보여 줄 기회가 되겠다는 생각을 하니까 기분이 좋아졌습니다. 종호는 불안을 느꼈는데, 영호가 낮은 성적을 받았다면 나 역시 낮은 성적을 받았을 거라는 생각이 들면서 불안해졌습니다. 이처럼 상황에 두는 의미나 해석에 따라 동일한 상황이어도 기분이 달라질 수 있는 것입니다. 이해가 되시나요?

내담자: 무슨 말씀인지 알 것 같아요.

치료자: 그렇다면 재원이가 선생님에게 화가 난 이유는 무엇 때문일까요? 어떤 생각을 했을 것 같으세요?

내담자: 글쎄요…. 왜 학생들 앞에서 저렇게 얘기해서 영호를 힘들게 할까… 뭐 그런 생각….

치료자: 네, 그런 생각을 했을 수 있죠. 그런 생각을 한다면 선생님에게 화가 날 것 같아요. 혹은 영호가 낮은 점수를 받았다면 그건 선생님이 공정하게 채점하지 않았기 때문일 거라는 생각을 하면서 화가 날 수도 있고요. 우리가 재원이의 생각을 정확하게 알

수는 없지만 선생님의 행동이 정당하거나 적절하지 않다고 생각한다면 화가 날 것 같습니다. 전학 온 지 며칠 되지 않은 승철이는 아무렇지도 않았는데, 그게 뭐 어쨌다고, 난 관심 없어라고 생각했을 수 있습니다. 이처럼 특정 상황에서 그 상황을 어떻게 해석해서 받아들이느냐, 즉 자동적 사고가 기분이나 행동, 신체 증상과 같은 개인의 반응을 결정한다는 설명을 인지행동치료에서는 인지모델이라고 부릅니다.

치료자는 심리교육에 사용할 적절한 예시를 다양한 매뉴얼 속 자료나 자신의 일상생활 경험에서 준비를 해 두는 것이 좋으며, 창의적으로 내용을 만들어 제공할 수도 있다.

(3) 기본질문 사용하기

자동적 사고를 찾는 방법으로서 가장 일반적으로 사용되는 기본질문은 “바로 그때 마음속에 무엇이 스쳐지나갔나요?”이다. 물론 이러한 기본질문은 “그때 어떤 생각이 들었나요?” “그때 머릿속에 스쳐지나간 생각은 무엇일까요?” 등과 같이 조금씩 다른 표현으로 사용할 필요가 있다. 이러한 질문은 치료시간 중에 내담자에게 기분의 변화가 있어 보일 때 사용할 수도 있고, 내담자에게 최근 기분의 변화를 느꼈을 때나 문제 상황을 얘기하게 한 다음 사용할 수도 있다.

(4) 자동적 사고 기록지 활용하기

회기 간 과제로 자동적 사고 기록지를 작성해 오게 하는 것은 인지행동치료의 매우 일반적인 방법이다. 자동적 사고 기록지는

'사건, 감정, 자동적 사고'로 된 세 칸 기록지를 흔히 사용하지만, '사건, 감정' '사건, 자동적 사고' 혹은 '사건 및 감정, 자동적 사고'로 이루어진 두 칸 기록지를 사용할 수도 있고, 나중에 설명할 자동적 사고 수정하기와 연결하여 '합리적 사고'와 '결과'를 추가한 다섯 칸 기록지로 사용하는 경우도 흔하다. '자동적 사고' 칸에 인지적 오류를 포함하여 기록할 수도 있고, '합리적 사고' 칸에 인지적 오류를 포함하여 기록할 수도 있으며, 따로 '인지적 오류'를 추가하여 여섯 칸 기록지를 만들 수도 있는 등 치료자가 내담자에게 적용하기에 가장 효과적이라고 생각하는 형태의 기록지를 적절히 선택하여 사용할 수 있다. 〈표 6-1〉은 앞서 나온 심리교육 관련 대화 예를 토대로 여섯 칸 사고 기록지에 작성한 예시이다.

여섯 칸 사고 기록지를 사용한다고 가정할 때, 치료자는 내담자에게 부정적 감정을 경험한 사건이나 상황을 첫 칸에 기록하게 하고 그 다음 칸에 그때의 감정과 강도를 기록하도록 하는 것을 초반 작업으로 가져가는 것이 좋다. 이에 대한 기록이 잘 이루어진다고 판단되면, 세 번째 칸의 자동적 사고(와 믿는 정도)를 기록해 보도록 요청할 수 있다. 여기까지가 자동적 사고 찾기 과정이며, 나머지 세 칸에 대한 작업은 자동적 사고를 수정하기 과정으로 뒤에서 더 살펴볼 것인데, 기록지의 왼쪽 칸에서부터 오른쪽 칸으로 차근차근 단계적으로 진행을 하는 것이 바람직하다.

내담자에 따라서는 사건과 감정 그리고 자동적 사고를 찾는 과제만 하면서도 자신의 생각이 과장되어 있음을 느끼고 자연스럽게 자동적 사고를 수정하려는 노력을 한다. 결국 자동적 사고 찾기는 감정, 인지, 행동 등에 관한 일종의 자기 모니터링으로 볼 수

〈표 6-1〉 자동적 사고 기록지 작성 예시

사건	감정	자동적 사고	인지적 오류	합리적 사고	결과
부정적 감정을 일으킨 상황이나 사건을 구체적으로 기록	불안, 우울, 분노 등의 감정을 기록하고 그 정도를 0~100점으로 평가	감정과 연관된 생각을 기록하고 믿는 정도를 0~100점으로 평가	인지적 오류의 종류를 기록	합리적 대안을 기록하고 믿는 정도를 0~100점으로 평가	감정의 변화 정도를 0~100점으로 평가하고 행동의 변화를 기록
과제를 하고 있는데 갑자기 문제풀이가 잘되지 않았고, 그래서 과제를 제대로 마무리하지 못함.	화(80점) 슬픔(90점)	이런 것도 하나 제대로 풀지 못해서 앞으로 어떻게 남은 대학과정을 마칠 수 있을까. (80점) 나는 한심하고 바보 같다. (90점)	과잉일반화 재앙화 명명하기	난이도가 높지 않은 문제들은 그래도 대부분 풀었고, 난이도가 매우 높은 문제를 풀지 못했을 뿐인데 졸업을 걱정하는 것은 너무 비약이야. (60점) 스스로 비하하는 꼬리표를 붙이는 행동은 기운만 뺄 뿐이지 내게 하등의 도움이 되지 않아. (50점) 지난 학기 학점은 괜찮았잖아. (60점)	화(50점) 슬픔(50점) 풀지 못한 문제를 다시 풀어 봄. 친구에게 그 문제의 풀이에 대해 물어 봄.

있는데, 인지행동치료에서의 치료적 출발은 항상 자기 모니터링이라고 해도 과언이 아닐 것이다. 자동적 사고 기록지는 전통적으

로 종이 양식지를 사용하지만, 컴퓨터에 기록할 수도 있고, 최근에는 스마트폰 앱을 활용하기도 한다.

(5) 심상 활용하기

내담자가 자신의 자동적 사고를 자세히 표현하지 못하는 경우나 내담자를 좀 더 몰입하게 하여 감정적 접촉을 유도하고자 할 때에는 심상을 활용할 수 있는데, 문제 상황을 구체적인 심상으로 떠올리게 한 다음 기본질문을 할 수 있다. 이때 치료자는 문제 상황이 비록 과거이긴 하지만 내담자가 마치 현재 그 상황에 들어가 있는 것처럼 심상을 유도해야 한다. 심상을 촉진하기 위해서는 사건을 현재 시점으로 떠올리도록 질문을 해야 하며, 무엇이 보이고 어떤 소리나 냄새가 나는지 등과 같은 오감을 활용한 상황 묘사가 도움이 된다. 또한 치료자의 지지적이고 격려하는 음성이 내담자의 안전감을 높여 심상에 더 몰입될 수 있도록 해 준다.

(6) 역할연기 활용하기

좀 더 실제적인 상황처럼 연출하는 것이 치료에 필요하다고 판단되면, 내담자의 동의를 구한 후 치료자와 내담자가 각자 역할을 맡아서 역할연기를 할 수 있는데, 역할연기를 한 후 기본질문을 해 볼 수 있다. 이때 치료자는 내담자의 부모, 자녀, 배우자, 직장동료 등과 같이 내담자의 일상에서 어떤 한 사람의 역할을 맡아 내담자와 상호작용하는 경우가 많으며, 필요한 경우 역할을 바꾸어 치료자가 내담자의 역할을 맡고, 내담자가 다른 사람의 역할을 맡아서 진행할 수도 있다. 치료자는 역할연기를 하면서 내담자의 자동적 사고가 어떻게 나타나고 있는지 면밀히 관찰해야 한다.

역할연기를 효과적으로 수행하려면 연기를 할 상황과 대화 내용을 가능한 한 구체적으로 미리 준비하는 것이 좋다. 또한 치료자가 역할연기 수행에 어색함이나 부담을 적게 느끼면서 자신과 잘 맞는다고 느낄 때 효과적으로 사용할 가능성이 높아진다. 치료자는 내담자가 역할연기에 쑥스러움과 부담을 느끼는 점을 공감해 주면서 구체적인 역할연기 상황을 안내 해 주어야 한다. 이처럼 역할연기는 시행에 따른 치료자와 내담자의 부담이 있고, 실제처럼 꾸미기 위해 장비나 도구가 필요한 경우도 있어 앞서 설명한 질문이나 심상과 같은 기법들에 비해 상대적으로 덜 사용된다.

(7) 기본질문 외 다양한 질문 사용하기

기본질문 외에 자동적 사고를 이끌어 내기 위한 다른 질문들로는 다음과 같은 내용이 있다.

첫째, "그때 어떤 생각이 들었을 것 같은지 한번 짐작해 보세요. 어떤 생각이었을까요?"라고 질문하며 짐작하게 해 볼 수 있다. 내담자가 다양한 가능성을 열어 놓고 생각해 보게 하는 것이 중요하므로 짐작이라는 단서를 달고 자동적 사고를 찾아보는 행동을 격려할 필요가 있다.

둘째, 내담자가 짐작하는 것이 어려운 경우에는 "혹시 이런 생각을 한 것은 아니었을까요?"라며 몇 가지 가능한 내용들을 제시해 준다. 물론 내담자 스스로 자신의 자동적 사고를 찾는 것이 가장 바람직하지만, 내담자 스스로 작업이 어려울 때에는 돌파구가 필요할 수 있다. 동일한 상황에서도 다양한 생각을 할 수 있음을 알게 되는 것은 나중에 자동적 사고를 수정하기 위해 합리적 대안을 떠올리는 데 도움을 준다.

셋째, "그 상황은 자신에게 어떤 의미가 있습니까? 무엇을 의미합니까?"라는 질문을 사용할 수도 있다. 일반적인 형태의 질문이긴 하지만, 이러한 질문을 통해 내담자는 자신이 불편했던 상황의 의미를 곰곰이 되새기게 되고, 그동안 떠올리지 못했던 자동적 사고 혹은 개인적 해석을 탐색하게 된다.

마지막으로, "그때 이런 생각을 하고 있었나요?"(치료자는 짐작되는 대답과 반대되는 내용을 제시함)라고 질문하는 방법이 있다. 내담자가 자신의 자동적 사고를 제대로 찾고 있지 못할 때, 반대 방향의 내용으로 질문을 받게 되면 아니요라는 대답을 하게 되면서 자신의 생각을 탐색할 방향을 찾을 수 있는 계기를 갖게 된다. 예를 들어, 내담자가 친구에게 오랜만에 식사약속을 제안했다가 친구의 일정 때문에 약속이 이루어지지 못한 상황에 대해 약간 기분이 좋지 않았다고만 하면서 어떤 생각이 들었는지 찾지 못하고 있다면 어떤 생각이 들었는지 짐작해 보게 할 수도 있고, 할 수 있을 만한 생각의 예를 제시해 줄 수도 있지만, "그 친구가 내게 충분히 그럴 수 있지. 걔는 바빠서 식사하기 어려운 것이지 나를 무시하거나 중요하게 생각하지 않는 것은 아니야라고 생각했나요?"라고 질문하게 되면 내담자는 자신이 했을 수 있는 자동적 사고를 좀 더 탐색해 볼 기회를 갖게 된다.

2) 자동적 사고 수정하기

다양한 방법을 통해 자동적 사고를 찾아냈다면, 이제 자동적 사고를 수정하는 단계로 나아간다. 초보 인지행동치료자들에게는 자동적 사고 찾기도 쉽지 않지만, 자동적 사고를 찾아낸 후 이를 수정하는 과정이 상당히 까다롭고 어렵게 느껴진다. 책이나 매뉴얼에 나와 있는 방식에 따라 질문하며 진행을 해도 좀체 교과서에 나오는 '훌륭한' 치료사례처럼 딱딱 진행되지 않아 좌절을 경험하기 일쑤이다. 특정 장애나 특정 문제와 관련된 공통된 인지적 주제가 있긴 하지만, 개인마다 자동적 사고의 내용을 독특하게 지니고 있을 뿐만 아니라, 이러한 생각을 바꾸려는 동기나 바꾸는 데 영향을 주는 내외적 자원이 내담자마다 다르고, 자동적 사고를 수정하기 위한 가장 효과적인 방법도 내담자마다 다르며, 더욱이 내담자에게 가장 효과적인 방법을 미리 알기 어렵기 때문에 자동적 사고를 수정하는 작업은 교과서로 배우는 것보다 훨씬 어렵다.

좋은 인지행동치료자가 되기 위해선 내담자 개인에 대한 사례개념화가 잘 이루어져야 하고, 지속적인 훈련과 지도감독을 통해 인지적 개입의 다양한 방법을 적재적소에 그리고 창의적으로 사용하는 역량을 쌓아 나가는 시간이 필요하다. 여기에서는 자동적 사고를 수정하는 다음과 같은 다양한 방법을 살펴볼 것이다. (1) 소크라테스식 질문하기, (2) 자동적 사고 기록지 활용하기, (3) 인지적 오류 찾기, (4) 파이 기법, (5) 인지적 예행연습, (6) 목소리의 외현화, (7) 장단점 따져 보기, (8) 극단적 표현 공략하기, (9) 걱정 시간 따로 두기, (10) 사고 중지, (11) 주의분산/재초점화, (12) 대처카드,

(13) 논박하기가 그것이다.

(1) 소크라테스식 질문하기

소크라테스식 질문하기(Socratic questioning)는 인지행동치료에서 내담자의 사고를 변화시키는 데 가장 많이 사용되는 방법으로 인지행동치료의 상징적 기법이라고 할 수 있다. 질문은 내담자로 하여금 스스로 자신의 사고를 검토하여 다양한 대안을 탐색하도록 하기 때문에 직접적인 반박이나 설득 혹은 설명보다 더 지속적인 치료효과를 가진다. 소크라테스식 질문에서는 내담자의 호기심을 자극하는 질문을 던지기도 하고, 내담자의 자동적 사고에 반하는 근거와 예를 제시하기도 하며, 내담자가 좀 더 의미를 탐색해 보도록 격려하는 형태의 질문을 하기도 한다.

이러한 질문하기는 인지행동치료의 궁극적 목표인 자가 치료자가 되기 위한 과정을 촉진하는데, 치료자가 직접 내담자의 문제를 지적하거나 해결책을 제시하기보다는 내담자 스스로 자기 문제의 핵심을 깨닫고 다양한 해결책 중 자신에게 잘 맞는 것을 찾도록함으로써 내담자의 문제해결능력을 향상시킨다. 인지행동치료자는 배고픈 내담자에게 고기를 제공함으로써 배고픔을 면하게 해 주는 것이 치료의 궁극적인 목적이 아니라고 생각한다. 고기 잡는 법을 내담자가 알도록 하여 혼자서도 허기를 면할 수 있는 능력을 기르는 것이 치료적으로 중요하다. 이러한 치료 과정에서 핵심적인 역할을 하는 기법이 소크라테스식 질문하기이다.

내담자는 치료회기에서 치료자가 자신에게 던지는 질문내용이나 질문방식을 학습하게 되며, 과제를 통해 반복 연습하게 된다.

이런 과정을 통해 내담자는 치료자가 자신에게 했던 질문을 스스로에게 할 수 있게 되고, 예전에는 자동적으로 일어나던 부정적 반응과 자동적 사고의 즉각적인 영향력을 약화시킬 수 있게 된다. 일반적으로 나중에 더 잘 기억되고 학습되는 내용은 다른 사람이 단순히 가르쳐 준 내용보다는 자신이 시행착오를 거치며 직접 노하우를 깨우친 내용이다. 따라서 아무리 내담자의 핵심문제라고 하더라도 그 문제를 치료자가 가르쳐 주는 방식보다는 내담자 스스로 질문하며 깨우치는 방식이 지속적인 치료효과를 가질 수밖에 없다. 또한 질문하기는 직접적인 교육이나 논박과 비교하여 치료자와 내담자의 상호작용을 통한 치료관계 강화에도 기여할 수 있다.

Judith Beck(2011)은 자동적 사고를 평가하는 소크라테스식 질문을 다음과 같이 여섯 가지로 요약하여 제시한 바 있다. ① 증거에 대해 질문하기, ② 대안적 설명에 대해 질문하기, ③ 탈재앙화에 대해 질문하기, ④ 자동적 사고의 영향에 대해 질문하기, ⑤ 거리두기에 대해 질문하기, ⑥ 문제해결에 대해 질문하기 등 이러한 여섯 가지 질문은 〈표 6-2〉에 정리되어 있고, 각 질문에 대한 설명을 다음에 간략하게 제시하였다.

증거에 대해 질문하기는 자동적 사고의 타당성을 지지하는 증거와 지지하지 않는 반대 증거를 찾아보고, 이를 비교 · 평가함으로써 사고의 변화를 유도하는 기법이다. 대부분의 내담자는 자동적 사고를 당연한 것으로 받아들이기 때문에 지지하는 증거는 쉽게 찾지만, 반대되는 증거는 잘 찾지 못한다. 자동적 사고를 지지하지 않는 증거를 찾고 인식하는 활동은 아직 합리적 사고로의 수정이 이루어지기 전이라고 할지라도 자동적 사고가 당연한 것이 아닐 수 있음을 깨닫게 하는 변화의 시작이라고 볼 수 있다.

대안적 설명에 대해 질문하기는 내담자가 가지고 있는 자동적 사고, 즉 그 상황에 대한 내담자의 해석 이외에 다른 가능한 해석은 없겠는지를 살펴보는 것이다. 대부분의 내담자는 자신의 문제에 갇혀 있으면서 인지적 유연성이 떨어지기 때문에 처음에 떠올랐던 자동적 사고 이외에 다른 대안적 설명을 찾기 힘들어한다. 다른 가능성을 탐색하면서 자동적 사고가 정답이 아닐 수도 있음을 받아들이게 되면 좀 더 유연한 사고를 할 수 있게 된다.

탈재앙화에 대해 질문하기는 특정 상황 혹은 대부분의 상황에서 최악의 시나리오를 예상하는 내담자들의 자동적 사고를 다루는 데 유용하다. 내담자는 최악의 경우만 생각하며 두려워하거나 우울해지지만, 치료자는 내담자로 하여금 최악의 경우뿐만 아니라 최상의 경우도 살펴보도록 하여 반대 측면도 보게 하고, 결과적으로는 현실적인 결과를 예상하도록 돕는다. 최악의 경우가 발생할 가능성이 거의 없거나 매우 낮은 경우가 대부분이지만, 최악의 경우가 발생하더라도 대처를 할 수 있음을 함께 논의하는 것이 중요하다.

자동적 사고의 영향에 대해 질문하기는 자동적 사고를 함으로써 나타나는 부정적 반응들을 확인하도록 해 주며, 자동적 사고를 하지 않거나 다른 생각을 한다면 어떨지도 살펴봄으로써 자동적 사고의 결과물들을 인식하도록 해 준다. 이러한 질문은 "이런 생각을 믿는 것이 내게 무슨 도움이 되는가?"라는 질문으로 바꾸어 던져 볼 수도 있다. 앞선 질문들은 주로 자동적 사고의 타당성에 대한 질문이라고 한다면, 이 질문은 자동적 사고의 유용성에 대한 질문이라고 할 수 있다. 내담자의 자동적 사고가 타당성을 지니고 있다 하더라도 유용성 차원에서 검토해 볼 여지가 있다. 내게 부정적 영향을 미치면서 도움이 되지 않는다면 변화시킬 필요가 생기는 것이다.

거리두기에 대해 질문하기는 가족이나 가까운 친구가 자신과 비슷한 상황에 처해 있다면, 어떤 말을 건넬지를 상상해 봄으로써 자신의 자동적 사고를 거리를 두고 떨어져서 바라보도록 하는 방법이다. 많은 내담자가 자신의 자동적 사고를 대체할 수 있는 대안적 사고를 찾거나 이를 받아들이는 데 어려움을 겪지만, 거리두기에 대해 질문하기를 사용하면 내담자들 중 상당수가 자신에게 중요한 사람들에게는 거의 교과서적인 대안적 사고를 제시하며 조언을 할 수 있다. 자신에게는 적용하지 못하지만 사랑하는 사람에게는 적용할 수 있는 모순 혹은 이중 잣대의 상황이 내담자에게 통찰을 가져오기도 한다. 앞선 타당성과 유용성에 대한 질문들이 효과적으로 잘 적용되지 않을 때 시도해 볼 수 있는 질문기법이다.

문제해결에 대해 질문하기는 내담자의 자동적 사고를 타당성과 유용성 측면에서 다루는 것이 적절하지 않고 실제 현실적인 문제를 어떻게 풀어 갈 것인지를 고민해야 할 때 사용하는 질문이다. 내담자의 생각에 오류가 없고, 해결해야 할 현실적인 문제가 있다면 어떻게 문제해결을 할 것인지를 따져 보아야 한다. 치료자는 내담자와 함께 그 상황에서 가능한 대안들을 살펴보고 대안들의 장단점을 고려하여 그중 최적의 대안을 선택한 후 실행에 옮길 수 있도록 계획을 수립한다. 대학에 합격하여 대학을 다니고 싶지만 당장 경제적으로 대학 입학 등록금을 마련하기 어려운 내담자라면, 등록금을 어떻게 마련할 것인지가 문제해결의 초점이 될 것이다. 등록금의 일부나 전부를 지원해 줄 수 있는 친척이 있는지, 정부에서 지원하는 장학금 지원 자격에 해당이 되는지, 입학 후 아르바이트를 할 수 있는 방법이 있는지, 그리고 관련 정보들을 얻기 위해 어디에 문의하면 되는지 등을 치료자와 내담자가 함께 살펴보게 될 것이다. 물론 어떤 문제들은 바로 해결되기 어렵거나, 아마도 영원히 해결되지 못할 수도 있다. 신체적 · 정신적 장애나 가정의 재정 상태 등이 그러할 수 있다. 이럴 때에는 현재의 상태를 수용하고 받아들이는 것이 필요하다. 그리고 인생에서 어떤 가치를 추구할 것인지를 생각해 보아야 한다.

이러한 여섯 가지 질문을 생각 바꾸기에 항상 사용해야 하거나 모두 다 사용해야 하는 것은 아니다. 한꺼번에 많은 것을 소화시키려고 하면 오히려 체해서 안 먹느니만 못하게 될 수 있다. 내담자에게는 한 번에 한두 질문만 활용하도록 추천하는 것이 바람직하다. 치료자는 각 질문의 특징을 이해하고 내담자의 자동적 사고 내용과 수정과정에 맞추어 어떠한 질문이든 선택할 수 있지만, 저자의 개인적인 생각으로는 ①과 ②의 질문을 일반적인 질문으로 사용하되, 재앙화 사고를 다루어야 하는 경우 ③의 질문이 유용하고, 사고의 타당성보다는 유용성을 다루는 게 적절한 상황에서는 ④의 질문이 필요할 수 있고, ①의 질문과 ②의 질문이 잘 진행되지 않아 관점의 전환이 필요할 때에는 ⑤의 질문이 유용할 수 있고, 자동적 사고보다는 문제 상황 자체에 대응해야 겠다고 판단될 때에는 ⑥의 질문을 사용할 필요가 있다.

이러한 질문들은 내담자의 자동적 사고에 직접적으로 도전하거나 반박하지 않고, 인지치료가 지향하는 협력적 경험주의에 입각하여 치료자와 내담자가 상호 협력하며 자동적 사고가 합리적 근거를 가지는 타당한 생각인지, 타당하다고 하더라도 내담자에게 도움이 되는 생각인지 등을 따져 볼 수 있게 돕는다. 내담자의 스키마로부터 나타나는 자동적 사고는 오랜 발달과정 동안의 학습 경험에서 나오는 것이고 발달의 어떤 시점에서는 내담자의 생존과 적응을 도왔지만 현재는 오히려 적응을 방해하는 역할을 하고 있기 때문에 내담자의 자동적 사고는 잘못된 것이고 틀린 것이라는 가정 하에 이를 바꾸어야 한다고 치료자가 성급하게 덤벼들게 되면 내담자는 자신이 살아오고 버텨 온 역사를 부정받는 것 같은 위협감에 직면한다. 치료자가 내담자의 저항을 최소화하면서 생각 바꾸기 작업을 진행하기 위해서는 내담자의 자동적 사고에는 내담자의 주관적 진실이 포함되어 있고, 그 진실은 존중받아야 한다는 태도를 가지고 있어야 한다. 하지만 주관적 진실이 곧 객관적 진실은 아니므로 일부 과장되거나 합리적이지 않은 부분들을 찾아 수정한다면 내담자의 문제나 고통을 해결해 나갈 수 있을 것이라는 태도를 지니는 것이 적절하다.

소크라테스식 질문을 치료적으로 사용하기 위한 주의사항을 제시하면 다음과 같다.

첫째, 내담자가 해야 할 대답을 치료자가 성급하게 대신 얘기하지 않도록 주의해야 한다. 치료자가 질문을 해놓고 내담자가 대답을 제대로 하지 못한다고 하여 자신이 대신 대답을 하면 질문하는

〈표 6-2〉 자동적 사고를 평가하는 여섯 가지 질문

1. 증거는 무엇인가? - 내 생각을 지지하는 증거는 무엇인가? - 내 생각에 반대되는 증거는 무엇인가?
2. 내 생각과 다른 대안적 설명은 없는가?
3. 이런 경우 일어날 수 있는 최악의 일은 무엇인가? 이런 경우 일어날 수 있는 최상의 일은 무엇인가? 가장 현실적인 결과는?
4. 자동적 사고를 믿어서 나타나는 효과는 무엇인가? 내 생각을 바꾸면 그 영향은 어떠한가?
5. 만약 나의 소중한 친구나 가족이 나와 유사한 상황에 처해 있다면 내가 해 줄 수 있는 충고나 조언은?
6. 만약 내 생각에 오류가 없다면, 어떻게 문제해결을 할 것인가? 차선책은 무엇이며, 각각의 장단점은? 차선책을 어떻게 실행에 옮길 것인가?

의미가 없어질 뿐만 아니라 내담자에게 치료자의 기대를 채워 주지 못하고 있다는 좌절감을 줄 수 있다. 만약 내담자가 질문을 잘 이해하지 못했다면, 질문을 다른 표현으로 바꿔 다시 하고 대답을 기다리는 것이 바람직하다.

둘째, 가능한 한 구체적이면서도 내담자가 대답할 가능성이 높은 질문을 해야 한다. 내담자가 치료자의 질문 의도를 살피거나 무엇을 어떻게 대답해야 할지 갈피를 잡지 못하여 난감해 하는 질문은 바람직하지 않다. 효과적인 질문은 내담자가 치료자의 질문 내용을 정확하게 알아듣고 어떤 형태로든 대답할 수 있는 것이다.

셋째, 정해진 답을 요구하는 질문은 피해야 한다. 치료자는 내담자 문제의 정답을 알고 있으므로 내담자가 그 정답을 찾아 나가도록 도와야 한다는 생각은 매우 위험하다. 질문은 정해져 있는 하나의 정답을 찾기 위해서 하는 것이 아니라 다양한 가능성과 대안이 있음을 살펴보고 깨닫는 기회를 준다는 점을 치료자와 내담자 모두 알고 있을 필요가 있다. 내담자의 사고가 보다 유연해지고 확장될 수 있도록 질문을 활용하는 것이 좋다. 치료자는 소크라테스식 질문을 하면서 일정한 방향의 대답을 예상하기도 하지만 내담자의 자유롭고 자율적인 반응을 존중하여야 한다.

넷째, 가능한 한 개방형 질문을 사용해야 한다. '예.' '아니요.'로 대답하게 하는 폐쇄형 질문이나 선다형 질문이 필요하고 유용한 맥락도 있지만, 많은 경우 내담자가 모든 가능성을 열어 놓고 다양하게 생각하고 대답할 수 있도록 개방형 질문을 사용하는 것이 바람직하다.

다섯째, 말꼬리 잡는 식의 질문을 피해야 한다. 많은 초보 인지행동치료자들이 실제 치료회기에서 소크라테스식 질문을 사용해야만 한다는 강박관념을 지니고 과도한 질문공세를 펼치는 우를 범한다. 치료자는 소크라테스식 질문을 잘했다고 느끼지만, 내담자는 다음 회기에 오지 않는다. 왜냐하면 또 다시 질문을 통한 고문을 당하고 싶지 않기 때문이다. 치료자는 다음 질문으로 들어가기에 앞서 내담자가 한 대답을 충분히 생각해 보아야 한다. 소크라테스식 질문을 잘하기 위해서는 치료자에게 논리적이고 분석적인 사고력도 필요하지만 심리치료의 기본태도로서 주의 깊은 경청능력이 필수적이다.

공황장애 내담자에게 소크라테스식 질문을 사용한 예를 다음에 제시하였다.

치료자: 만일 마트 안에서 장을 보는 중에 공황발작이 온다면 어떻게 될 것 같으세요?

내담자: 생각만 해도 끔찍해요. 아마 미쳐 버릴 것 같아요.

치료자: 신체 증상으로는 어떤 것들이 나타날 것 같은가요?

내담자: 호흡이 가파져서 숨이 쉬어지지 않고, 가슴이 터질 듯이 뛰어요. 어지럽고 쓰러질 것 같아요.

치료자: 그때 어떤 생각이 들 것 같나요?

내담자: 이러다 죽겠다, 사람들이 나를 미친 사람처럼 볼 것 같다는 생각이 들어요.

치료자: 이러다 죽겠다는 자동적 사고를 지지하는 증거가 있나요?

내담자: 숨이 막히고 심장이 터질 듯이 뛰니까요….

치료자: 자동적 사고에 반대되는 증거는 어떤 게 있나요?

내담자: (웃으며) 여러 번 공황발작 경험을 했는데도 아직 살아 있잖아요. 죽을 것 같은 거지 실제 죽지는 않는 병이 공황장애인 것 같아요.

치료자: 공황발작이 온다면 일어날 수 있는 최악의 결과는 무엇인가요?

내담자: 죽는 거죠. 아니, 참 좀 전에 얘기한 거랑 안 맞네요. 죽지는 않고 거의 죽을 것처럼 숨이 막히고 어지러워 쓰러지겠죠.

치료자: 그렇다면 공황발작이 올 때 가장 최상의 결과는 무엇일까요?

내담자: 공황발작이 금방 지나가서 바로 회복이 되는 거겠죠.

치료자: 가장 현실적인 결과를 예상해 본다면요?

내담자: 공황발작으로 많이 힘들겠지만, 예전에 그랬던 것처럼 마트를 빨리 빠져나와 사람이 없는 골목에서 잠시 주저앉아 휴식하면 어느 정도 시간이 지나 진정이 될 거고, 그러고 나면 집으로 갈 수 있을 거예요.

치료자: 잘 얘기해 주셨습니다. 공황발작이 오더라도 처음에 두려워했던 최악의 결과가 오는 것은 아니라는 것, 또 공황발작은 분명 끔찍하고 힘든 경험이지만 큰일이 났다고 스스로 불 지르지만

않는다면 조금씩 가라앉는다는 것을 잘 이해하고 계시는 것 같군요. 우리가 연습한 바에 따라서 공황발작이 왔을 때 어떻게 할 수 있을까요?

내담자: 음… 공황발작이 온다고 죽거나 미치는 것은 아니다, 계속 난리치지만 않으면 잠시 머물다 지나갈 것이다, 구석에서 복식호흡을 하며 기다려 보자라고 말할 것 같아요.

(2) 자동적 사고 기록지 활용하기

앞서 자동적 사고 찾기에서 언급한 자동적 사고 기록지를 사용(using automatic thought record)하여 자동적 사고 수정하기를 시도하는 방법은 인지행동치료에서 매우 빈번히 활용된다. 〈표 6-1〉에 나온 여섯 칸 기록지를 중심으로 자동적 사고를 찾기 위해 첫 세 칸인 사건과 감정, 자동적 사고를 기록하는 요령에 대해서는 이미 설명하였다.

나머지 세 칸을 활용하여 자동적 사고 수정하기가 이루어지는데, 네 번째 칸의 인지적 오류는 앞서 찾아낸 자동적 사고에 들어 있는 인지적 오류의 종류가 어떠한 것인지를 확인하는 것이다. 앞서(3장 인지치료의 주요 개념에서 '인지적 오류') 설명한 인지적 오류의 종류 중 해당하는 것을 기록하면 되는데, 이러한 확인과정은 내담자로 하여금 자신의 사고를 객관적으로 거리를 두어 살펴보게 만드는 일종의 거리두기에 해당한다. 마치 자신의 대화장면을 동영상을 찍어 보게 되면 사람들과 얘기할 때 나도 모르게 몸짓을 많이 취한다는 것을 알게 되고 그래서 조심하게 되는 것처럼, 자동적 사고에 포함되어 있는 논리적 오류를 확인하게 되면 그 인식

자체가 변화를 위한 시동이 된다. 그러나 이러한 긍정적 기능에도 불구하고 인지적 오류를 확인하는 작업은 대부분의 내담자에게 쉽지 않은 일이다. 인지적 오류의 종류가 매우 많아서 헷갈릴 뿐만 아니라 그 용어와 설명 또한 생소하고 어렵기 때문이다. 자동적 사고를 찾는 것도 쉽지 않은 내담자에게 자동적 사고에 포함되어 있는 인지적 오류를 정확하게 찾아내라고 요구하는 것은 어려운 수학시험 문제를 풀라는 것과 유사하다.

따라서 인지적 오류를 찾는 작업이 내담자에게 과도한 부담을 주거나 인지적 개입을 시도하는 데 꼭 필요한 것으로 판단되지 않는다면 생략하고 지나갈 수도 있다. 한 가지 대안은 인지적 오류의 종류들을 모두 살펴보더라도 내담자가 주로 자신에게 해당하는 것으로 생각하는 몇 가지 종류를 중심으로 기록지에 기록해 보도록 범위를 줄일 수 있다. 인지적 오류를 치료적으로 다룰 때 주의할 점에 대해서는 앞서 3장 인지치료의 주요 개념에서 언급한 바 있다.

다섯 번째 칸인 합리적 사고 부분이 자동적 사고 수정하기의 핵심이라고 할 수 있다. 찾아낸 자동적 사고와 인지적 오류에 대해 증거를 검토하고, 합리적인 대안을 만들고, 재귀인하기 등을 통해 수정된 합리적 사고를 기록한다. 또한 합리적 사고를 믿는 정도를 점수로 평가하는데, 기록지 초기 작업에서는 자동적 사고를 믿는 점수는 매우 높은 반면, 합리적 사고를 믿는 점수는 상당히 낮은 것이 일반적인 현상이다. 내담자가 오랫동안 자동적 사고와 함께 살아왔다는 점에서 자동적 사고로 인한 불편함이 있다 하더라도 익숙한 자동적 사고가 더 믿어진다는 것은 매우 자연스럽고 당연하다. 과제를 통한 반복 연습 등을 통해 합리적 사고의 내용이 내담자에게 설득력 있게 다가온다면 그 믿음의 정도가 높아지게 될 것이고, 자동적 사고에 대한 믿음의 정도는 낮아지게 될 것이다.

합리적 사고에 대한 믿음을 처음부터 강하게 가지긴 어렵지만, 여러 번의 연습에도 불구하고 합리적 사고에 대한 믿음이 계속 낮은 상태로 변화가 없다면, 우선 내담자의 부정적 반응을 야기한 자동적 사고를 제대로 찾아낸 것인지 확인할 필요가 있다. 자동적 사고 찾기가 구체적으로 이루어지지 않았다면 합리적 사고 만들기도 모래성이 될 가능성이 있다. 또 한 가지는 찾아낸 자동적 사고에 적절히 대항하는 합리적 사고를 만든 것인지도 점검해 볼 필요가 있다. 자동적 사고에 깔려 있는 내담자의 두려움을 적절히 공략하지 못하는 합리적 사고의 내용으로는 효과를 보기 어렵다.

예를 들면, '발표할 때 내가 떨면서 실수하면 다른 사람들은 날 심약하고 무능한 사람으로 볼 거야.'라는 자동적 사고가 있는 내담자가 '떨 수도 있지. 실수해도 괜찮아.'라는 합리적 사고를 만들어 적용하고자 한다면, 내담자가 실제 두려워하는 다른 사람의 부정적 평가에 대한 주제를 전혀 고려하지 않은 채 내담자 자신의 반응에만 초점을 둔 긍정적 진술문만으로 효과가 나타나기 어려울 수 있다. 아무리 그럴 수도 있고 괜찮다고 외쳐도 실제로는 괜찮지 않을 수 있는데, 왜냐하면 떨거나 실수하면 사람들이 무능하게 볼 것이기 때문이다. 마음 한편에서는(합리적 사고) "실수해도 괜찮아." 라고 속삭이지만 대부분의 마음은(자동적 사고) "아니야, 실수하면 안 돼. 사람들은 실수하는 나를 바보 같다고 생각할 거야." 라고 바로 큰 소리로 제압해 버린다. 떨거나 실수하는 자신의 행동을 수용하기 위해서는 다른 사람들의 부정적 평가에 대한 두려움을 다룰 필요가 있다. 발표할 때 자신이 떨거나 실수하는 것을 다른 사람들이 어떻게 알 수 있는지, 다른 사람들이 자신을 심약하고 무능하다고 보는 증거는 무엇인지, 예전에 떨거나 실수했을 때 다른 사람들의 반응은 어떠했는지, 자신은 다른 사람이 떨거나 실수하는 모습을 볼 때 어떻게 생각하는지 등을 살펴본 후 합리적 사고 만들기를 하는 것이 바람직하다. 이런 과정 속에서 '발표할 때 떨리고 실수하는 것은 나만 그런 것이 아니야. 또 내가 떨거나 실수한다고 사람들이 나를 무능하게 본다는 객관적 증거도 없어. 매번 떨면서도 준비한 내용을 끝까지 발표하고 내려왔잖아.'라는 합리적 사고를 만들어 내고 결론적으로 그래서 '실수해도 괜찮아.'라는 한 문장으로 정리를 한다면 내담자에게 훨씬 설득력 있게 다가올 것이다.

한 가지 더 얘기할 부분은 성격장애에서 볼 수 있는 것처럼, 스키마가 매우 부정적인 경우 자동적 사고의 변화가 쉽게 이루어지지 않기 때문에 보다 장기적으로 스키마를 다루는 작업으로 이어져야 할 수 있다.

마지막 칸에는 결과를 기록하는데, 자동적 사고의 변화로 나타난 감정 상태와 행동을 적는다. 일반적으로는 두 번째 칸에 기록했던 감정을 다시 적고 감정의 정도가 어떻게 변했는지 점수로 평가한다. 합리적 사고에 대한 믿음이 올라갈수록 감정의 변화는 긍정적인 방향으로 나타날 것이다. 자동적 사고의 변화로 나타난 행동에 대해서도 기록하는데, 이 역시 합리적 사고의 힘이 강해질수록 부정적인 행동의 감소나 긍정적인 행동의 등장으로 기록될 것이다. 자동적 사고 수정하기가 얼마나 성공적이냐의 여부는 결국 결과에 기록되는 감정과 행동의 긍정적 변화 정도로 알 수 있다.

치료자는 내담자가 합리적 사고를 만들어 내기도 어렵고, 합리적 사고를 만들어 내더라도 그것을 믿기는 더 쉽지 않음을 공감적으로 이해해야 한다. 결과에서 아무런 긍정적 변화를 기록하지 못하는 경우에도 치료자는 내담자에게 따뜻한 격려와 함께, 변화를 가로막는 장애물이 무엇인지 함께 찾아보고 다시 시도해 보자는 제안을 해야 한다.

(3) 인지적 오류 찾기

인지적 오류의 치료적 활용 방법은 자동적 사고 기록지에서 이미 설명한 바 있지만, 따로 독립적으로 언급할 가치가 있는 기법이다. 인지적 오류의 종류와 정의 및 예는 앞서 인지치료의 주요 개념에 제시한 바 있으며, 치료적 주의사항도 언급한 바 있다.

치료자는 치료회기 내에서 공식적으로 인지적 오류에 대해 설명하면서 일종의 미니 강의 형식을 취할 수도 있지만, 이는 시간이 많이 걸리고 지적인 설명으로 흐르기 쉬우며 다른 주제나 문제를 제쳐두고 설명해야 하는 부담이 있다. 따라서 치료자는 치료회기 중 내담자의 자동적 사고에서 인지적 오류의 내용이 나타날 때 해당 인지적 오류에 대해 간략하게 설명한 후 인지적 오류의 종류와 설명이 담겨 있는 유인물이나 책자를 과제로 읽어 보도록 권하는 방법을 많이 사용한다. 앞서 인지치료의 주요 개념에 나와 있는 인지적 오류의 설명을 복사하여 내담자에게 나눠 줄 수도 있다.

인지적 오류는 문제가 있는 사람만 저지르는 이상한 현상이 아니라 모든 사람이 어느 정도는 다 지니고 있는 특징이라는 것을 내담자에게 전달하는 것이 중요하며, 내담자에게 고통을 주거나 문제를 일으키는 인지적 오류를 확인하여 이를 수정해 나가면 도움이 된다는 점을 강조할 필요가 있다.

인지적 오류 찾기(labeling of cognitive error)는 다른 기법들과 함께 많이 사용되는데, 자동적 사고 기록지에 포함하여 활용되기도 하고, 증거 검토하기나 탈재앙화와 함께 사용하기도 한다. 인지적 오류를 확인하는 것만으로도 사고의 변화가 나타날 수 있지만, 많은 경우 인지적 오류 확인에 이어 인지적 오류를 벗어나기 위한 합리적 사고 탐색의 작업이 함께 이루어진다.

인지적 오류의 종류가 다양하고 한 가지 자동적 사고에 여러 종류의 인지적 오류가 들어가 있는 경우도 많아서 내담자가 자동적 사고에 포함되어 있는 인지적 오류를 정확하게 찾아낸다는 것은 결코 쉽지 않은 일이다. 따라서 치료자는 내담자에게 인지적 오류를 찾는 작업이 쉽지 않고 시간도 많이 걸릴 수 있음을 알려 주어야 한다. 또한 치료자는 내담자에게 인지적 오류들의 특징을 잘 구별하여 정확한 명칭을 부여하거나 자동적 사고에 포함되어 있는 모든 오류를 찾아내어야 한다고 강조해서는 안 된다. 인지적 오류 찾기는 오류의 정답을 찾는 과정이라기보다는 자동적 사고에 논리적이지 않거나 합리적이지 않은 부분들이 있다는 것을 깨닫는 과정이라고 할 수 있다. 이를 통해 기존의 사고를 보다 합리적이고 유연한 방향으로 수정함으로써 자신의 문제에 잘 대처할 수 있게 된다.

많은 내담자가 인지적 오류의 종류를 배운 후 자신의 자동적 사고에 적용하는 과제를 수행하면서 조금씩 다른 용어를 사용하는데(예를 들면, 강박적 부담을 강박적 사고라고 함), 내담자가 좀 더 쉽게 기억하고 명명할 수 있는 용어를 창의적으로 만들어 사용하는 것도 좋은 방법이다. 다음 대화는 공황장애 내담자와 인지적 오류에 대해 얘기하는 예시이다.

치료자: 마트에서 장을 보는 중에 공황발작의 증상이 조금만 느껴져도 공황발작이 와서 미쳐 버릴 것 같고 죽을 것 같다는 생각이 들고, 그래서 바로 밖으로 뛰쳐나가게 된다는 말씀이군요.

내담자: 그렇습니다. 그 자리에 있을 수가 없어요. 공황발작이 올 텐데 어떻게 그냥 있을 수가 있겠습니까?

치료자: 마트에서 공황발작의 증상이 조금만 느껴져도 공황발작이 바로 올 것이라는 생각이 들고, 공황발작이 오면 미치거나 죽을 것이라고 생각하는 것은 미래의 결과를 지나치게 부정적으로만 예상하고 현실적으로 가능한 결과를 고려하지 않는 오류에 해당됩니다. 왜냐하면 지금까지 공황발작의 증상이 느껴질 때마다 공황발작이 항상 온 것도 아니고, 공황발작을 경험했을 때에도 매우 괴롭고 끔찍하긴 했지만 미치거나 죽지는 않았는데도 최악의 결과를 떠올리며 두려워하기 때문입니다. 공황발작이 와서 미치거나 죽을까 봐 두렵다는 것은 실제 미치거나 죽는 것과는 다른 차원입니다. 인지행동치료에서는 이러한 생각의 오류를 재앙화라고 부릅니다. 마트에서 이러한 재앙화가 나타나면서 당신은 어떤 반응과 행동을 보였던 것 같습니까?

내담자: 너무 두려워서 밖으로 뛰어나왔습니다. 마트 안에 있었다면 분명 공황발작이 왔을 것 같습니다.

치료자: 재앙적인 결과에 대한 생각과 두려움 때문에 불안의 신체 증상

이 더욱 증폭되어 심해진다면 실제 공황발작으로 진행될 수도 있을 것입니다. 하지만 지나친 부정적 생각을 하지 않고 두려움에 빠져들지 않는다면 신체 증상은 서서히 가라앉아 안정을 찾아갈 것입니다. 가장 중요한 것은 공황발작이 오지 않으면 가장 좋겠지만 공황발작이 오더라도 미치거나 죽지는 않는다는 것을 받아들이는 것입니다.

이 대화 이후 치료자는 인지적 오류의 개념과 인지적 오류에는 다양한 종류가 있음을 내담자에게 간략하게 설명해 주었다. 또한 자동적 사고에 담겨 있는 그러한 오류들을 확인함으로써 감정과 행동을 좀 더 조절할 수 있음을 알려 주었다. 그러고 나서 다음과 같은 대화를 이어 갔다.

치료자: 배운 내용을 복습해 보겠습니다. 아까 얘기했던 마트 안에서 들었던 자동적 사고에는 어떤 인지적 오류가 들어가 있는 것 같은가요?

내담자: 음… 실제보다 지나치게 최악의 결과를 생각하는 것 같아요.

치료자: 잘 얘기하셨습니다. 이처럼 미래의 결과를 지나치게 부정적으로만 예상하고 현실적으로 가능한 결과를 고려하지 않는 오류를 재앙화라고 부른다는 것을 배운 바 있습니다. 기억나시죠?

내담자: 예, 기억납니다. 그런데 저는 재앙화보다는 최악의 결과라는 단어가 먼저 떠올랐습니다.

치료자: 최악의 결과라는 단어가 더 쉽게 다가오고 사용하기 좋으시다면 재앙화 대신 최악의 결과라고 불러도 좋습니다. 그게 어떤 의미의 오류인지만 분명히 이해된다면 명칭은 마음에 와닿는 것으로 바꾸어 부를 수 있습니다.

내담자: 최악의 결과말고도 이분법적 사고도 맞는 것 아닌가요?

치료자: 어떤 점에서 이분법적 사고가 있는 것 같은가요?

내담자: 공황발작 증상이 조금만 느껴져도 미칠까 봐, 죽을지도 모른다는 생각이 드니까 괜찮은 상황 아니면 미치거나 죽는 상황의 양극단으로 보는 것 아닌가요?

치료자: 맞습니다. 저도 놓친 부분을 아주 잘 찾아서 얘기해 주셨습니다. 이것 아니면 저것, 흑과 백의 두 가지 범주 중 하나로만 받아들이고, 가운데 있는 넓은 회색지대를 무시하는 오류가 이분법적 사고인데, 괜찮거나 아니면 죽거나로 생각한다면 그러한 오류에 해당하는 것 같네요. 지금 얘기한 것처럼 한 가지 자동적 사고에 두 개 혹은 그 이상의 인지적 오류가 포함되어 있을 수 있다는 것을 알 수 있습니다. 지금까지 인지적 오류가 무엇이고, 어떤 종류들이 있으며, 인지적 오류를 확인하는 작업이 어떤 도움을 줄 것인지 설명해 드렸습니다. 혹시 이해가 잘 안 되는 부분이 있으신지요?

내담자: 대충 알긴 하겠는데, 아직 어렵게 느껴지네요.

치료자: 당신뿐만 아니라 다른 대부분의 내담자가 어렵다고 얘기합니다. 인지적 오류 찾기는 치료적으로 중요하고 효과적인 방법이지만, 단시간 내에 쉽게 해낼 수 있는 작업은 아닙니다. 아까 설명드렸던 인지적 오류에 대한 자료를 드릴 테니까 가지고 가셔서 다시 읽어 보시기 바랍니다. 그리고 자동적 사고 기록지에 나를 괴롭히는 자동적 사고를 찾아 기록하면서 그 생각에 어떤 인지적 오류가 들어가 있는지 찾아보시면 좋을 것 같습니다.

(4) 파이 기법

파이 기법(pie technique)은 내담자가 자신의 생각을 그림의 형태로 시각화하여 비율적으로 보게 함으로써 통찰의 기회를 주는 방법이다. 이 기법은 내담자가 목표를 설정하도록 도움을 줄 수도 있고, 어떤 상황의 결과에 대한 여러 가능한 원인을 객관적으로 살펴보는 데에도 효과적으로 사용될 수 있다.

파이 기법을 적용할 수 있는 첫 번째 주제는 목표 설정인데, 내담자가 자신의 생활에서 변화를 원하지만 구체적으로 자신의 문제가 무엇인지, 생활에서 시간 사용이 원하는 대로 적절하게 이루어지고 있는지 등을 잘 인식하고 있지 못할 때 파이 그림을 통해 실제 시간 사용과 바라는 시간 사용을 비교해 보도록 하면 내담자가 무엇을 변화시켜야 하는지 초점이 분명해질 수 있다.

예를 들어, 내담자가 현재 생활에 불만을 가지고 변화를 바라고 있지만 어떤 변화를 바라는지 명확하게 인식하지 못한다면, 다음과 같은 다양한 영역을 제시한 후 내담자가 실제 생활에서의 시간 사용 정도를 [그림 6-1] 처럼 파이에 그려 보도록 한다.

직장 혹은 학교	집안일
친구	오락/레저
애인	독서/문화
가족	종교/봉사
운동	기타 취미

그러고 나서 내담자가 생각하는 이상적인 시간 사용을 [그림 6-2] 처럼 파이에 그려 보도록 하여 실제 시간 사용과 바라는 시간 사용을 비교해 보면, 내담자가 평소 불만을 느끼고 있는 영역의 시간 배정이나 중요하게 생각하고 있는 영역들을 확인할 수 있다. 파이의 크기 비교를 통해 이 내담자의 경우는 학교와 집안일

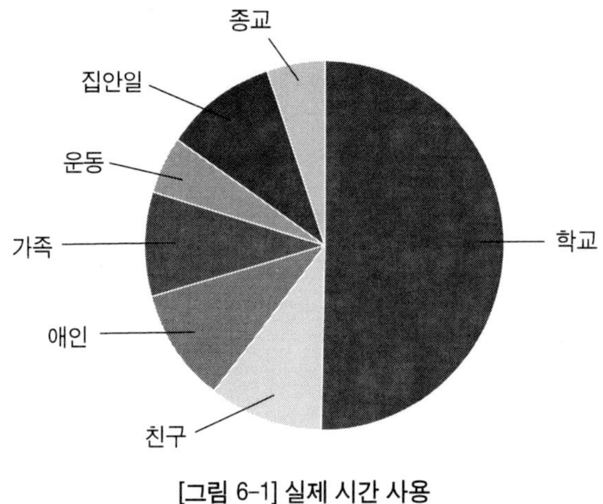

[그림 6-1] 실제 시간 사용

에서의 시간은 현재보다 줄이고, 운동과 종교에 할애하는 시간은 더 늘리기를 원한다는 것을 알 수 있다.

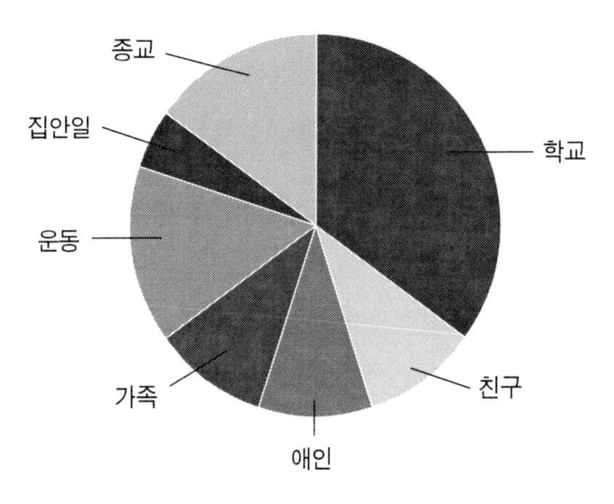

[그림 6-2] 바라는 시간 사용

파이 기법을 적용할 수 있는 또 다른 주제는 부정적인 결과에 대한 비합리적 귀인으로, 내담자가 자신에게 과도한 책임을 지울 때 결과와 관련된 다양한 가능한 이유를 탐색하여 파이 그림으로 시각화함으로써 합리적 수준의 귀인을 이끌어 낼 수 있다. 흔히 내담자는 자신의 부족한 부분에만 초점을 맞추면서 시야가 협소해져 상황의 다양한 측면을 놓치게 된다. 이럴 때 치료자는 그 결과에 영향을 미쳤을 수 있는 다른 이유는 없는지, 다른 사람이나 상황의 영향은 없는지, 본인이 어떻게 할 수 없었던 부분은 없는지 등을 내담자에게 질문하면서 협소한 시야를 틔울 수 있도록 돕는다. 예를 들어, 맞벌이 부부로 초등학교 5학년 딸을 키우고 있는 엄마가 딸이 자신에게 반항하며 예전과 달라진 모습을 보이는 것에 대해 자책하면서 '자녀를 양육할 능력이 없기 때문에' 이런 일이 생겼다고 말한다면, 치료자는 딸의 행동을 설명할 수 있는 다양한 이유를 내담자와 함께 탐색해 볼 수 있다. 다음의 대화를 참고하기 바란다.

치료자: 딸이 반항하며 예전과 달라진 것을 설명할 수 있는 다른 이유는 어떤 게 있을까요?

내담자: 음… 그 나이이면 사춘기에 반항할 수 있는 나이인 것 같아요. 직장 동료도 몇일 전에 초등학교 6학년 자녀에 대한 고민을 얘기했는데, 같이 하던 활동들을 자꾸 안하려고 하고 자기 방으로만 들어가려 한다고 했어요.

치료자: 말씀처럼 사춘기 반항으로 이해할 수 있는 부분이 있는 것 같습니다. 생각해 볼 수 있는 또 다른 이유는 뭐가 있을까요?

내담자: 글쎄요. 잘 모르겠어요.

치료자: 혹시 최근에 딸이 불만을 가질 만한 일은 없었나요?

내담자: 그러고 보니까 일주일 전에 있었던 일인데, 스마트폰을 새로 나온 최신 폰으로 바꿔 달라고 하여 아직 더 쓸 수 있으니까 나중에 바꿔도 된다고 말하니 삐쳐서 밥도 안 먹고 했던 게 생각나네요.

치료자: 일주일 전에 딸의 요구가 거절된 사건이 있었군요. 딸의 입장에서는 속상해서 불만을 가질 수 있겠는데요.

내담자: 예. 그러고는 그냥 지나간 줄 알았는데, 그게 아닐 수도 있겠네요. 참, 어제는 엄마가 직장을 다녀서 바쁘니까 자기가 하고 싶은 얘기를 할 시간이 없다는 얘기도 했어요.

치료자: 엄마가 바빠서 얘기할 시간이 없다는 것도 이유가 될 수 있겠네요. 또 다른 이유는 없을까요?

내담자: 이젠 없는 것 같아요.

치료자: 딸의 학교생활이나 친구관계는 어떤가요?

내담자: 몇 일전에 친구 땜에 속상하다는 얘기를 한 적 있어요. 어울리는 친구 중에 누군가와 갈등이 있는 것 같은데, 자세히 묻지는 못했어요.

치료자: 그렇다면 친구와의 갈등 때문에 신경이 날카로워져 반항적인 행동으로 나왔을 가능성은 없을까요?

내담자: 음… 걔는 친구 때문에 속상하면 집에 와서 신경질을 내곤 했으니까 그럴 수도 있을 것 같네요.

치료자: 예, 좋습니다. 처음엔 한 가지 이유밖에 없는 것 같았지만 얘기하다 보니 여러 개의 가능한 이유가 나왔습니다. 딸이 예전과 달리 반항하는 이유들을 파이에 그려 넣어 봅시다. 더 그럴 듯한 이유는 좀 더 큰 파이로 그려 넣으시면 됩니다. 처음에 얘기하셨던 자녀를 양육할 능력이 없기 때문에는 제일 나중에 표시해 보시기 바랍니다.

치료자는 다양한 대안을 모두 충분히 고려해 볼 수 있도록 내담자의 자동적 사고(대부분 가장 부정적이고 자신에게 불리한 내용임)는 가장 나중에 표시하도록 유도함으로써 객관적 평가를 도울 필요가 있다. 대화 속의 내담자가 그린 [그림 6-3]의 파이 그림을 보면 양육능력이 없어서라는 이유가 여전히 비율적으로 큰 파이에 해당하지만 다른 이유들이 차지하는 비율도 상당히 있음을 알 수 있다. 이처럼 자신에게 가장 불리하고 부정적인 해석에만 몰입되지 않도록 분위기를 전환시키는 데 파이 기법이 도움이 될 수 있다.

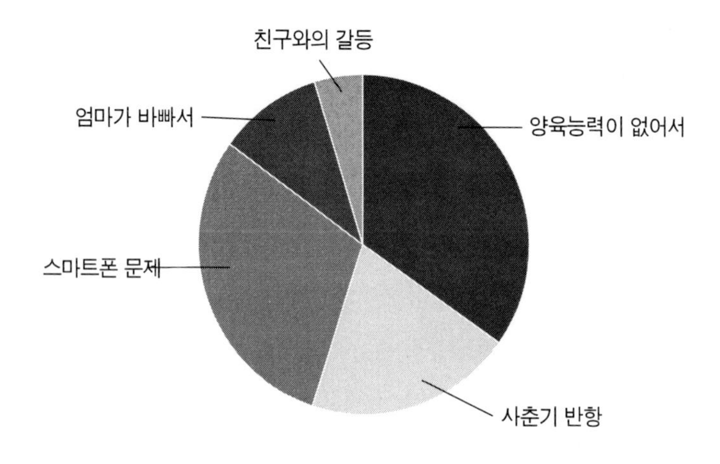

[그림 6-3] 이유 탐색 파이 그림

(5) 인지적 예행연습

누구나 중요한 발표나 면접을 앞두고 그 상황에서 어떤 말을 할 것인지, 어떤 질문이 나올 것이고 그때 뭐라고 대답해야 할지 등을 미리 생각해 보고 연습한 기억이 있을 것이다. 우리는 머릿속으로 실전을 가장하여 가능한 시나리오들을 연출해 본 후 실전에서 그와 같은 상황이 벌어지면 미리 준비한 시나리오대로 대응하고자 한다. 예를 들어, 테니스 선수가 경기 전에 미리 상상을 통해 자신이 서브를 어떻게 넣을 것인지, 상대방이 서브를 받아넘기는 양상에 따라 어떻게 대응할 것인지를 구체적으로 생각해 보는 것은 실전에서의 대응 태세를 높이는 역할을 할 수 있다.

이러한 예행연습은 행동적으로도 가능하고, 인지적으로도 가능하다. 많은 사람 앞에서 발표하는 장면이나 도로 주행 중에 갑자기 끼어드는 차량이 있을 때와 같이 실제 행동적으로 예행연습을 하기가 어렵거나 번거로운 상황에서는 인지적으로 예행연습을 하는 것이 도움이 된다. 또한 먼저 상상으로 발표하는 것을 예행연습한 후 한두 사람의 협조자 앞에서 행동적으로 예행연습을 하는 것과 같이 단계적으로 접근하는 것도 도움이 될 수 있다. 이러한 예행연습은 내담자가 실제 상황에서 행동을 하고자 할 때 긴장을 다소 완화시키는 역할을 할 뿐만 아니라 실제 상황에 도전할 수 있는 용기를 준다. 또한 긴장으로 인해 의식적으로 대응하기 힘든 실제 상황에서 미리 연습해 둔 반응이 자동적으로 나오게 함으로써 원하는 결과를 얻게 할 가능성을 높인다.

인지적 예행연습(cognitive rehearsal)은 내담자가 자동적 사고를 찾고 수정하는 기법을 어느 정도 활용할 수 있는 연습이 이루어진 후에 사용하는 것이 효과적이다. 인지적 예행연습에서는 먼저 내담자가 부딪혀야 하거나 도전해야 하는 실제 상황이 어떤 상황인지 확인하고, 그 상황에서 일어날 것으로 예상하는 인지, 정서, 행동의 반응 양상을 살펴봐야 하는데, 특히 어떤 자동적 사고가 들 것 같은지를 구체적으로 탐색해야 한다. 찾아낸 자동적 사고에 대응할 수 있는 합리적인 혹은 적응적인 사고를 찾아낸 후 상상을 통한 인지적 예행연습 과정에서 자동적 사고가 들 때마다 합리적인 사고로 대체할 수 있도록 반복 훈련을 시도하게 된다. 인지적 예행연습에서는 생각의 변화 외에도 호흡이완기법을 적용한다든가, 맥락에 맞는 적절한 행동을 떠올린다든가, 다양한 문제해결을 시도하는 상상을 하는 등의 접근을 할 수 있다.

인지적 예행연습이 실제 상황에서 효과적으로 활용되기 위해서는 구체적으로 상황을 상상하여 몰입할 수 있어야 하고, 상상하는 상황이 실제와 거의 유사하게 구성되어야 한다. 내담자가 구체적으로 상황에 몰입할 수 있도록 치료자는 시각, 청각, 후각, 촉각, 미각 등을 모두 동원하여 내담자가 상상할 수 있도록 도와야 한다. 예를 들어, 한 정거장 지하철 타기에 도전하는 광장공포증 내담자가 인지적 예행연습을 하고자 할 때, 지하철 개찰구를 들어가면서 보이는 좌우의 지하계단과 이를 오르내리는 사람들의 모습, 지하철이 들어오면서 나는 안내방송과 기차 소리와 사람들이 걸어 다니는 소리, 지하에서 나는 냄새, 지하에서 불어와 얼굴을 스치는 바람, 긴장되어 입이 마르고 약간 쓴맛이 나는 등의 오감을 동원한 몰입이 실제 상황과 유사한 연습이 가능하도록 해 준다.

또한 상상하는 상황이 실제와 거의 유사하게 구성되도록 하기 위해서는 아무런 문제없이 잘 해결되는 가장 좋은 시나리오로만 상상하는 것보다는 내담자가 두려워하는 결과가 나타났을 때 어떻게 대처할 수 있는지를 상상하는 것이 좋다. 내담자 입장에서 대처가 자신 있는 상황이라면 굳이 예행연습을 하려고 내놓지 않왔을 것이다. 내담자에게 걱정되고 긴장되며 그래서 피하고 싶은 상황이지만 이에 부딪혀야 하거나 도전하고 싶다면, 그러한 문제들이 나타나는 상황에서 내담자가 어떤 것들을 할 수 있는지를 예행연습 하는 것이 도움이 될 것이다.

예를 들어, 앞서 예를 든 광장공포증 내담자가 지하철을 타는 상상을 하면서 지하철 안에 사람도 별로 없고 공기도 쾌적하며 내담자의 컨디션도 좋아서 별일 없이 지하철을 한 정거장 잘 타고 내렸다고 상상하는 것은 내담자에게 별로 도움이 되지 않을 수 있다. 왜냐하면 이 내담자는 지하철을 한 정거장 타는 것도 두려워 오랫동안 지하철 타는 것을 회피해 왔던 사람이므로 실제 지하철을 타러 갔을 때 아무 일 없이 지하철을 탈 수 있을 가능성보다는 공포반응에 압도될 가능성이 더 높기 때문이다. 그리고 지하철에 사람이 별로 없고 공기가 쾌적하며 내담자의 컨디션이 좋은 조건이 채워질 가능성도 현실적으로 낮아 보인다. 따라서 내담자의 노출을 돕기 위해서는 내담자가 지하철을 탔을 때 공포반응이 나타남에도 이에 대처하여 공포를 완화시키고 그 상황에 머무르면서 한 정거장을 가는 것을 상상하도록 하는 것이 필요하다. 이때의 대처방법은 기본적으로 부정적인 자동적 사고를 합리적인 사고로 대체하는 것이지만, 미리 연습이 되어 있다면 호흡훈련이나 이완훈련을 적용할 수도 있고, 일시적으로는 자신이 아닌 다른 사람이나 사물에 주의를 분산시키는 기법을 활용할 수도 있다.

(6) 목소리의 외현화

목소리의 외현화(externalization of voices) 기법은 유사한 형태

의 다른 이름으로도 사용되고 있는데, 이성적 감정적 역할연기(rational emotional role play), 옹호 반박(point-counterpoint), 악마옹호(devil's advocacy) 등이 이에 해당한다. 내담자가 자신의 역기능적 사고에 효과적으로 대응하기 위해서는 지속적인 연습이 필요한데, 대개 과제를 통해 자동적 사고를 합리적 사고로 바꾸는 연습을 계속해 나가지만 회기 중 치료자와의 상호작용을 통해 연습하는 것도 도움이 된다.

이 기법은 치료자가 내담자의 자동적 사고 부분을 맡아 역할연기를 하면 내담자는 합리적 사고의 역할을 맡아 목소리를 냄으로써 자동적 사고를 반박하고 적응적 반응을 옹호하는 훈련이다. 내담자가 처음부터 합리적 사고의 목소리를 표출하기는 쉽지 않은 반면 자동적 사고는 내담자에게 매우 자연스러운 내용이기 때문에 보통 이 기법을 시작할 때에는 내담자가 자동적 사고의 역할을 맡고, 치료자가 합리적 사고의 역할을 맡음으로써 내담자가 치료자의 행동을 모델링할 수 있게 해 주는 것이 좋다. 이후에는 역할을 바꾸어 치료자가 자동적 사고의 내용을 표현하고, 내담자가 합리적 사고의 역할을 수행하게 된다.

이 훈련을 효과적으로 수행하기 위해서는 훈련으로 들어가기 전에 내담자의 자동적 사고와 이에 대응하는 합리적 사고를 분명하게 확인하고 준비하여야 한다. 또한 여러 자동적 사고 중 비교적 공략이 쉬울 것으로 보이는 다소 만만한 것에서 시작하여 공략이 쉽지 않은 고난이도의 사고로 점차 진행하는 것이 효과적이다. 다음에 관련 대화의 예를 제시하였다.

치료자: 지금까지 여러 상황에서 자신을 불편하게 만들었던 자동적 사고를 찾아봤고, 자동적 사고에 포함되어 있는 인지적 오류도 확인했고, 좀 더 합리적인 사고를 기록해 보았습니다. 이번에는 자동적 사고와 합리적 사고의 내용을 저와 내담자께서 하나씩 맡아 각자의 목소리를 최대한 내면서 주장해 보는 연습을 해 보겠습니다. 처음엔 제가 합리적 사고의 목소리를 낼 테니 내담자께서는 자동적 사고의 목소리를 주장해 보세요. 제가 주장하는 바에 따라오지 말고 자동적 사고의 입장을 주장하세요. 저 역시 합리적 사고의 입장에서 최선을 다해 주장할 것입니다. 문제풀이가 잘 되지 않아 과제를 마무리하지 못한 상황에서의 자동적 사고와 합리적 사고를 가지고 한번 해 보죠. 어떠세요? 이해가 안 되시는 부분이 있나요?

내담자: 이해는 되는데, 잘할 수 있을지 모르겠습니다.

치료자: 어색하시겠지만 연습 삼아 해 보시죠. 그럼 자동적 사고의 목소리를 먼저 내 주세요.

내담자: 이런 것도 하나 제대로 풀지 못해서 앞으로 어떻게 남은 대학과정을 마칠 수 있을까? 난 너무 한심하고 바보 같다.

치료자: 그렇지 않아. 난이도가 높지 않은 문제들은 그래도 대부분 풀었고, 난이도가 매우 높은 문제를 풀지 못했을 뿐인데 졸업을 걱정하는 것은 너무 비약이야.

내담자: 난이도가 낮은 것은 누구나 풀 수 있는 문제잖아. 그것을 풀었다는 게 무슨 의미가 있어. 남들이 풀지 못하는 어려운 문제를 푸는 게 의미가 있는데. 난 그걸 못하니 한심한 거지.

치료자: 그렇지 않아. 누구나 풀 수 있는 문제라는 것도 팩트 체크가 필요하고, 설사 누구나 풀 수 있는 문제라고 하더라도 아무 의미가 없는 것은 아니야. 누구든 쉬운 것부터 차근차근 실력을 쌓아서 더 어려운 문제를 푸는 것이잖아. 스스로 비하하는 꼬리표를 붙이는 행동은 내 기운만 뺄 뿐이지 하등 도움이 되지 않

아. 실망하지 말고 계속 연습하면 어려운 문제도 하나씩 풀어 나갈 수 있을 거야.

내담자: 그래봤자야. 능력이 안 되니 아무리 노력해도 결국 실패하고 말 거야.

치료자: 그렇지 않아. 지난 학기 학점은 괜찮았고, 친구들도 내게 열심히 노력해서 학점 잘 받은 것을 축하한다고 했잖아.

내담자: 운이 좋았을 뿐이야.

치료자: 꼭 그렇진 않아. 운도 조금은 따라야 하겠지만 내가 열심히 노력한 것은 분명한 거잖아.

내담자: 열심히 한 것은 맞아. 그렇지만….

치료자: 제가 한 말에 동의해 버리셨네요. (함께 웃음) 이번에는 제가 당신의 자동적 사고 역할을 맡을 테니, 당신은 좀 전에 제가 했던 것처럼 합리적 사고를 맡아 목소리를 내어 보세요.

내담자: 알겠습니다.

(7) 장단점 따져 보기

장단점 따져 보기(considering the pros and cons)는 내담자가 특정 상황에서 의사결정하기 어려울 때, 혹은 내담자의 행동이나 선택의 결과가 어떠할지 치료에서 그냥 얘기를 나누는 것만으로는 효과적이지 않다고 판단될 때, 내담자가 자신의 믿음이나 특정 행동을 유지할 때의 장점과 단점을 종이에 써 보도록 하는 기법이다. 생각해 본 다른 대안들의 장단점에 대해서도 따로 써 보도록 하는 것이 의사결정에 도움이 될 수 있다. 이러한 과정을 통해 내담자는 의사결정의 다양한 측면을 종합적으로 살펴보게 됨으로써 좀 더 좋은 결정을 할 수 있게 된다. 또한 내담자는 변화에 대한 동기를 가지게 될 뿐만 아니라 변화를 가로막는 장애요소도 확인할 수 있게 된다. 다음에 관련 대화의 예를 제시하였다.

내담자: 더 이상 결혼생활을 못하겠어요. 차라리 죽는 게 나을 것 같아요.

치료자: 예전에 말씀하셨던 것에는 결혼생활에 문제가 많지만 좋은 면도 있어서 사정이 복잡한 것 같은데요. 그래서 어떻게 해야 할지 잘 모르겠다고 말씀하셨던 것 같습니다.

내담자: 맞습니다. 어떻게 하는 게 좋을지 정말 모르겠어요.

치료자: 그러면 장단점을 살펴보도록 하죠. 우선 결혼생활을 유지할 때의 장점과 단점을 써 본 후 이혼할 때의 장점과 단점도 써 보겠습니다.

내담자: 같은 얘기 아닌가요?

치료자: 물론 중복되는 내용들이 많을 수 있지만, 서로 다른 장점과 단점이 있을 수 있으므로 각기 써 보는 것이 도움이 됩니다. 오늘 회기에서 지금까지 얘기했던 결혼생활의 많은 단점을 먼저 써 봅시다. 어떤 것들을 써 볼 수 있을까요?

(8) 극단적 표현 공략하기

극단적 표현 공략하기(challenging absolutes)는 치료자가 내담자의 '절대로' '항상' '완전히' '반드시' '모든 사람이' '한 사람도' 등과 같은 극단적인 표현들을 지적함으로써 내담자가 좀 더 현실에 가까운 해석을 하거나 관점을 갖도록 돕는 기법이다. 이와 같은 극단적인 표현들은 대부분 진실과 거리가 있으며, 내담자에게 극단적인 감정을 느끼게 만든다. 이러한 설명이 내담자에 따라서는 처음에 말장난 같다고 느껴질 수도 있다. 그러나 "나는 제대로 하는 게 하나도 없다."라는 표현과 "나는 제대로 잘 하지 못하는 것이 많지만, 제대로 해내는 것도 일부 있다."라는 표현은 전혀 다르며,

내담자의 기분에 미치는 영향도 전혀 다르다. 다음에 관련 대화의 예를 제시하였다.

내담자: 제 곁엔 아무도 없어요. 저를 챙겨 주거나 도와줄 사람이 하나도 없어요.

치료자: 한 명도요? 이 세상에 단 한 명도 없다는 말씀인가요?

내담자: 음… 그래도 부모님은 급할 때 저를 챙겨 주실 것 같네요. 부모님 말고는 없는 것 같아요.

치료자: 그렇다면 나를 챙겨 주거나 도와줄 사람이 하나도 없다는 생각은 실제와는 다르네요. 부모님이 계시고, 또 다른 사람은 없을까요?

내담자: 글쎄요. 지금은 멀리 떨어져 살긴 하지만 가끔 연락하는 동생도 제가 필요해서 부르면 도와줄 것 같다는 생각이 듭니다. 최근 몇 년간 별로 만나지 못하면서 멀어졌지만, 어릴 때에는 많이 싸우면서도 서로 챙겨 주기도 하고 사이가 나쁘지 않았거든요.

치료자: 그렇다면 '다른 사람들은 모르겠지만, 부모님과 동생은 그래도 나를 챙겨 주고 도와줄 사람들이야.'라고 생각할 수 있을 것 같은데, 어떻게 생각하세요?

내담자: 그러네요. 저를 챙겨 주거나 도와줄 사람이 하나도 없다는 생각은 너무 극단적이었던 것 같아요.

치료자: 극단적이지 않은 쪽으로 부모님과 동생을 포함해서 생각하니까 기분이 어떠세요?

내담자: 나아졌어요. 이젠 덜 외롭고, 덜 답답한 것 같아요.

(9) 걱정 시간 따로 두기

걱정 시간이라는 용어가 생소하고, 걱정할 시간을 따로 둔다(scheduling worries)는 말이 이상하게 들릴 수 있겠지만, 범불안장애나 강박장애에서 볼 수 있는 것처럼 반복적인 부정적 사고나 걱정 때문에 계속 정서적으로 불편하고 일에 집중할 수 없는 경우, 그러한 사고와 걱정을 몰아서 할 특정 시간대를 정하여 나중으로 돌린 후 현재 하는 일에 집중함으로써 걱정을 통제해 나갈 수 있다.

걱정 시간의 정도와 간격은 내담자가 걱정하는 정도에 따라 적절히 조절하여 정할 필요가 있다. 예를 들어, 걱정의 정도가 심하지 않은 경우에는 하루 중 저녁 시간 한 번이나 하루 중 오전, 오후, 저녁 시간으로 각 15분간 걱정 시간을 잡아 시도해 볼 수 있겠지만, 걱정의 정도가 심하여 걱정을 지연시키는 것이 쉽지 않은 내담자는 마치 학교 수업 시간처럼 매 시간을 45분이나 50분간 일에 집중한 후 10분 혹은 15분간 걱정 시간을 두는 것이 효과적일 수 있다.

걱정을 지연시키는 것이 잘 이루어지고 있다고 판단되면, 걱정 시간의 간격은 늘리고 걱정 시간의 정도는 줄이는 것이 가능하며, 궁극적으로는 걱정 시간을 정하지 않고 바로 통제가 가능해지는 것이 목표이다. 만약 내담자가 걱정하고 있는 주제가 의사결정의 문제이거나 현실적인 대처를 고민해야 하는 문제라면, 걱정 시간을 효과적인 문제해결을 위해 사용하도록 할 수 있다. 다음에 관련 대화의 예를 제시하였다.

치료자: 걱정을 안 하고 싶어도 자꾸 걱정이 되어서 일도 방해받고 하루 종일 불편하게 지내는 문제를 줄이기 위해 써 볼 수 있는 방법이 있습니다. 좀 이상하게 들릴 수도 있지만 시간을 정한 후

그 시간 이외에는 걱정하지 않고 그 시간에만 걱정하는 방법입니다.

내담자: 뭐라고요?

치료자: 계속해서 걱정 때문에 다른 것을 제대로 하지 못하고 있기 때문에 차라리 하루에 몇 번 시간을 잡아 놓고 그 시간에만 걱정하자는 것입니다. 걱정이 들 때마다 조금 있다가 걱정 시간에 걱정하면 된다고 밀쳐 두고 해야 할 일에 집중하자는 것이죠. 잠시 후에 걱정하자라고 스스로에게 말하는 것입니다.

내담자: 잘될까요?

치료자: 잘될지에 대해 의문이 드실 것입니다. 계획을 잘 잡아서 시도해 보고 그 효과를 살펴보면 어떨까 하는데, 어떠세요?

내담자: 음… 어떻게 하면 되죠?

치료자: 먼저 하루 중 몇 번 정도 걱정 시간을 정할 것인지, 그때 몇 분 혹은 몇 십분 걱정을 할 것인지 일정을 정해야 하는데, 어떻게 하고 싶으신지요?

내담자: 모르겠어요. 걱정을 밀쳐 두는 게 쉽지 않을 것 같은데요.

치료자: 알겠습니다. 걱정을 밀쳐 두고 걱정을 하지 않으려고 하는 것은 말씀대로 쉽지 않은 일입니다. 걱정을 하지 않으려고 일부러 노력해서는 오히려 걱정이 더 들 수도 있으므로 나중에 걱정하자고 한 이후에 지금 해야 할 일이나 다른 무엇에 집중하는 것이 매우 중요합니다. 보통 처음에는 두세 시간 간격으로 10분 내지 15분 정도 걱정 시간을 잡아서 시도해 보면서 괜찮은지, 효과가 있는지를 살펴봅니다. 이 정도이면 괜찮겠습니까?

내담자: 괜찮을 것 같습니다. 오전 10시, 점심 식사 후 오후 1시, 오후 4시, 저녁 먹고 오후 8시, 그리고 자기 전 11시에 10분 정도씩 잡고 해 보면 어떨까 싶습니다. 잘 되면 좋겠는데 말이죠.

치료자: 한번 해 봅시다. 처음엔 분명히 걱정을 미뤄 두는 것이 쉽지 않을 것입니다. 나중에 하자고 생각했는데도 다시 걱정이 밀려오

고, 그래서 보고 싶은 녀석은 아니지만 잠시 후에 보자고 바이바이하는 과정을 거치게 될 겁니다. 실망하거나 지치지 말고 조금은 여유를 가지면서 도전하시는 것이 좋습니다. 처음부터 잘되는 행동이라면 우리가 애써 계획을 세우고 도전할 대상은 아닐 겁니다. 해 보시면서 할 만한지, 즉 걱정을 미뤄 두는 것이 어느 정도 가능한지를 잘 살펴보시기 바랍니다. 계속해서 걱정을 미뤄 두는 것에 문제가 있다면 시간 간격을 더 좁혀서 두 시간 혹은 한 시간에 한 번 걱정 시간을 잡도록 바꾸는 게 필요할 수 있습니다.

(10) 사고 중지

일부 내담자들의 역기능적 사고들은 종종 눈덩이처럼 불어나는 특징이 있다. 꼬리에 꼬리를 물면서 생각들이 끊이지 않고 연결되기 때문에 연결고리를 순간적으로 끊지 못하면 계속해서 역기능적 사고들이 생성되어서 자신의 자동적 사고에 반응하기가 쉽지 않다. 이런 경우 생각의 흐름을 일시적으로 끊는 방법을 적용함으로써 내담자의 역기능적 사고를 통제하고, 상황 자체를 전환시킬 수 있는 기회를 갖게 된다.

내담자는 꼬리에 꼬리를 무는 생각에 압도당할 때 '그만!(Stop!)'이라고 속으로 외치며 생각을 중단시킨 후 역기능적 사고가 되풀이되기 전에 다른 생각으로, 가능하면 좀 더 긍정적이고 적응적인 생각 혹은 심상으로 돌리는 방법을 연습한다. 이때 손으로 바닥을 내려치는 큰 소리나 손목에 고무줄을 차고 고무줄을 튕기는 것과 같은 깜짝 놀라게 만드는 자극을 함께 활용하기도 한다. 가능한 곳에서는 속으로 외치는 것이 아니라 실제 큰 소리로 외치면서 사용하기도 한다. '그만'이라는 표현보다 '중지' 혹은 '스톱' 등의 다른 표현이 더 마음에 와닿는다면 그 표현을 사용하면 된다. 이러한 표현을 더욱 강화시키는 방법으로 멈춤 표지판, 빨간 신호등, 교통경찰관의 호루라기와 하얀 장갑 등의 시각적 심상을 떠올리도록 할 수 있다.

사고 중지(thought-stopping) 기법은 생각이 꼬리에 꼬리를 무는 초기 시점에 적용하는 것이 효과를 내기에 좋으며, 다시 역기능적 사고가 되풀이 될 때 사고 중지 기법을 적용하면서 다음에 소개될 재초점화 기법을 함께 사용하면 좀 더 효과적일 수 있다. 사고 중지는 공포증, 공황장애, 강박장애에 유용하게 적용할 수 있는 기법이지만, 강박장애의 정도가 심한 경우 사고를 억제하려는 의식적 노력이 오히려 사고의 강도를 키울 수 있기 때문에 이 기법이 효과가 있는지를 초반에 신중하게 확인하여 도움이 되지 않는다고 판단되면 다른 기법을 적용하는 것이 바람직하다.

많은 내담자가 주변으로부터 "너무 걱정하지 마!" "쓸데없는 생각은 그만해!"라는 말을 수없이 들었지만 지금까지 그렇게 할 수도 없었고, 그렇게 되지도 않았기 때문에 이 기법을 단순히 설명하는 것만으로는 내담자에게 동기를 부여하기 힘들고 효과를 내기도 힘들다. 따라서 다음의 예처럼 실제 체험할 수 있는 방식으로 전달하는 것이 효과적이다.

치료자: 생각이 너무 많아서 힘들다는 얘기신데요. 이 생각을 끊어 버릴 방법이 있다면 고통도 줄어들 것 같아요.

내담자: 그렇긴 한데요. 생각을 안 하려고 해도 자꾸 생각이 나는데 어

쩝니까….

치료자: 방법 하나를 알려 드릴까 합니다. 자주 하시는 그 생각을 지금 해 보시겠습니까?

내담자: 그러죠. 운전하다가 다른 차를 들이받는 장면이 떠오릅니다. 벌써 심장이 뛰고 땀이 나는데요.

치료자: (책상을 세게 내려쳐 쿵 하는 소리와 함께 큰 소리로) 그만!!

내담자: (가슴을 쓸어내리면서) 아우, 깜짝 놀랐어요.

치료자: 잠시 숨을 고르면서 진정시켜 보세요. 지금 어떠세요?

내담자: 지금은 좀 괜찮은데, 아까 간 떨어지는 줄 알았어요.

치료자: 지금도 아까 했던 생각을 하고 계신가요?

내담자: 아뇨. 놀라서 생각이 달아났어요.

치료자: 무슨 일이 벌어진 건가요? 생각이 달아난 이유는 뭔가요?

내담자: 쿵 하는 소리로 저를 놀라게 하셨잖아요.

치료자: 생각의 고리를 끊는 것은 매우 어렵지만 이런 깜짝 놀라게 하는 자극이 효과를 낼 수 있습니다. 생각이 괴롭힐 때 "그만!"이라고 큰 소리로 외쳐 보면 어떨까요?

내담자: 효과가 있을지 아직 잘 모르겠어요. 그렇지만 해 볼게요.

(11) 주의분산/재초점화

여러 가지 생각과 걱정으로 마음이 복잡하고 혼란스러울 때, 다큐멘터리나 드라마를 보면서 걱정을 잠시 잊는 경험은 누구나 다 있을 것이다. 중립적이거나 즐거운 생각을 함으로써 잠시 동안 역기능적 사고를 한쪽 구석에 밀어 두는 방법이 주의분산(distraction) 혹은 재초점화(refocusing)이다. 주의분산은 특정 자극에서 주의를 돌리는 행위이고, 재초점화는 특정 자극에 주의를 기울이는 행위이므로 개념적인 차이가 있긴 하지만, 대부분 주의분산 후 재초점화로 이어진다는 점에서 같은 맥락의 유사한 개념으로 사용된다. 숫자 세기, 즐겁거나 편안한 장면 떠올리기, 외부 자극에 집중하기, 집중이 필요한 활동하기 등이 해당된다. 이 기법은 잠시 동안 역기능적 사고에서 떨어져 있게 하는 임시방편의 측면이 강하지만, 역기능적 사고를 벗어나 잠시 휴식하며 진정한다는 의미가 있고, 자신의 생각을 어느 정도 통제할 수 있다는 자신감도 줄 수 있기 때문에 치료자가 임시방편의 효과를 가지는 기법이라는 한계를 인식하고 실제 인지적 변화를 유도할 수 있는 다른 기법들과 함께 사용한다면 상당한 효과를 볼 수 있다.

이 기법은 여러모로 유용할 수 있는데, 앞서 언급한 바와 같이 사고 중지 기법을 사용할 때 역기능적 사고가 잠시 중단되었다가 다시 떠오르기 전에 재초점화를 시도할 수 있다. 또한 역기능적 사고 때문에 잠을 자기 어려울 때에도 즐겁고 편안한 장면을 떠올림으로써 수면을 용이하게 만들 수 있다. 강박사고를 감소시키고자 한다면 앞서 설명한 사고 중지보다 더 효과적으로 사용될 수 있다. 공황발작에서 볼 수 있는 것처럼, 역기능적 사고 때문에 증상이 유지되거나 악화되는 경우에도 주의분산을 함으로써 증상을 완화시킬 수 있다. 다음에 관련 대화의 예를 제시하였다.

치료자: 지난주에 공황발작이 다시 왔을 때 증상이 나타났다가 금방 괜찮아졌다고 하셨는데 어떤 일이 있었던 건가요?

내담자: 버스를 탔는데 갑자기 어지럽고 가슴이 마구 뛰고 숨이 막히면서 죽을 것 같은 거예요. 공황발작이 오는 거구나 느꼈죠. 그 순간에 제 친구가 생각났어요. 그 친구는 공황장애로 고생을

많이 했지만 이젠 다 나아서 약도 안 먹고 멀쩡하게 살거든요. 힘들면 자기에게 전화하라고 했던 말이 갑자기 생각나서 전화를 했어요. 지푸라기라도 잡는 심정이었죠. 다행히 전화가 연결되었는데, 제 상태가 어떤지 묻더라고요. 죽을 것 같아서 버스에서 내려야 되겠다고 했더니 자기 얘기대로 해 보라고 하면서 타고 가는 버스가 몇 번 버스인지, 종점이 어디인지 물어서 붙어 있는 안내표를 보고 얘기해 주었죠. 그랬더니 버스 안에 몇 명 타고 있는지, 남자는 몇 명인지, 창밖에 뭐가 보이는지, 제가 입고 있는 옷 색깔이 무언지 등등 이것저것 물어봐서 아무 생각 없이 대답을 하고 있는데, 친구가 갑자기 지금은 증상이 좀 어떠냐고 묻더라고요. 통화한지 오 분쯤 지났을까 싶은데 희한하게도 아까 죽을 것 같은 증상이 거의 없어진 거예요.

치료자: 친구가 질문하는 것에 대답을 하다 보니까 공황발작 증상이 가라앉아 있었다는 말씀이군요.

내담자: 그렇죠. 아무것도 안 했는데 신기하게도 괜찮아진 거죠.

치료자: 친구와 통화하지 않은 채 버스에 계속 타고 있었다면 어떻게 되었을 것 같으세요?

내담자: 계속 타고 있을 수가 없죠. 죽을 것 같은데 정류소에 대면 바로 내렸겠죠. 계속 버스에 타고 있었으면 공황발작이 와서 쓰러져 버스 안은 난리가 나고 구급차가 왔겠죠.

치료자: 그렇다면 친구와 통화한 것이 어떤 변화를 만들어 낸 건가요?

내담자: 친구는 계속 제 증상과 관련 없는 것들을 물어본 것 같아요. 저 혼자 있었으면 공황발작 증상을 신경쓰면서 죽을 것 같다고 계속 그러고 있었을 텐데 친구랑 얘기하면서 다른 것들을 계속 신경쓰니까 오히려 증상이 가라앉은 것 아닌가 싶어요.

치료자: 저도 그렇게 생각합니다. 공황발작 증상에 초점을 두면서 죽을 것 같다고 생각했다면 계속 증상이 심해졌을 텐데, 신체 증상과 죽을 것 같다는 생각에서 벗어나 다른 데 주의를 잠시 분산시키

니까 증상이 오히려 진정된 것으로 보입니다.

(12) 대처카드

대처카드(coping card)는 내담자가 치료를 통해 배운 기법 혹은 내용들을 실생활에서 연습하거나 적용할 수 있도록 돕는 방법이다. 대처카드의 크기는 대개 가로와 세로가 3×5인치 정도 혹은 이보다 작은 명함 크기 정도이며, 내담자의 손이 쉽게 닿는 곳(예를 들어, 냉장고, 자동차 계기판, 책상, 지갑)에 붙이거나 보관하면서 필요할 때 바로 카드에 기록된 내용을 확인하고 읽을 수 있도록 한다. 대처카드의 활용 형태는 다양할 수 있는데, 첫째, 앞면에 자동적 사고를 적고, 뒷면에 적응적 · 대안적 사고를 기록할 수도 있고, 둘째, 내담자가 힘들어하는 문제 상황에서의 대처전략들을 기록할 수도 있으며, 셋째, 특정 행동에 대한 동기화가 부족할 때 그 행동을 하도록 돕는 자기지시 혹은 요령을 기록할 수도 있다.

대처카드는 치료자와 내담자가 충분히 상의하여 그 내용과 사용방법을 결정해야 한다. 대처카드의 사용이 도움이 될 것인지, 카드를 읽는 것의 장단점은 무엇인지, 언제 카드를 읽는 것이 도움이 될 것인지, 대처카드 사용을 방해하는 자동적 사고나 환경적 조건이 있는지 등을 함께 검토해야 하며, 사용하기에 효과적인 간결한 핵심 내용을 대처카드에 담을 수 있도록 해야 한다.

〈표 6-3〉은 공황장애 내담자가 공황발작 느낌이 올 때의 대처전략을 카드에 기록한 예이다.

〈표 6-3〉 대처카드의 예시

공황이 올 때의 대처전략들
1. 대처카드를 꺼내어 읽는다.
2. 천천히 복식호흡을 하려고 노력한다.
3. 공황은 위험으로부터 나를 보호하기 위한 신체 변화라는 점을 기억한다.
4. 어차피 올 공황은 오고, 재앙화 사고를 하지 않는다면 잠시 머물다 갈 것이다.
5. 주변을 둘러보며 무엇이 있는지에 주의를 기울인다.
6. 자조모임의 친구에게 전화를 건다.

(13) 논박하기

인지행동치료의 기본적인 접근은 내담자 스스로 자신의 문제를 인식하고 해결해 나갈 수 있도록 치료자가 한 걸음 정도 앞에서 안내하는 것이지만, 내담자의 생각을 직접 논박하는 것이 필요할 때도 있다. 내담자에게 자살 위험성이 있다고 판단하여 내담자의 무력감을 신속히 다루어야 하는 상황이나 내담자를 치료에 참여시키는 데 꼭 필요하다고 판단될 때 직접 논박을 사용하게 된다.

논박하기(direct disputation)는 그 과정에서 어쩔 수 없이 치료자의 입장을 내담자에게 강요하거나 설교하게 되고, 아무리 좋은 내용이라 할지라도 추상적이고 철학적인 내용을 논리적으로만 전달하게 될 가능성이 높기 때문에 치료적 관계를 해칠 수도 있는 기법이다. 따라서 이 기법이 꼭 필요하다는 판단이 들지 않는다면, 사용하지 않는 것이 안전하다. 또한 필요에 의해 논박하기를 사용하더라도 가급적 협력을 강조하는 안내된 발견의 분위기로 빨리 되돌아오는 것이 바람직하다. 다음은 공황장애 내담자에 대한 논박하기의 예이다.

내담자: 공황발작이 오면 심장이 쿵쾅거리고 숨이 막히고 어지럽고 뒷골이 당기면서 죽을 것 같아요.

치료자: 공황발작 증상이 끔찍하고 너무 괴롭다는 것을 잘 압니다. 죽을 것 같은 공포는 당해 보지 않은 사람은 알 수 없는 것이죠. 그런데 죽을 것 같다는 것과 진짜로 죽는 것은 다른 얘기입니다. 제가 알기로 전 세계적으로 사망 원인이 공황장애라고 보고된 사례는 하나도 없습니다. 왜 그럴까요?

내담자: 정말인가요? 왜 그렇죠?

치료자: 공황장애는 매우 괴롭고 힘들지만 죽는 병은 아니라는 얘기입니다. 내담자께서는 이미 신체검사를 통해 신체적인 이상이 없음을 확인하였습니다. 따라서 공황 때 경험하는 증상들은 매우 끔찍하지만 위험을 감지할 때 우리 몸의 교감신경계가 자동적으로 작동하며 나타나는 자연스러운 현상이며, 죽을까 봐 두려워하는 것이지 실제로 죽는 것은 아니라는 것을 기억하는 것이 중요합니다.

내담자: 공황이 오면 정말 꼭 죽을 것만 같아요. 그런데 아무런 위험도 없는데 왜 교감신경계가 작동해서 저를 혼비백산하게 만드는 걸까요?

치료자: 우리의 뇌는 외부의 위험에도 대비하지만 내부적인 변화에도 반응합니다. 갑자기 자동차가 바로 내 옆을 스쳐지나가도 깜짝 놀라면서 교감신경계가 작동하지만, 어제 다툰 사람을 떠올린다든가 컨디션이 나쁜데 뭔가 해야 할 때에도 교감신경계는 작동할 수 있습니다. 우리는 교감신경계가 일을 하는지 하지 않는지 바로 알 수가 없고, 교감신경계가 일을 할 때 나타나는 신체적 변화, 즉 증상들을 통해 추정하게 됩니다. 그런데 공황장애를 가진 많은 분의 특징이 교감신경계가 예민하게 작동한다는 것입니다. 보통 사람들보다 위험할 수 있는 자극에 과민한데, 특히 신체 증상에 대해 그러합니다. 따라서 보통 사람들은

잘 모르고 넘어가거나 신경쓰지 않는 신체적 변화에 대해서도 정확하게 탐지하여 이를 위험의 증거로 해석하는 순간 신체 증상이 더 강해져 더 큰 위험을 예상하게 되는 악순환으로 빠지게 되는 것입니다.

3) 스키마 찾기

스키마는 살면서 경험한 외상, 상실 경험, 성공 경험과 같은 인생의 주요 사건뿐만 아니라 부모, 친척, 교사, 또래 등과의 지속적인 상호작용을 통해 형성된다. 유전적 특질도 기질, 지능, 다양한 영역의 역량들에 영향을 미침으로써 스키마의 형성에 기여한다. 이렇게 성장과정 속에서 만들어진 스키마는 내외부의 정보를 처리하는 기본 규칙이자 나와 세상을 받아들이는 핵심적인 믿음이다. "나는 능력이 있고, 세상은 내가 통제할 수 있다."고 믿는 사람은 자신감을 가지고 주도적으로 일을 하면서 문제해결을 시도한다. 반면, "난 능력이 부족해. 그리고 세상은 내가 헤쳐 나가기엔 너무 험난해. 나 혼자서 제대로 대처해 나가기 어려워."라고 믿는 사람은 조금만 힘든 상황이 생겨도 문제해결을 포기하거나 수동적으로 다른 사람의 도움에 의지하고자 한다.

스키마를 다루는 치료과정에서 치료자는 은연중에 내담자의 모든 스키마가 문제가 되는 것처럼 간주하지 않도록 주의해야 한다. 또한 치료자는 그렇게 생각하지 않더라도 내담자 스스로 자기 자신 전체가 문제 덩어리인 것처럼 느끼는 경우가 흔하므로 다음에 제시된 내용을 토대로 내담자에게 스키마의 개념과 작동방식을 잘 설명하고 교육할 필요가 있다. 어떤 사람이든 기능적 스키마와 역기능적 스키마가 모두 있다고 보아야 한다. 일반적으로 역기능적 스키마라고 하더라도 평상시 활성화되어 있지 않을 때에는 일상생활에 부정적 영향을 주지 않는다. 그러나 스트레스를 촉발하는 사건이 생기면 역기능적 스키마가 활성화되고 이는 평소와 다른 생각과 감정과 행동을 야기한다. 따라서 역기능적 스키마는 평상시에 인식하고 확인하는 것이 매우 어려운 것이지만, 스트레스 사건에서는 내담자의 반응을 지배하는 컨트롤 타워의 역할을 하게 된다. 따라서 역기능적 스키마를 다루는 노력은 내담자의 현재 증상을 완화시킬 뿐만 아니라 미래에 재발을 방지하고 지속적인 대처능력을 키운다는 점에서 매우 중요하다.

스키마를 찾는 과정은 한 가지 정해져 있는 정답을 찾아야 하는 문제풀이처럼 진행되어서는 곤란하다. 내담자의 입장에서는 무엇을 말해야 하는지 몰라 매우 난감한 상태로 치료자의 질문에 대답하게 된다. 치료자가 원하는 정답이 있어 내담자가 그것을 찾아서 말해야 하는 일종의 퀴즈 게임이 되어 버리면 내담자 스스로 자신의 깊은 이면 속 핵심믿음을 탐색하는 학습 경험이 제한된다. 물론 치료관계의 형성에도 부정적인 영향을 미칠 수 있다. 따라서 정해진 하나의 정답을 찾는 것이 중요한 것이 아니라 스키마 찾기 과정을 통해 내담자에게 지속적으로 영향을 미치는 믿음이 어떤 것인지를 다양한 측면에서 살펴봄으로써 자신을 좀 더 객관적으로 이해하게 되는 것이 중요한 것임을 내담자와 공유하는 것이 필요하다. 또한 스키마를 찾아 바꾸는 과정은 쉽지 않고 시간도 걸리겠지만 내담자의 자존감과 문제해결력을 향상시켜 줄 것이라는 사실도 잘 전달해야 한다.

치료자는 개방적인 태도로 내담자의 어떤 생각이나 해석이든 함께 얘기하며 나눌 수 있음을 내담자에게 전달해야 하고, 지지와 공감의 자세를 계속해서 유지해야 한다. 여기서는 스키마 찾기의 방법으로 (1) 하향화살기법, (2) 자동적 사고의 공통분모 찾기, (3) 스키마 목록 사용하기를 살펴볼 것이다.

(1) 하향화살기법

하향화살기법(downward arrow technique)은 더 기저에 있는 믿음 수준의 사고를 탐색하기 위해 일련의 질문들을 던지는 방법이다. 일반적으로 시작점은 자동적 사고를 묻는 것이다. 그러고 나서 치료자는 내담자의 자동적 사고가 맞다는 가정 하에 일련의 질문들을 던지는데, 대개 "만일 당신의 생각이 사실이라면, 그것은 당신에게 어떤 의미가 있나요?" 혹은 "만일 당신의 자동적 사고가 맞다고 가정하면, 어떤 일이 생길 것 같나요?(무엇이 문제가 되나요?)"와 같은 질문을 하게 된다.

이 기법은 자동적 사고를 찾고 수정하는 연습이 어느 정도 익숙해진 후에 실시하는 것이 바람직하며, 내담자의 자동적 사고를 실제 사실로 간주한 후 그 의미를 보다 심층적으로 파고들어야 하므로 치료관계가 잘 형성된 이후에 시행하는 것이 좋다. 치료자는 하향화살기법이 내담자의 스키마를 찾기 위한 중요한 방법이라는 점을 내담자에게 충분히 이해시켜야 하고, 지지적이고 공감적인 태도로 질문을 하면서도 과장이나 재치 있는 유머를 활용하여 내담자의 탐색 행동을 촉진시켜야 한다. 이와 같은 준비 작업이나 관계 형성이 잘 안 된 상태로 이 기법을 사용하게 되면 내담자가 치료자의 질문에 어떻게 대답해야 할지 몰라 난감해 하거나 치료자가 질문을 통해 지나치게 자신을 몰아붙이는 것으로 받아들일 가능성이 있다. 다음은 하향화살기법을 사용한 대화의 예시이다.

내담자: 발표하며 떠는 제 모습을 보고는 반 친구들이 모두 바보 같다고 생각할 거예요. 저런 발표 하나 제대로 못하는 저를 우습게 볼 것 같아요.

치료자: 만일 반 친구들이 실제로 그렇게 생각한다면, 어떤 일이 생길 것 같은가요?

내담자: 그 친구들은 저랑 어울리려고 하지 않을 거고요, 주변에 제 소문도 나쁘게 나겠죠.

치료자: 그게 사실이라면, 그것은 당신에게 어떤 의미가 있나요?

내담자: 누가 능력 없는 바보와 같이 있으려고 하겠어요? 다들 저를 피하겠죠. 제 앞에서만 아닌 척하는 사람도 있겠지만… 제가 불쌍하니까요.

치료자: 당신이 말한 것이 만약 모두 사실이라고 한다면, 결국 당신에게는 어떤 문제가 생기는 거죠?

내담자: 외톨이가 됩니다. 아무도 놀아 주지 않는 아웃사이더, 쓸모없는 쓰레기죠.

(2) 자동적 사고의 공통분모 찾기

내담자의 자동적 사고들에 포함되어 있는 주제에서 공통적인 내용이 있다면 내담자의 스키마와 관련 있을 가능성이 높다. 특정한 상황에서 나타나는 자동적 사고들의 내용이 조금씩 다름에도 불구하고 그 자동적 사고들에 공통분모가 있다면, 그것은 내담자의 핵심믿음일 가능성이 있다.

반복되는 자동적 사고의 공통분모를 찾기 위해서는 우선 치료회기에 반복하여 나타나는 주제에 주목해야 한다. 회기마다 언급되거나 확인되는 자동적 사고들에 유사하게 나타나는 주제가 있는지 내담자와 함께 잘 살펴보아야 한다. 예를 들어, 학교에서 친구들과의 대화에 잘 끼지 못할 때 '친구들은 내게 관심 없어.'라는 생각이 들고, 이성 친구에게서 답 문자가 바로 오지 않을 때 '이제 나 같은 애는 싫어졌을 거야. 무슨 재미가 있겠어.'라는 생각이 들고, 집에 들어오면서 거실에서 TV 보는 아버지에게 작은 목소리로 인사했으나 대답이 없을 때 '잘하는 것 하나 없는 자식에게 무슨 애정이 있겠어. 난 인사 받을 가치도 없는 인간이야.'라는 생각이 든다면 이 생각들의 공통분모는 '아무도 나를 사랑해 주지 않을 거야.' 혹은 '난 사랑받을 가치가 없는 사람이야.'가 될 수 있다.

두 번째로, 자동적 사고 기록지에 나오는 반복된 주제들을 찾아보는 방법이 있다. 자동적 사고 기록지에 기록되어 있는 자동적 사고들을 비교하며 공통된 주제를 탐색하는 것은 치료회기 중에 치료자와 내담자가 함께 할 수도 있고, 과제로 내주어 내담자 스스로 찾아보도록 할 수도 있다. 물론 과제로 내주는 경우에는 내담자에게 미리 회기에서 자동적 사고의 공통분모를 찾는 요령에 대해 교육을 해야 한다. 자동적 사고의 공통분모 찾기 과정에서 앞서 설명한 하향화살기법을 활용하여 보다 효과적으로 스키마를 탐색해 들어갈 수도 있다.

(3) 스키마 목록 사용하기

흔히 많은 사람에게서 나타날 수 있는 스키마 목록을 준비하여 내담자에게 체크하게 하는 방법은 내담자가 자신의 스키마를 잘 찾지 못할 때 특히 유용하게 사용할 수 있다. 이러한 목록으로는 역기능적 태도척도(dysfunctional attitude scale: Beck et al., 1991), Young의 스키마 질문지(young schema questionnaire: Young & Brown, 2001; Young et al., 2003), 스키마 체크리스트(schema checklist: Wright et al., 2004) 등이 있다. 다음의 〈표 6-4〉는 Wright 등(2009)이 제시한 스키마 목록으로, 건강한 스키마와 역기능적 스키마를 함께 체크해 볼 수 있는 이점이 있다. 치료자들은 대개 부정적인 스키마를 찾는 데 주력하기 때문에 적응적인 스키마에는 관심을 두지 못하는 경우가 많다. 스키마 목록은 다양한 부정적인 스키마뿐만 아니라 내담자의 강점으로 활용할 수 있는 적응적인 스키마에도 관심을 갖게 한다.

치료자는 내담자에게 스키마 목록을 내주어 과제로 체크해 오게 하여 회기에서 그 결과를 함께 얘기할 수도 있고, 바로 회기 중에 목록을 체크하도록 하여 얘기를 나눌 수도 있다. 이때 체크한 스키마에 대해 얘기를 나누면서 그동안 탐색하지 못했던 내담자의 중요한 주제가 나타날 수 있으며, 역기능적 스키마와 더불어 건강한 스키마를 발견하여 새로운 주제의 대화를 나눌 기회를 갖게 되기도 한다. 내담자에 따라서는 목록과 다소 다른 문장으로 자신의 스키마를 표현할 수도 있고, 목록에 없는 내용을 만들어 제시할 수도 있는데 당연히 이러한 행동은 존중되고 지지되어야 한다.

〈표 6-4〉 스키마 목록

지시사항: 이 목록을 사용하여 당신의 스키마를 찾아보시오.
당신이 가지고 있다고 생각되는 스키마 옆에 √ 표시를 하시오.

건강한 스키마	역기능적 스키마
____ 무슨 일이 일어난다 하더라도 나는 어떻게 해서든 대처할 수 있다.	____ 용납받기 위해서 나는 완벽해야 한다.
____ 내가 어떤 일을 열심히 한다면 그것을 잘할 수 있을 것이다.	____ 어떤 일을 한다면 반드시 성공해야 한다.
____ 나는 어려움 가운데서도 살아남았다.	____ 나는 어리석다.
____ 다른 사람들은 나를 신뢰한다.	____ 그 여자(남자)가 없으면 나는 아무것도 아니다.
____ 나는 믿을 수 있는 사람이다.	____ 나는 사실 그런 괜찮은 사람이 아니다.
____ 사람들은 나를 존중한다.	____ 절대 약점을 보여서는 안 된다.
____ 그들이 나를 이길 수는 있지만 나를 망쳐 놓을 수는 없다.	____ 나는 사랑스럽지 않다.
____ 나는 다른 사람들에 대해 관심을 가지고 있다.	____ 하나를 실수하면 모든 걸 잃어 버릴 것이다.
____ 미리 준비하면 대개 더 잘할 수 있다.	____ 나는 절대 다른 사람들과 있을 때 편안할 수 없다.
____ 나는 존중받을 만하다.	____ 나는 어느 것도 끝까지 마칠 수 없다.
____ 나는 도전하는 것을 좋아한다.	____ 나는 무슨 일을 하든 성공하지 못할 것이다.
____ 나를 위협할 수 있는 것은 많지 않다.	____ 세상은 너무 무서운 곳이다.
____ 나는 똑똑하다.	____ 다른 사람들을 믿을 수 없다.
____ 나는 상황을 이해할 수 있다.	____ 나는 항상 자신에 차 있어야 한다.
____ 나는 친절하다.	____ 나는 매력적이지 않다.

____ 나는 스트레스를 다룰 수 있다.	____ 자신의 감정을 절대 보여서는 안 된다.
____ 힘든 문제일수록 나는 더 강해진다.	____ 다른 사람들은 나를 이용할 것이다.
____ 나는 실수를 통해 더 나은 사람이 될 수 있다.	____ 나는 게으르다.
____ 나는 좋은 배우자(그리고/혹은 부모, 자녀, 친구, 연인)이다.	____ 만일 사람들이 진짜 나를 알게 된다면 나를 좋아하지 않을 것이다.
____ 모든 일이 잘될 것이다.	____ 용납을 받으려면 항상 다른 사람들을 기쁘게 해야 한다.

출처: Wright, J. H., Basco, M. R., & Thase, M. E. (2009). **인지행동치료** [*Learning cognitive-behavior therapy*]. (김정민 역). 서울: 학지사. (원전은 2006년에 출판).

4) 스키마 수정하기

자동적 사고를 수정할 때 사용했던 기법들을 스키마 수정하기에서도 사용할 수 있다. 여기서는 (1) 소크라테스식 질문하기, (2) 장단점 목록 만들기, (3) 인지적 연속선 척도 사용하기를 중심으로 살펴볼 것이다.

(1) 소크라테스식 질문하기

스키마 수정도 자동적 사고의 수정과 마찬가지로, 소크라테스식 질문이 가장 기본적인 기법이다. 치료자는 질문을 통해 내담자 스스로 자신의 믿음에서 모순을 발견하도록 도와야 한다. 스키마 수정하기에서 사용하는 질문으로는 증거 점검하기가 유용하게 사용된다.

앞서 자동적 사고 다루기에서 자동적 사고의 증거를 탐색하는 방법에 대해 이미 설명한 바 있으며, 스키마 다루기에서도 마찬가지의 방법이 적용될 수 있다. 부정적이고 부적응적인 스키마는 내담자가 살아온 삶의 궤적을 반영하는 핵심 내용이므로 내담자들은 자신의 스키마가 주관적인 허구가 아니라 실제 사실에 기초한 내용임을 강조하게 되고, 이를 지지하는 수많은 증거를 제시하고자 한다. 내담자는 부모님의 학대나 방임, 학창시절의 외상 경험, 차별과 편견의 경험, 실패와 거절의 충격, 경제적 궁핍 등과 같은 다양한 부정적인 사건과 경험을 전달할 것이다.

치료자는 내담자가 부정적 스키마를 형성하게 된 다양한 부정적 사건과 경험을 경청하고 그 고통에 공감하는 자세를 가져야 한다. 치료자는 내담자가 의식적으로 스키마를 만들거나 선택한 것이 아니라는 점과 단점이 있음에도 장점으로 작동하고 있는 부분도 있다는 점을 잘 인식하고 있어야 한다. 어떻게 보면 지금까지 내담자를 지켜왔던 스키마가 또 한편으로는 스스로를 찌르는 가시의 역할을 하고 있다는 것을 내담자가 깨달을 수 있도록 질문을 활용해야 한다. 스키마를 지지하는 증거와 지지하지 않는 증거를 탐색함으로써 그동안 고수해 온 스키마의 모순 지점에 대해 생각하고 느끼도록 할 수 있다.

대부분의 내담자는 스키마를 지지하는 증거는 너무나 쉽게 잘 찾는 반면, 지지하지 않는 증거는 제대로 찾지 못하는 특징을 보인다. 자신이 지니고 있는 스키마에 따라 지금까지 살아왔고, 그 스키마에 따라 자신과 세상을 바라보고 있다는 점에서 당연한 현상이다. 지지하는 증거를 쉽게 찾고, 지지하지 않는 증거는 찾기 어려운 행동은 그만큼 스키마의 견고함과 영향력을 보여 주는 것이라고 할 수 있으며, 지속적으로 치료 작업이 이루어져야 함을 보여 준다. 이런 점들이 내담자와 충분히 공유되면서 지지하지 않는 증거들을 하나하나씩 내담자가 추가할 수 있도록 치료자는 격려하고 지지해 주어야 한다.

〈표 6-5〉에 제시한 '스키마 증거 검토하기 작성의 예'에서는 내

〈표 6-5〉 스키마 증거 검토하기 작성의 예

나의 스키마: 나는 능력도 없고, 매력도 없는 사람이다.	
스키마를 지지하는 증거	**스키마를 지지하지 않는 증거**
1. 부모님은 자주 내게 "이런 것도 하나 제대로 못 하냐." "멍청하다."는 말을 자주 했다. 2. 학교에서 성적이 하위권이었다. 3. 이성 친구를 제대로 사귀어 본 적이 없다. 4. 친한 친구가 없고, 내게 연락해 주는 친구도 거의 없다. 5. 전자 기기이든 뭐든 고치려고 만지면 매번 더 엉망으로 만들어 안 만지느니만 못하게 된다.	1. 어머니는 가끔 내게 사랑한다는 말과 잘해 주지 못해 미안하다는 말을 하셨다. 2. 그래도 수학 성적은 평균 이상이었다. 3. 가끔 내 안부를 묻고 만나는 친구가 두 명 있다. 그 친구들은 그래도 나를 이해해 주려고 노력하는 친절한 친구들이다. 4. 어쨌든 대학까지 졸업하여 취업준비를 하고 있다. 5. 사람들로부터 착하고 사람이 좋다는 얘기를 자주 듣는 편이다. (능력 없는 사람에게 하는 얘기로 받아들이지만 이 칸에 그냥 써 봄)
인지적 오류: 과잉일반화, 이분법적 사고, 정신적 여과	
대안적 스키마: 내가 능력도 없고, 매력도 없는 사람이라는 스키마를 지지하는 증거도 많지만 지지하지 않는 증거도 그 못지않게 많다. 내가 바라는 능력이나 매력을 가지고 있지는 못하지만 그렇다고 내가 믿어 왔던 것만큼 형편없는 사람은 아닐 수 있다. 나는 장점도 있고, 단점도 있는 평범한 사람이다. 노력한다면 지금보다 향상되고 성장할 수 있을 것이다. 능력이나 매력과 상관없이 한 인간으로서의 존재 가치는 누구에게나 있다는 치료자 선생님의 말씀을 기억하자.	

담자 스스로는 아직 스키마와 맞지 않는 증거로 받아들이지 않지만 치료자와의 논의를 통해 그 칸에 기록한 내용(5번 항목)이 나온다. 이처럼 지지하지 않는 증거에 대해서는 아직 수용이 되지 않는 내용들이 많을 수밖에 없지만, 내담자가 반대하지 않는다면 일단 기록한 후 향후 수용이 가능한지 살펴보는 과정을 거칠 수 있다.

(2) 장단점 목록 만들기

스키마의 장단점 목록 만들기는 자동적 사고의 장단점 따져보기와 동일한 요령에 의해 진행된다. 우선 치료자는 내담자에게 내담자의 스키마의 장단점을 살펴봄으로써 스키마가 내담자에게 어떤 의미가 있는지 살펴볼 것임을 설명하고, 내담자의 스키마를 먼저 확인한다. 스키마의 장점들을 먼저 기록하게 한 후 단점들도 기록하게 한다. 대부분의 내담자가 스키마의 단점을 기록할 때 어려워하기 때문에 치료자는 질문 등을 통해 내담자의 기록을 돕고 격려해야 한다.

기록한 장점과 단점을 비교하였을 때 보다 합리적이고 대안적인 스키마가 어떤 것일지까지 기록해 본다. 스키마의 단점을 찾기도 쉽지 않은 상황에서 대안을 기록한다는 것은 상당히 고난이도의 작업이다. 치료자는 조급해지지 말고 내담자가 오랜 기간 지녀온 스키마를 차근차근 다루어 나간다는 태도로 내담자를 지원사격하는 역할을 해야 한다. 어느 정도 대안적 스키마를 기록할 수 있는 상황에 이르게 되면, 대안적 스키마에 따른다면 어떤 행동을 할 수 있고, 할 것 같은지 새로운 변화를 행동으로 옮기는 과제를 정하여 내담자가 지속적으로 연습할 수 있도록 해야 한다. 〈표 6-6〉에 스키마 장단점 목록 작성의 예를 제시하였다.

〈표 6-6〉 스키마 장단점 목록 작성의 예

나의 스키마: 나는 능력도 없고, 매력도 없는 사람이다.	
스키마의 장점	**스키마의 단점**
1. 사람들이 내게 기대하는 바가 없어 마음의 부담이 없다. 2. 어떤 일에서 실패해도 크게 상처받을 일이 없다. 3. 무언가에 힘들게 도전하거나 견뎌내지 않아도 된다.	1. 사람들에게 다가가기 어렵고, 사람들이 나를 좋게 바라보지 않는다. 2. 하고 싶은 것도 하지 못한 채 무기력하게 생활한다. 3. 항상 자책하면서 우울해지고 새로운 변화를 전혀 시도하지 않는다.
대안적 스키마: 나는 능력이나 매력이 있는 사람은 아니지만, 그렇다고 아주 바닥이어서 아무것도 가지지 못한 사람은 아니다. 내가 부정적인 스키마를 계속 가지고 있다면 실패에 대해 상처를 받지 않고 아무것도 하지 않는 자신을 합리화할 수 있을지는 모르지만 하고 싶은 일도 하지 못한 채 자책만 할 것이고 다른 사람들과 사귀기도 점점 힘들어질 것이다. 나에게 부족한 점이 많지만 실수와 실패를 통해 조금씩 배워 나가면서 지금과는 다른 생활을 하고 싶다. 능력이나 매력과 상관없이 한 인간으로서의 존재 가치는 누구에게나 있다는 치료자 선생님의 말씀을 기억하자.	

(3) 인지적 연속선 척도 사용하기

인지적 연속선은 내담자의 스키마가 흑백논리적인 특징이 강하게 있거나 자신에 대한 극단적인 부정적 관점이 있을 때 유용하게 사용할 수 있다. 0에서 100까지 혹은 -100에서 +100까지의 연속선에서 내담자 자신을 평가해 보게 하고 그 타당성을 검토함으로써 보다 유연하면서도 현실적인 자기평가를 유도할 수 있다. 일반적으로 0에서 100의 연속선을 많이 사용하며, 점수에 부여하는 의

미는 상황에 따라 결정할 수 있지만 흔히 0을 능력이 전혀 없거나 매력이 전혀 없는 상태로, 100을 세상에서 가장 능력이 뛰어나거나 매력이 최고인 상태를 의미하는 것으로 가정한다. 다음의 대화는 자신을 모든 면에서 형편없고 가치가 없는 사람으로 생각하는 내담자에게 인지적 연속선 척도 사용하기를 적용한 것이다.

치료자: 나는 능력도 없고, 매력도 없는 형편없는 사람이야라는 스키마를 가지고 있는 것 같다고 말씀하셨습니다. 맞습니까?

내담자: 그렇습니다.

치료자: 그렇다면 이 종이에 연속선 척도를 그려 놓고 점수를 주는 활동을 해 볼까 합니다. 여기 척도의 제일 왼쪽에는 0점이라고 쓰겠습니다. 이 세상에서 가장 능력이 없고, 매력이 없는 상태에 해당합니다. 가장 오른쪽에는 100점이라고 쓰겠습니다. 세상에서 능력과 매력이 가장 뛰어난 상태를 말합니다. 가운데 50점은 능력과 매력이 평균 정도 되는 상태이겠죠. 그러면 당신은 척도에서 어디쯤 해당한다고 생각합니까?

내담자: 0점입니다.

치료자: 본인이 세상에서 능력과 매력이 제일 없는 사람이라는 말씀인가요?

내담자: 그렇습니다.

치료자: 자, 한번 생각해 봅시다. 세상에서 가장 능력이나 매력이 없는 사람이란 어떤 사람입니까? 떠오르는 사람이 있으면 말씀해 주세요.

내담자: 직장도 없고, 가족도 없는 사람이요. 최근에 누가 그런 사람이 있다고 얘기하는 걸 직접 들었어요.

치료자: 그 사람보다 더 상황이 안 좋은 사람도 있을까요?

내담자: 아예 인생을 포기하고 닥치는 대로 사는 사람이요? 노숙자 정도

될 것 같은데요.

치료자: 마약을 상습복용하고 범죄를 저지르는 사람 혹은 아무것도 안 하면서 가족을 학대하는 가장은 노숙자보다 더 나은가요?

내담자: 음… 노숙자와 차원이 좀 다른 것 같긴 한데… 그래도 노숙자보다 능력이나 매력이 나은 사람이라고 할 수는 없을 것 같아요. 말씀하신 사람들을 0점으로 놓아야 할 것 같아요.

치료자: 알겠습니다. 그러면 척도의 반대쪽도 살펴봅시다. 100점에 해당하는 사람은 누구입니까?

내담자: 치료자 선생님이요.

치료자: 어떤 점에서 100점입니까?

내담자: 좋은 학교 나와서 문제가 있는 사람들을 도와주시잖아요.

치료자: 저보다 능력과 매력이 뛰어난 사람이 이 세상에 없을까요?

내담자: 음… 최고의 학벌과 경험을 통해 전문가로 활동하는 사람이요. 대통령이나 노벨상 받은 뭐 그런 사람들이요.

치료자: 트럼프 대통령에게 100점을 주시겠습니까?

내담자: 대통령이라고 해서 최고라고 할 순 없겠네요. 대통령도 대통령 나름일 것 같네요.

치료자: 많은 나라에서 대통령이 존경받고 있는 경우도 있지만, 욕을 먹거나 심지어 탄핵을 당하는 경우도 있습니다. 노벨상을 받은 분들도 인류의 번영과 평화를 위해 기여한 분들이지만, 개인적으로 불행한 삶을 산 사람들도 있습니다. 어떻게 생각하세요?

내담자: 흠… 100점을 줄 사람 찾기가 쉽지 않네요.

치료자: 자, 그러면 다시 척도를 살펴봅시다. 아까 본인에게 0점을 부여한 것은 너무 가혹하다는 생각이 듭니다. 어떻습니까?

내담자: 저도 그런 생각이 드네요. 아까는 심하게 점수를 준 것 같습니다.

치료자: 다시 본인에게 점수를 준다면 몇 점을 주겠습니까?

내담자: 마약하고, 학대하고, 노숙하는 사람들보다는 나으니까 25점은 될 것 같아요.

치료자: 그 점수는 자신을 평균보다 많이 낮은 것으로 본다는 의미네요.

내담자: 평균보다 한참 낮지요.

치료자: 당신이 몇 점 정도가 되었으면 좋겠습니까?

내담자: 높을수록 좋겠지만 평균보다는 높았으면 좋겠어요. 60점 정도요.

치료자: 알겠습니다. 지금 이 연속선 척도에 점수를 부여해 본 작업은 실제의 능력이나 매력에 대한 평가였다기보다는 자신의 능력이나 매력이 얼마나 있다고 스스로 믿는지를 보여 주는 것입니다. 앞으로 자신의 능력이나 매력에 대해 좀 더 자신감을 가지고 점수를 더 높게 줄 수 있도록 함께 노력해 나가면 좋겠습니다.

내담자: 좋습니다.

2. 행동적 기법

행동적 기법은 행동의 변화를 이끌어 내기 위해 사용되기도 하지만, 사고의 변화를 이끌어 내기 위한 목적으로도 사용되며, 내담자에게 필요한 특정한 기술을 훈련시키기 위해서 사용되기도 한다. 치료에서 사용되는 인지적 기법과 행동적 기법의 상대적 비중에 영향을 주는 요소로는 내담자 증상의 심각도, 대처기술의 정도, 언어적 개입에 필요한 내담자 역량, 불안장애 등이 있다. 일반적으로 내담자 증상의 병리적 정도가 심하고, 대처기술이 부족할수록 행동적 기법의 필요성이 커진다. 또한 내담자에게 지능의 문제나 의사소통의 문제가 있어서 언어적 개입의 효과가 떨어지는 경우에도 인지적 기법보다 행동적 기법을 많이 사용하는 것이 효과적이다. 내담자의 핵심 문제가 불안인 경우에도 불안한 상황에 노출훈련을 하는 것을 포함하여 행동적 기법이 필수적으로 포함되는 것이 효과적이다.

여기서는 다음과 같은 행동적 기법들을 차례대로 살펴볼 것이다. 1) 행동 활성화, 2) 점진적 과제 부여, 3) 활동 계획하기, 4) 노출, 5) 행동실험, 6) 고정역할치료, 7) 사회기술훈련, 8) 자기주장훈련, 9) 행동적 예행연습, 10) 호흡 및 이완훈련, 11) 독서치료 등이다.

1) 행동 활성화

행동 활성화(behavioral activation)는 일반적으로 에너지 수준이 낮아서 일상 활동이 줄어든 내담자에게 점진적으로 활동의 수준을 높일 수 있도록 계획을 세우고 이를 격려하는 기법이다. 에너지 수준이 낮은 내담자는 흔히 기분이 나아지면 움직이겠다고 말하지만, 움직이지 않고 있으면 기분은 더 가라앉는 경향이 있기 때문에 우선 움직이면서 기분의 향상을 꾀하는 방법이 행동 활성화라고 할 수 있다. 우울이 심한 내담자는 치료자와의 언어적 의사소통에도 반응이 떨어지고 치료 외의 다른 활동이 거의 없을 수 있다. 내담자의 기분을 좀 더 향상시킬 수 있다면 언어적 의사소통이 나아질 것이고, 치료 작업에 진전이 있게 될 것이다. 내담자의 기분을 향상시키기 위해서 항우울제를 사용하는 방법도 있겠지만, 내담자의 활동 수준을 올림으로써 기분의 향상을 이끌어 낼 수 있다.

치료자와 내담자는 기분의 변화를 이끌어 낼 수 있는 한두 개의 활동을 선택한 후 그 활동을 수행하기 위한 구체적인 계획을 함께 세운다. 처음에 선택할 활동으로는 내담자의 현재 활동 수준에서 볼 때 수행하기에 난이도가 너무 높지 않으면서도 내담자가 해보겠다고 동의하는 활동이 좋다. 난이도가 너무 높으면 수행을 실패할 가능성이 높고, 난이도가 너무 낮으면 내담자가 의미 부여를 하지 못하여 수행의 동기를 갖기 어렵다. 따라서 치료자는 내담자로부터 현재 객관적으로 수행 가능한 수준을 확인해야 하며, 내담자의 현재 수행 수준에서 가능한 것부터 수행하면서 내담자가 기분의 변화를 경험하며 희망과 동기를 갖도록 도와야 한다. 이 기법은 대개 치료 초반부에 활용되며, 이 기법에 이어 활동 계획하기나 점진적 과제 부여처럼 보다 세부적인 행동분석이나 개입을 연계하여 활용할 수 있다.

우울이 심한 내담자에게 이 기법을 적용할 때 흔한 문제는 무력감과 의욕 저하 때문에 동기화시키기가 어렵다는 것이다. 치료자는 내담자의 자발적 참여를 이끌어 내기 위해 행동 활성화가 필요한 이유와 이를 통해 얻을 수 있는 이득 등을 분명하게 설명해 주어야 하며, 가능한 상황이라면 가족의 도움을 받아 내담자의 행동 활동화를 지원해 주도록 할 수도 있다.

행동 활성화는 내담자에게 즐거운 기분을 만들어 주거나 우울을 완전히 없애는 기법이 아님을 내담자에게 전달하는 것이 중요하다. 이 기법의 목적은 내담자의 기분을 향상시켜서 치료자와의 언어적 의사소통을 늘리고 치료진행을 원활히 하는 것이다. 내담자의 바람이 이와 달리 비현실적이면, 나중에 실망하게 될 뿐만 아니라 치료가 효과 없다고 받아들이게 될 것이다. 다음은 행동 활성화 기법을 적용한 대화이다.

치료자: 지난주에 수업을 전혀 들어가지 않은 채 집에 누워 있거나 멍하니 앉아 있었다고 했는데, 평소 하던 다른 외부 활동들도 전혀 하지 않으신 건가요?

내담자: 밖을 거의 나가지 않았어요.

치료자: 집에서는 뭘 하면서 지내신 건가요?

내담자: 주로 침대에 누워 있었어요. 컵라면 하나 먹고는 아무 생각 없이 식탁에 앉아 있다가 또 침대에 눕게 되고….

치료자: 그렇게 침대에 주로 있으면 기분은 어떠신가요?

내담자: 피곤하고 아무것도 생각하기 싫어 계속 우울하고 힘이 빠지죠. 이러고 살면 뭐하나라는 생각도 들어요.

치료자: 보통 사람들도 침대에만 계속 누워 있게 되면 오히려 기분이 가라앉고 우울해진다고 하는데, 우울한 상태에서 계속 자리에 누워 있으면서 집에만 있는 것이 더 우울하게 만드는 것 같아 걱정이 됩니다. 친구와 통화하거나 TV를 보거나 인터넷을 하지는 않았나요?

내담자: 스마트폰으로 잠깐 인터넷을 한 적도 있는데, 뭘 보고 있는 건지 집중이 잘 안 되어 별로 하고 싶지 않았어요. 친구에게 온 전화는 받지 않았습니다.

치료자: 지금처럼 예전에 하던 활동이나 만남을 모두 중단하고 집안에만 있으면서 주로 침대에 누워 있는다면 더욱 우울해져서 더 움직이기 싫어지는 악순환이 될 것 같습니다. 어떻게 생각하세요?

내담자: 아무것도 하기 싫은데 어떡하죠? 뭘 하고 싶은 마음이 있어야 할 텐데….

치료자: 우울한 상태에서는 의욕도 없고 움직이기 귀찮다고 느끼는 것이 당연합니다. 그것이 우울의 특징입니다. 우울에서 벗어나기 위해서는 가만히 있어서는 안 되고 조금씩 활동을 해야 합니다. 마음에서 우러나지 않더라도 가능한 활동들을 조금 해 보는 게 좋습니다. 어떠세요?

내담자: 말씀대로 활동을 좀 하면 기분이 좋아질 것 같다는 생각도 드는데, 실제로 잘될지는 모르겠습니다.

치료자: 우선 침대에 누워 있는 시간을 지금보다 줄이고, 예전에 했던 활동 중 쉬운 것부터 조금씩 해 보면 어떨까요?

내담자: 알겠습니다. 방 정리부터 하면 좋을 것 같아요. 전화를 주었던 친구에게 전화를 해 보는 것도 괜찮을 것 같아요. 아파서 전화 못 받았다고, 미안하다고 해야 할 것 같아요.

2) 점진적 과제 부여

점진적 과제 부여(graded task assignments) 기법은 내담자가 특정 과제나 상황에 압도되어 어떠한 행동도 시작하기 어렵다고 느낄 때, 과제를 좀 더 다루기 쉬운 작은 과제 혹은 부분들로 쪼개어 보게 함으로써 덜 압도된 상태로 과제나 상황을 다루어 나갈 수 있도록 돕는 기법이다. 다시 말해 목표물에 이르도록 하기 위해 멀리서부터 한걸음씩 거리를 좁혀 나가도록 하는 '조형(shaping)' 전략을 활용함으로써 아예 엄두를 내지 못하던 과제나 상황을 점진적인 방식으로 접근하여 다루어 나갈 수 있도록 한다. 예를 들어, 집안 짐 정리와 같이 자질구레한 잔일들이나 보고서 제출과 같은 마감일이 있는 과제를 미뤄 두고 있는 내담자, 혹은 학위논문 쓰기나 몸 만들기처럼 장기간 노력이 필요한 과제를 수행하고자 하는 내담자가 자신의 과제에 압도되어 첫발을 내디디지 못하고 있다면 이 기법이 유용하게 활용될 수 있다.

이 기법을 제대로 적용하기 위해서는 내담자가 해당 과제에 대해 가지고 있는 자동적 사고를 우선 파악하여 그 타당성을 검증하는 것이 중요하다. 실제 과제가 어렵고 복잡한 경우도 있지만 과제가 어렵다기보다는 내담자의 부정적인 자동적 사고로 인해 과제 수행을 못하는 경우도 많으므로 과제 수행을 방해하는 부정적인 자동적 사고를 다루는 인지재구성을 통해 바로 과제 수행이 가능해질 수 있고, 점진적 과제 부여를 하게 될 때 작은 과제로 쪼개어 접근하는 것을 보다 용이하게 해 줄 수도 있다.

많은 내담자는 아예 엄두를 내지 못하던 과제를 조금씩이라도 수행하게 되면서 기분이 나아지고 자신감도 생기는 등 강화를 받게 된다. 그러나 완벽을 추구하거나 자신의 행동을 평가 절하하는 내담자는 초기의 점진적인 과정에 대해 의미 부여를 하지 못한 채 별것 아닌 것으로 치부하기도 한다. 이런 경우 '천리 길도 한 걸음부터' '티끌 모아 태산'이라는 속담처럼 한 걸음씩 나감으로써 결국 목표 지점에 다다를 수 있고, 지금은 앞으로 나가는 것을 잘 느끼지 못하더라도 포기하지 않고 계속해 나가면 나중에 앞으로 나갔다는 것을 알게 될 것이라는 점을 내담자에게 전달할 필요가 있다. 한편 치료자는 이 기법의 단계를 계획할 때 각 단계를 내담자가 수행하기에 무리가 없을지를 잘 판단해야 한다. 판단이 잘 안 되는 경우라면, 난이도가 높은 단계보다는 낮은 단계를 수행하도록 하여 성공 가능성을 높이는 것이 바람직하다.

이 기법에서는 과제를 하위 부분들로 나누어 우선순위를 부여하거나 단계적인 순서를 부여하게 되는데, 과제를 나눌 수 있는 방법은 다양하기 때문에 가능한 대안들을 살펴본 후 그중 가장 내담자에게 적합하고 효과적일 것 같은 방법을 선택하여 구체적인 행동 계획을 세우는 것이 바람직하다. 또한 이 기법은 활동 계획하기와 함께 사용하여 성공 가능성을 더 높일 수 있다. 다음은 이 기법을 사용한 예이다.

내담자: 출판사와 책을 쓰기로 계약을 한지 세 달이 지났는데 아직 아무것도 못하고 있어요.

치료자: 어떤 게 문제가 되나요?

내담자: 쓰긴 써야겠는데 엄두가 나질 않아요. 시간만 자꾸 가고… 왜 계약을 했을까 후회되고, 점점 내가 할 수 있을까 의문이 들면서 못할 거라는 두려움이 커져서 더 집중이 되지 않는 것 같아요.

치료자: 언제까지 책을 써야 하나요?

내담자: 일 년 정도 시간이 있어요.

치료자: 목차는 구성하셨나요?

내담자: 목차만 대략 구상해 놓고는 실제 내용은 한 줄도 못 썼어요.

치료자: 그러면 책은 대략 몇 페이지 정도로 구성할 계획이신가요?

내담자: 글쎄요… 300페이지 정도 쓰면 될 것 같긴 한데….

치료자: 책을 써야 한다는 부담이 커서 오히려 한 줄도 진도가 나가지 못하고 있는 것 같습니다. 책 전체를 생각한다면 300페이지를 쓴다는 것이 엄청나게 느껴져서 시작하기가 힘들 것 같아요. 목차의 구성 중 좀 더 쉽게 느껴지고 만만한 장(chapter)을 선택하여 시작하는 것이 좋을 것 같은데, 그런 장이 있나요?

내담자: 말씀을 듣고 보니까 저는 1장부터 써야 한다고 생각해서 고민

이 많았는데, 꼭 그러지 않고 좀 더 자신 있는 장부터 쓰는 것이 가능할 것 같네요. 3장과 7장 내용이 제겐 좀 더 편하고 쉬울 것 같아요.

치료자: 3장과 7장 중 어떤 것부터 시작하는 것이 좋을까요?

내담자: 음… 7장이 더 나을 것 같아요. 어떻게 써야 할지 아이디어가 좀 있거든요.

치료자: 앞으로 1년 동안 약 300페이지 가량을 쓰려고 하는 거니까 하루에 한 페이지를 쓴다는 생각으로 시작하여 책을 써 보시면 어떨까요?

내담자: 하루에 한 페이지라… 그것도 부담은 되지만 쉬운 장의 내용부터 매일 한 페이지씩 쓴다고 생각하면 그건 해 볼 수 있을 것 같아요.

3) 활동 계획하기

활동 계획하기(activity scheduling) 기법은 일상생활에서 성취감이나 즐거움을 느끼지 못하는 내담자에게 사용할 수 있다. 또한 시간을 효과적으로 사용하고, 활동들의 우선순위를 정하며, 일과 휴식에 적절히 시간을 배분하기 위해 미리 계획을 세우는 행동이 부족한 내담자들에게도 도움이 된다. 보상이 있고 성취감을 주는 활동을 계획함으로써 정서와 행동의 변화를 이끌어 낼 수 있다. 특히 운동과 기타 신체적 활동을 계획에 포함하는 것은 우울 감소와 행복감 증가에 도움이 된다. 문제가 심각하지 않다면 그냥 치료에서 논의를 통해 다루어도 되겠지만, 〈표 6-7〉에 제시된 활동 계획표를 활용하여 좀 더 체계적으로 내담자의 문제를 살펴보고 해결방안을 찾는 것이 효과적일 수 있다. 이 기법은 우울증이 중간 정도에서 심한 정도의 내담자에게 자주 사용된다.

치료자는 활동계획표를 과제로 내주어 내담자가 자신의 한 주간의 활동을 한 시간 단위로 관찰하여 활동계획표에 기록해 오도록 한다. 우울한 내담자들은 자신의 일상 활동들을 부정적으로 지각하여 과소평가하고 의미 없는 것으로 간주하기 때문에 이를 누락하여 기록하지 않을 수도 있으므로 의미가 없어 보이거나 사소해 보이는 활동이라 하더라도 자세하게 보고하도록 격려해야 한다. 예를 들어, 아침 식사, 샤워, TV 시청, 친구와의 전화통화, 이메일 확인 등이 모두 기록되어야 한다. 활동계획표는 기본적으로 일주일 치를 기록하도록 되어 있으나, 간혹 내담자의 우울이 심하여 일주일을 다루는 것이 무리라고 판단되면 하루 혹은 하루 중 일부의 활동을 확인하여 치료를 진행하는 것이 좋다.

매 시간별 활동을 관찰하여 기록하는 것에 더해 그 활동을 하면서 경험한 성취감과 즐거움의 정도를 점수로 평가하게 하는 것이 치료적으로 유용하다. 치료자는 내담자가 특정 활동에 부여한 성취감과 즐거움의 정도를 확인하고 이를 대화의 소재로 삼음으로써 내담자가 의미 부여하고 있는 주관적인 현상학적 세계로 좀 더 들어갈 수 있는 기회를 만든다.

성취감과 즐거움의 정도는 보통 0~10점으로 평가하는데, 0점은 성취감과 즐거움이 전혀 없는 상태이고, 10은 최대의 성취감과 즐거움을 경험한 상태를 의미한다. 0~10의 점수는 치료자에 따라 0~5의 점수나 0~100의 점수로 바꿀 수도 있다. 내담자가 점수를 매기는 것을 힘들어한다면 성취감이나 즐거움이 전혀 없다(0), 조금 있다(1), 많이 있다(2), 최고로 있다(3) 식의 4점 척도로 평가를 할 수도 있다.

우울한 내담자들과 함께 이러한 점수 평정의 기법을 사용할 때 주의할 점은 내담자들이 많은 일상 활동을 중요하지 않은 일들로 간주하여 성취감과 즐거움에 대해 일괄적으로 매우 낮은 점수를 준다는 것이다. 우울하지 않을 때와 비교하여 현재의 활동을 매우 낮게 평가하기도 하고, 일상 기능이 매우 뛰어난 사람과 비교하여 현재의 활동에 낮은 점수를 부여하기도 하므로 치료자는 내담자가 자신의 현재 상태에서 자신의 활동이 지니는 의미를 고려할 수 있도록 도와야 하며, 어떤 경우에도 점수를 부여할 수 있도록 격려하는 것이 좋다.

우울한 내담자들은 즐거운 활동 자체가 사실 별로 없는 경우가 많고 즐거움을 느끼는 감수성도 둔해져 있기 때문에 즐거움 점수를 0 혹은 0에 가깝게 주는 경우가 많다. 치료자는 내담자가 즐거움에 부여하는 점수가 너무 낮아지지 않도록 우울이 나아질 때까지는 조금이라도 즐거운 느낌이 있다면 점수를 주도록 유도하는 것이 좋다. 예를 들어, 방을 청소하는 활동에 대해 내담자가 성취감과 즐거움을 모두 0점으로 기록한 후 누구나 할 수 있는 활동이고 별로 중요하지도 않고 의미도 없는 활동이라고 한다면, 치료자는 평소처럼 침대에 누워있지 않고 일어나 움직였다는 점, 방을 청소함으로써 위생을 챙기고 있다는 점, 방이 깨끗해져 기분 좋게 있을 수 있다는 점, 하고자 계획했던 것을 해낸 점 등을 들어 성취감과 즐거움을 재평가하게 할 수 있다.

활동 계획하기는 기존의 활동들을 평가하는 데 사용될 뿐만 아니라 특정 활동들을 수행하기 위한 계획을 세우는 기법으로도 활용된다. 먼저 내담자는 자신에게 즐거움을 주는 활동이나 자신이 하고자 하는 활동을 기록한다. 내담자가 어떤 활동들을 수행하는 것이 좋을지 치료자는 내담자와 협력하여 실행 가능한 활동들을 검토한다. 이러한 활동들의 구체적인 시간을 정하고 계획표에 기록한다. 활동 계획을 내담자가 실제로 수행하는 데 장애요소가 있

〈표 6-7〉 활동계획표 양식

지시사항: 매 시간 단위로 당신의 활동을 기록한 후 그 활동의 성취감과 즐거움을 각각 0~10점으로 평가하시오(0점은 성취감이나 즐거움이 전혀 없음, 10점은 성취감이나 즐거움이 최고인 상태임).							
	월	화	수	목	금	토	일
오전 7시							
8시							
9시							
10시							
11시							
오후 12시							
1시							
2시							
3시							
4시							
5시							
6시							
7시							
8시							
9시							
10시							
11시							
오전 12시							

는지 검토하는 것이 도움이 된다. 내담자의 부정적 사고를 비롯하여 실제 내담자의 수행을 방해할 수 있는 가족요인, 물리적 요인, 재정적 요인 등을 살펴보고 이를 극복할 수 있는 방법을 미리 모색하는 것이 필요하다. 그런 다음 내담자는 한 주 동안 활동계획표에 따라 수행한 후 각 활동에 대해 성취감과 즐거움의 정도를 평가해 오는데, 활동 계획에서 수정할 부분이 있는지 살펴보고 이에 따라 다시 활동 계획을 세우게 된다.

4) 노출

노출(exposure)은 상상 노출(imaginal exposure)과 실제 노출(in vivo exposure)로 크게 나누어 볼 수 있다. 심상을 통한 상상 노출도 효과적이지만 실제 노출의 효과가 더 큰 것으로 알려져 있다. 그러나 현실적으로 실제 노출을 하기 어렵거나 단계적인 접근을 전략적으로 고려한다면 상상 노출을 통해 효과를 기대할 수 있고, 상상 노출에 이은 실제 노출로 노출의 효과를 극대화할 수 있다.

노출훈련은 가장 두려운 상황에 바로 노출을 시행하는 홍수법(flooding)과 낮은 공포 위계에서부터 점차적으로 높은 위계로 진행하는 점진적 노출(graded exposure)로도 구분할 수 있다. 홍수법은 내담자가 가장 두려워하는 상황에 충분한 시간 동안 노출을 시켜 불안이 감소하는 경험을 하면 두려움이 극복된다는 원리에 따른다. 성공적인 홍수법의 적용을 위해서는 내담자의 치료원리에 대한 이해 및 참여 동기가 매우 중요하고, 내담자가 위험에 처하거나 원치 않는 부정적 결과에 노출되지 않도록 치료자가 각별히 신경쓰고 세심히 준비해야 하는 자세와 치료 경험이 필수적이다.

어떤 사람들은 물을 무서워하여 물에 들어가지 않으려고 하는 어린 아이를 강제로 수영장에 밀어 넣는 것이 홍수법이라고 오해하는데, 이러한 행동은 아이의 공포증을 치유하기는커녕 아이의 생명을 위협하고 외상 경험을 만들며 타인에 대한 불신을 야기한다. 내담자가 홍수법의 절차를 완전히 이해한 상태에서 참여하겠다는 동의가 있을 때에만 사용되어야 하고, 동의를 했다 하더라도 내담자의 취소나 요구의 선택권을 존중해 주어야 한다. 홍수법은 가장 힘든 목표에 바로 도전하여 한 방에 해결할 수 있다는 장점이 있지만, 그만큼 위험부담이 있고, 내담자의 치료동기와 치료자의 노출치료 경험이 중요하기 때문에 초보 치료자가 시행하기는 쉽지 않다. 따라서 실제 치료장면에서는 내담자에게 덜 위협적이면서 단계적으로 준비시켜 나가는 점진적 노출을 대부분 사용하고 있다. 이에 따라 여기서는 주로 점진적 노출을 기준으로 설명을 할 것이다.

상상 노출에서는 내담자에게 자신이 두려워하는 장소나 상황에 대한 심상을 떠올리도록 하여 심상 속에 머물면서 불안에 대처하는 상상을 하도록 한다. 이때 치료자는 내담자가 상상 속에서 실제처럼 몰입할 수 있도록 불안 관련 단서들을 제시해 준다. 또한 불안해질 때 이에 대처할 수 있도록 호흡 및 이완기법, 인지재구성 기법, 사고중지기법, 주의분산기법 등을 활용하는데, 이러한 기법들은 대개 노출훈련에 들어가기 전 불안에 대처하는 방법으로 미리 연습하게 된다. 대표적인 상상 노출의 한 방법이 체계적 둔감화(systematic desensitization)이다. 체계적 둔감화는 불안한 상황들의 위계를 먼저 확인한 후 상상을 통해 점진적 노출을 하되 이완의 대처를 연합하는 방식의 노출이라고 할 수 있다.

실제 노출은 내담자가 두려워하는 장소나 상황에 직접 부딪혀 보도록 하는 기법인데, 불안 감소를 위한 매우 효과적인 방법이다. 광장공포증, 사회불안장애, 단순공포증 등과 같이 특정 상황이나 장소에 공포가 있는 경우 이를 극복하는 데 가장 효과적인 방법으로 알려져 있기도 하다. 대부분의 경우 실제 노출은 내담자에게 과제로 주어져서 내담자 스스로 해 보게 된다. 따라서 치료자는 내담자가 실제 노출을 성공적으로 할 수 있도록 치료회기에서 준비를 시킬 필요가 있다. 우선 과제로 수행할 노출 상황을 매우 구체적으로 정하도록 돕고, 결정한 노출 상황의 난이도가 적절한지, 그러한 노출 상황이 한 주 동안 실제 일어날 수 있는 일인지(예를 들어, 수업에서 발표하기와 같은 노출은 내담자가 마음대로 결정할 수 없는 일임) 등을 검토해야 한다. 또한 향후 노출 상황에서 어떤 정서적 · 행동적 반응이 나타날 것 같은지, 그때 어떤 자동적 사고가 생길 것 같은지를 예측해 보며, 자동적 사고를 대체할 수 있는 합리적 사고를 찾아본다. 이러한 인지재구성 작업이 노출훈련에 도움이 될 수 있는데, 미리 준비한 합리적 사고를 노출하는 중에 떠올리고 유지하는 것이 대처방법의 하나가 될 수 있다.

내담자에게 과제로 실제 노출을 해 보도록 한 후에는 반드시 노출의 결과를 확인하는 것이 필요하다. 내담자가 노출 경험을 긍정적으로 받아들여 자신감을 얻을 수 있다면 더할 나위 없이 좋은 일이지만, 이러한 경우에도 노출 과제에서 배울 수 있는 의미 혹은 교훈을 짚고 넘어가는 것이 치료적 효과를 공고히 하는 데 도움이 된다. 즉, 내담자가 노출 전에 두려워하던 것보다는 덜 불안했다는 사실, 불안했지만 이에 대처할 수 있었다는 사실, 노출의 결과는 내담자가 가지고 있던 자동적 사고와는 다르다는 점 등을 논의할 수 있다. 그러나 노출의 결과가 비교적 성공적인데도 이를 부정적으로 해석하는 경우가 많은데, 이러한 경우 치료자는 내담자가 보이는 부정적 해석의 인지적 오류를 다루어 줄 필요가 있다. 노출의 긍정적 측면을 인식할 수 있도록 설명을 해 줄 필요가 있다.

한편 노출을 성공적으로 수행하지 못하고 상심해 있다면, 이를 내담자가 실패라고 받아들이지 않도록 하는 것이 중요하다. 노출 과제의 난이도가 높았을 가능성과 아직 불안 상황에 대처할 수 있는 기술이 충분히 갖추어지지 않은 부분을 검토할 필요가 있고, 예상치 못한 장애물이 혹시 있었는지에 대해서도 살펴볼 필요가 있다. 따라서 다음 번 노출 과제를 성공하기 위해서 어떤 부분을 보완하고 대비해야 할지 치료자와 내담자가 함께 계획을 세워 재도전을 하여야 한다.

상상 노출이든, 실제 노출이든 노출에 들어가기 전에 불안 위계표를 구체적으로 잘 작성하는 것이 필수적이다. 조금 불안한 상황부터 매우 불안한 상황까지 다양한 불안 상황을 내담자에게 10여 개 가량 기록하도록 하는데, 불안 상황들은 대개 0~100점의 주관적 불편감 척도(SUDS)로 평정된다. 0점은 전혀 불안하지 않은 점수이고, 100점은 경험할 수 있는 최대의 불안 점수를 의미한다. 이때 불안한 상황은 구체적으로 기록되어야 하는데, 예를 들어 '발표하기'가 아니라 '5명 이상의 사람 앞에서 자기소개를 하기'와 같이 상황 자체를 구체화시켜 불안을 평정하는 것이 바람직하며, 이후 노출훈련을 효과적으로 시행할 수 있는 기반이 된다.

내담자가 도전할 첫 노출 상황은 당연히 내담자와 협력적으로 논의하여 결정해야 한다. 첫 노출 상황 선택의 일반적인 원칙은 너무 어렵지도 않고 너무 쉽지도 않은 상황으로 결정해야 한다. 너무 쉬운 난이도의 상황은 연습을 하는 의미가 반감되고, 처음부터 너무 어려운 난이도의 상황은 실패에 대한 부담을 준다. 점진적 노출의 강점은 작은 성공에서 자신감을 얻어 계속 도전할 용기를 얻게 된다는 것이다. 따라서 판단이 잘 되지 않는 상황에서는 상대적으로 쉬운 상황을 선택하여 도전하는 것이 바람직하다. 대개 첫 출발로 SUDS 50점 정도의 상황이 무난하지만, 내담자의 동기와 필요성에 따라 첫 출발점을 적절히 결정하면 된다.

다음은 광장공포증을 가진 내담자에 대한 노출훈련 과정을 설명한 것이다.

내담자는 고속도로 운전 중에 공황발작을 경험한 후 고속도로 운전에 대한 공포가 생겼을 뿐만 아니라 고속버스나 고층 엘리베이터를 타는 것에 대한 공포도 생기는 등 광장공포증 증상이 생겼다. 광장공포증을 동반한 공황장애를 진단받은 내담자는 공황장애 약물치료를 받고 있었으나, 광장공포증이 계속 심해져서 이를 치료받고자 하였다. 공황장애와 광장공포증에 대한 교육과 호흡 및 이완훈련이 이루어졌고, 재앙화 사고의 인지적 오류에 대한 설명도 이루어졌다. 노출치료의 필요성에 동의한 내담자는 먼저 상상을 통해 고속도로 운전에 도전하였는데, 처음에는 한 구간만 운전하면서 바로 빠져나왔고 점차 고속도로 운전의 시간을 늘려 나갔다. 불안이 상승할 때에는 상상 노출을 유지하면서 복식호흡을 하고 탈재앙화의 인지재구성을 하였다. 불안을 느끼면서도 고속도로 운전을 상상하는 것에 어느 정도 자신감을 갖게 된 내담자는 과제로 실제 노출을 해 보기로 결정했다. 일반 도로 운전에는 문제가 없었으므로 상상 노출에서처럼 처음에는 짧은 구간의 고속도로를 잠깐 운전해 보기로 하였다. 다음 회기에 온 내담자는 많이 긴장되고 두려웠지만 심호흡을 하고 잠깐만 운전하면 된다는 생각과 지금까지 고속도로에서 큰 일이 없었다는 생각을 하면서 목표로 했던 한 구간을 지나서 두 구간을 성공적으로 주행했다고 말하며 자신감이 조금 생겼다고 하였다. 다음 노출 과제의 목표는 자신이 예전에 잘 가던 곳까지 약 한 시간 정도 가서 막국수를 먹고 다시 운전하여 돌아오겠다고 내담자 스스로 정했다.

5) 행동실험

인지적 변화를 유도할 수 있는 강력한 행동적 기법이 행동실험(behavioral experiment)이다. '백문이 불여일견'이라는 속담이 있듯이, 실제 경험만큼 사람에게 영향을 미치는 요소도 없을 것이다. 자신이 가지고 있는 생각과 다른 경험을 해 봄으로써 자연스럽게 인지적 변화가 발생할 수 있다. 행동실험 기법에서는 내담자 스스로 자신의 자동적 사고가 타당한지를 검증해 볼 수 있는 계획을 짜서 실제로 수행을 해 본다. 행동실험의 목적은 내담자의 부정적 사고의 타당성을 검증하는 것이기 때문에 단순히 예전에 하지 못하던 것을 막연히 한번 도전해 보는 식으로 진행해서는 곤란하다.

따라서 어떤 자동적 사고 혹은 믿음을 검증할 것인지 사전에 구체적으로 정해서 그 타당성이 행동실험을 통해 분명하게 확인이 될 수 있어야 하는데, 대개 검증 가능한 가설은 주관적이거나 정서적인 내용이 아닌 객관적이거나 행동적인 내용이다. 예를 들어, '사람들 앞에서 발표하게 되면 몸이 심하게 떨리고 긴장해서 실수를 하게 될 것이고 청중들은 바보 같다고 생각할 것이다.'와 같은 자동적 사고를 행동실험을 통해 검증하겠다고 한다면 그 검증이 실패하거나 소득 없이 끝날 가능성이 높다. 왜냐하면 '몸이 떨리고 긴장하는 것'은 불안의 생리적 증상으로 이것이 타당하지 않다고 확인할 목표가 될 수 없고, 오히려 발표하고자 한다면 나타날 증상으로 간주하는 것이 당연하기 때문이다. 또한 '청중들은 바보 같다고 생각할 것이다.'라는 생각도 객관적으로 확인하기 어려운 내용에 해당한다. 청중들에게 어떻게 생각했는지 직접 물어보기도 어렵거니와 설사 몇 명에게 물어봐서 괜찮았다는 대답을 들었다고 하더라도 이를 곧이곧대로 받아들여 믿을 내담자는 거의 없을 것이다. 내담자는 청중들이 솔직하게 대답하지 않았을 수 있는 수많은 이유를 댈 수 있을 것이다. 따라서 행동실험을 통해 검증하기 위한 가설을 세우기 위해서는 청중들이 바보 같다고 생각함으로써 어떤 결과가 나올 것으로 예상하는지를 명료화하는 것이 필요하다. 예를 들어, '끝까지 발표를 못하고 중간에 그만둘 것이다.'라든가 '대부분의 청중이 발표하는 중에 나가 버린다.'와 같은 가설을 세워 행동실험을 통해 검증해 볼 수 있다.

검증 가능한 구체적 가설을 행동실험의 대상으로 삼는 것과 더불어 고려해야 할 한 가지 요소는 성공 가능성이다. 내담자가 위험에 처할 가능성을 줄이면서 시도했을 때 성공 가능성이 높은 상황과 조건들을 확인하는 것이 필요하다. 행동실험을 통해 내담자가 두려워하던 결과가 나타나지 않음을 혹은 두려워하던 결과가 나타나도 대처할 수 있음을 확인하여 인지적 · 정서적 변화를 가져올 수 있도록 치료자와 내담자는 잘 상의하여 행동실험을 설계해야 한다.

행동실험은 자동적 사고에 오류가 있고, 합리적 사고 혹은 대안적 사고가 타당하다는 것을 머리로는 알겠지만, 실제로 마음에 와 닿아 믿어지지는 않는다는 내담자에게 효과적일 수 있다. 다만 치료자는 행동실험의 객관적 결과만 확인하고 넘어가서는 안 되고 반드시 그 결과를 내담자가 어떻게 받아들여 결론을 내고 있는지를 살펴보아야 한다. 왜냐하면 많은 내담자가 행동실험의 결과를 치료자처럼 긍정적으로 받아들이지 않는 경향이 있고, 어떤 경우에는 객관적 결과와 상당히 거리가 있는 주관적이고 자의적인 결론을 내리기도 하기 때문이다. 따라서 치료자는 행동실험의 결과를 내담자와 충분히 논의하여 적절한 교훈을 이끌어 낼 수 있도록 해야 한다. 다음은 이 기법을 사용한 예이다.

치료자: 음식점에서 메뉴를 주문했는데 바로 마음이 바뀌어 다시 주문하고 싶을 때에도, 그러면 주인이 화를 낼 거라고 생각해서 주문 변경을 못하고 그냥 음식을 먹는다는 말씀이군요.

내담자: 그렇습니다.

치료자: 그 생각이 맞는지, 틀리는지는 어떻게 알 수 있겠습니까?

내담자: 음식점에서 주문을 변경한 후 주인 반응을 봐야 하겠죠.

치료자: 시도해 볼 만한 음식점이 있나요?

내담자: 학교 앞 분식점에서 김치찌개를 시켰다가 된장찌개로 주문을 바꿔 보면 어떨까 싶어요. 요리가 진행이 되면 변경하기 어려우니까 주문한 후 바로 바꾸는 게 좋을 것 같아요.

치료자: 좋습니다. 주인이 화를 내는지 여부는 어떻게 알 수 있을까요?

내담자: 음… 그렇게 주문을 갑자기 바꾸면 안 된다고 말하거나 인상이 갑자기 바뀌면서 화난 표정을 짓더니 굉장히 불친절한 태도를 보인다면 화가 난 게 아닐까요?

6) 고정역할치료

어떤 내담자들은 지금보다 기분이 좋아지고 좀 더 긍정적으로 생각이 바뀌면 행동을 할 수 있을 거라고 얘기한다. 예를 들어, 우울한 내담자들은 활동을 좀 하라는 주변의 조언에 대해 기분이 좋아지면 활동할 것이라고 대답한다. 그러고는 기분이 좋아질 때까지 기다리지만 활동하지 않고 무기력하게 누워 있거나 가만히 있으면 기분은 더욱 가라앉으면서 움직이고 싶은 마음은 더욱 없어지는 악순환에 빠지게 된다. 또 다른 예로는 이성불안이 있는 대학생이 자신의 외모와 능력에 대한 자신감이 생기게 되면 그때서야 이성을 만나겠다고 다짐할 수 있는데, 자신감이 없는 상태에서는 이성교제를 성공할 수 없을 거라고 생각하기 때문이다.

두 예에서처럼 기분이나 생각이 바뀔 때까지 행동을 하지 않고 기다리겠다고 한다면 하세월일 수 있다. 이런 경우 행동을 통해 기분이나 생각이 바뀌길 기대하는 것이 더 나을 수 있다. 다시 말해 우리가 살아가면서 기분이나 생각에 따라 행동하기도 하지만, 행동을 하다 보면 기분이나 생각이 달라지는 경우도 얼마든지 있다.

이처럼 우선적으로 행동을 하게 하는 기법이 고정역할치료(fixed role therapy) 기법이다. 이 기법은 Kelly(1955)의 개인적 구성개념 이론(personal construct theory)에서 나온 기법으로, 더 거슬러 올라가면 Adler의 '마치~(as if)' 기법과 유사하다. 자신감이 생기면 어떤 행동을 할 수 있는 것이 아니라 어떤 행동을 하다 보면 자신감이 생길 수 있다는 원리에 따라 먼저 행동을 해 보게 하는 방법으로, 마치 자신감 있는 사람처럼 일부러 표정을 짓고 행동을 해 봄으로써 정서와 행동의 변화를 유도할 수 있다고 본다.

치료자와 내담자는 내담자가 기대하는 기분이나 생각을 가지게 되면 어떤 행동들을 할 것 같은지를 치료회기에서 살펴본 후, 내담자는 과제의 형태로 한 주 동안 마치 그러한 기분이나 생각을 가진 사람처럼 행동하려고 시도해 보게 된다. 다음은 이 기법을 사용한 예이다.

내담자: 자신감이 없어서 누가 이성을 소개해 준다고 해도 아직은 아니라고 얘기하게 되고, 제가 원하는 것을 제대로 못하게 되는 것 같아요.

치료자: 자신감이 생기면 그때 원하는 것을 시도해 볼 수 있지만 언제 자신감이 생기게 될지 알 수도 없고, 시간이 많이 걸리는 일인 것 같습니다. 보통 기분이 좋으면 웃게 되지만 웃다 보면 기분이 좋아지기도 하는 것처럼, 자신감이 생길 때까지 기다리지 말고 자신 있게 행동을 하다 보면 자신감이 생길 수도 있습니다. 어떻게 생각하세요?

내담자: 글쎄요… 잘 모르겠습니다.

치료자: 만약 지금 자신감이 생겼다고 가정하면 행동이 어떻게 달라질 것 같습니까?

내담자: 음… 소개해 주는 이성을 만나러 갈 것 같고, 내가 원하는 이성상인지 소개해 주는 사람에게 미리 물어도 볼 것 같고, 옷가게에 들어가서 둘러보고 옷을 사지 않고 나올 수도 있을 것 같고, 수업 시간에 손을 들어 질문도 하고, 남 눈치 안 보고 옷도 과감하게 입을 것 같아요.

치료자: 좋습니다. 그렇다면 다음 한 주 동안 마치 자신감이 있는 사람이 된 것처럼 행동을 해 보시면 어떨까요? 방금 얘기하신 행동들을 해 보는 것은 어떠세요?

내담자: 당장 이성을 만나는 것은 좀 어려울 것 같고요. 옷을 마음대로 입거나 옷가게를 둘러보는 것은 해 볼 수 있을 것 같아요. 수업 시간에 질문하는 것도 시도해 볼 수 있을 것 같아요.

치료자: 좋습니다. 자신감이 있다면 이전에 하지 못했던 것을 할 수 있는 게 또 뭐가 있을까요?

7) 사회기술훈련

내담자가 실제 사회적인 상호작용에 필요한 기술들을 가지고 있지 못하다면, 내담자가 호소하는 정서적 · 행동적 어려움이 단순히 부정적인 인지적 오류에서 나온다고 가정할 수는 없을 것이다. 발달과정에서 습득해야 할 사회기술을 어떤 이유에서든 제대로 배우지 못했다면 적응적인 대인관계를 형성하고 유지하는 데 어려움이 생길 가능성이 높고, 이는 내담자의 인지, 정서, 행동에 지속적으로 부정적인 영향을 미치게 된다. 따라서 이러한 내담자에게는 부족한 사회기술을 학습하여 발달시킬 수 있도록 돕는 개입이 반드시 필요하다.

기본적인 사회기술로는 상대방과 적절히 눈을 맞추고 경청하기, 대화할 때 적절한 표정이나 제스처하기, 처음 만난 사람과 대화할 때 적절한 주제로 얘기하기, 옷을 적절히 챙겨 입기 등이 있다. 치료자는 치료회기에서 역할연기, 녹음이나 녹화 등을 통해 직접 필요한 사회기술을 가르치고, 과제로 녹음이나 녹화 내용을 보며 내담자가 연습하도록 하는 것이 효과적이다. 또한 집단으로 사회기술훈련(social skill training)을 할 수 있는 경우라면 다른 참가자들의 행동을 관찰하거나 피드백을 받을 수 있고, 참가자들끼리 역할연기를 하도록 한 후 치료자가 해당 내담자에게 바람직한 행동을 바로 코칭해 줄 수 있는 장점이 있다.

8) 자기주장훈련

자기주장이 부족한 사람들은 대개 자기주장을 하게 되면 다른 사람들이 부정적으로 반응할 것이라고 생각하여 참고 억누르게 된다. 자기주장을 어떻게 하면 되는 것인지를 전혀 몰라서 자기주장이 안 되는 경우는 많지 않다. 따라서 부정적인 생각을 다루어 주는 것이 중요하지만, 자기주장훈련(assertive training)이 따로 필요한 이유가 있다. 첫째, 자기주장이 부족한 사람들 중 상당수가 자기주장의 기술이 전혀 없는 것은 아니지만 자기주장 행동을 해 본 적이 별로 없어 연습을 통해 자기주장기술을 향상시킬 필요가 있다. 둘째, 자기주장훈련을 통해 내담자가 두려워하는 부정적 결과가 나타나는지, 또 부정적 결과가 나타난다면 내담자가 할 수 있는 대처행동이 무엇인지 등을 살펴봄으로써 인지적 변화와 행동적 변화를 함께 추구할 수 있다. 내담자가 자기주장 행동을 해 본 후 그 결과를 확인하는 것은 단순히 인지적 기법만으로 자기주장을 향상시키려는 시도보다 더 신속하면서도 효과적으로 인지적 변화를 유도해 낼 수 있다.

치료자는 치료회기에서 내담자와 훈련할 구체적인 자기주장 행동을 정한 후 내담자에게 그러한 행동을 해 보도록 하는데, 개인치료의 경우에는 보통 치료자와 내담자가 역할연기를 통해 연습을 하게 된다. 또한 과제로 회기 이후 실제 생활에서 자기주장 행동을 한 후 그 결과를 다음 회기에서 치료자와 함께 논의하고 다루게 된다. 자기주장을 방해하는 내담자의 부정적인 해석을 다룰 필요가 있다고 판단되면, 자기주장훈련에 들어가기 전에 그러한 자기주장 행동을 하게 될 때 나타나는 정서, 행동, 신체 증상 등의 반응과 자동적 사고를 먼저 확인하여 자동적 사고를 대체할 수 있는 합리적 사고를 찾아 적용해 보는 인지적 기법을 활용할 수 있다.

9) 행동적 예행연습

사회기술, 자기주장기술 외의 다양한 기술을 연마하고 발달시키는 데 행동적 예행연습(behavioral rehearsal) 기법이 유용하게 사용될 수 있다. 이 기법은 내담자가 실제 행동을 하기 전에 상담회기에서 혹은 과제를 통해 미리 연습을 해 보는 방법으로, 치료자와 역할연기를 할 수도 있고, 친구나 다른 누군가와 연습을 해 볼 수도 있다. 원하는 행동을 연습하는 과정을 녹화하여 보거나 거울로 관찰하는 것은 효과적인 피드백을 제공하고 통찰의 기회를 준다.

행동적 예행연습에 자주 활용되는 상황은 요청하거나 거절하기, 다른 사람과 긍정적 혹은 부정적 감정 나누기, 대화를 시작하거나 계속 이어 나가기 등이 있다. 치료자는 내담자가 보다 적절하게 반응할 수 있도록 피드백을 해 주고 코칭을 해야 한다. 이 기법은 내담자의 부족한 기술을 향상시키는 목적도 있지만, 특정 상황을 보다 효과적으로 다룰 수 있도록 미리 연습한다는 의미도 있다.

개인치료에서는 역할연기를 통해 치료자와 내담자가 상호작용하게 되는데, 치료자는 보통 처음에 내담자의 상대방 역할을 맡아 내담자를 응대한 후 역할을 바꾸어 내담자 역할을 맡아 내담자가 따라할 수 있는 모델로서의 행동을 보여 주게 된다. 치료자가 역할연기를 하면서 그때그때 피드백까지 하는 것이 쉽지 않기 때문에 치료자 대신 역할연기를 해 줄 수 있는 보조 인력이 있는 것이 바람직하지만, 현실적으로 어려운 부분이다. 집단치료가 가능하다면 집단에서 참가자들끼리 역할연기를 하도록 한 후 치료자가 코칭할 수 있다. 어쨌든 내담자가 어려움을 느끼는 상황에 대해 미리 가능한 행동들을 연습해 보는 것은 내담자에게 실질적인 도움이 된다.

10) 호흡 및 이완훈련

내담자의 불안을 감소시키고 불안에 대한 통제감을 회복할 수 있는 유용한 방법이 호흡 및 이완훈련(breathing retraining and relaxation training)이다. 호흡훈련과 이완훈련을 함께 활용할 수도 있지만, 상대적으로 좀 더 간편하게 활용할 수 있는 호흡훈련만 내담자에게 가르칠 수도 있다. 불안을 조절하는 기법으로 호흡 및 이완훈련만 사용되는 경우는 흔하지 않고, 내담자의 과도한 불안을 다룰 수 있는 다른 인지적 기법 및 행동적 기법과 함께 사용되는 경우가 대부분이다.

호흡훈련의 목표는 복식호흡을 통해 신체가 이완되면서 자연스럽게 불안이 감소되는 것이다. 호흡훈련은 불안하고 긴장할 때 나도 모르게 하게 되는 빠르고 얕은 흉식호흡을 편안하고 이완하였을 때 하게 되는 느리고 깊은 복식호흡(혹은 횡격막 호흡)으로 바꿔 주기 위한 훈련으로 호흡에 주의를 집중하는 것이 매우 중요하다. 호흡이나 다른 어떤 것(예를 들어, 배의 움직임, 속으로 숫자 세기)에 집중할 수 있어야 한다는 점과 더불어 자신의 숨 쉬는 속도에 맞추어 조금만 더 천천히 호흡을 하는 것이 호흡훈련의 키포인트이다.

보통 호흡훈련은 치료자가 내담자에게 불안할 때 생기는 호흡의 생리적 변화에 대해 간단히 교육하면서 호흡훈련이 어떤 효과가 있는지, 왜 이러한 훈련을 하는 것인지를 설명해 준 후 치료 회기에서 실제로 복식호흡 실습을 하게 된다. 복식호흡의 첫 단계는 편안한 자세로 몸의 긴장을 풀면서 한 손은 배 위에, 다른 한 손은 가슴 위에 올린 후 되도록 배 위의 손만 오르내리도록 하고 코를 통해 부드럽게 호흡하는 것이다. 이때 내담자는 자신의 배가 오르락내리락하는 움직임이나 코를 통해 느껴지는 들숨과 날숨 중

하나에 집중하게 된다. 두 번째 단계에서는 고른 속도로 숨을 들이쉬고 내쉬면서, 들이쉴 때 속으로 '하나', 내쉬면서 '편안하다.', 다시 들이쉴 때 '둘' 내쉬면서 '편안하다.'는 암시를 주며 '열'까지 세고, 거꾸로 '열'에서 '하나'까지 세면서 스무 번의 호흡을 하게 된다.

숨의 길이는 자신에게 편안한 수준으로 가지고 가는 것이 중요하며, 복식호흡이라고 해서 천천히 호흡하는 것을 지나치게 신경 쓰면 오히려 불편해지는 결과를 낳는다. 들숨보다는 날숨을 조금 더 길게 하는 것이 요령이며, 들숨에 숫자를 세는 것이 집중하는데 오히려 방해가 되는 경우에는 숫자세기 없이 그냥 호흡을 하는 것이 좋다.

보통 호흡에 집중하면서 날숨에 편안하다는 암시를 연합하는 훈련을 하지만 호흡을 하면서 긍정적인 심상을 떠올리는 방식으로 훈련을 할 수도 있다. 개인의 호흡하는 방식은 일종의 습관이기 때문에 평소 복식호흡보다는 흉식호흡을 많이 하는 내담자의 경우 복식호흡의 습관을 갖기 위해서는 지속적인 연습이 필요하다. 따라서 내담자는 치료회기에서 실습한 것을 과제로 가져가서 매일 연습하며 훈련 기록지에 집중도와 편안함의 정도를 기록해 오게 되고, 불안한 상황에서 바로 복식호흡을 구사할 수 있을 때까지 몇 주간에 걸쳐 훈련을 하게 된다.

호흡훈련은 불안과 긴장을 감소시키기 위해 일반적으로 사용하는 기법이지만, 공황장애의 과호흡 증상에 대처하는 기법으로 흔히 사용된다. 물론 공황발작에 대한 재앙적 해석을 하지 않는 것이 치료효과의 핵심이지만, 호흡훈련은 공황장애가 있는 내담자에게 자신감을 주는 대처방법으로 활용될 수 있다. 공황장애가 있는 내담자에게는 치료회기에서 일부러 보통 1분 내지 1분 30초 정도 과호흡을 시키는데, 마치 풍선을 빨리 불어야 할 때처럼 호흡을 빠르게 반복시키면 공황발작과 유사한 증상들을 경험하게 된다. 그러고 나서는 몸에 긴장을 푼 후 천천히 복식호흡을 하도록 하는데, 치료자는 내담자의 과호흡 증상과 복식호흡의 상태를 내담자가 비교 · 확인하도록 하고 과호흡으로 인한 공황발작의 현상과 이를 복식호흡으로 진정시키게 되는 생리적 기제를 내담자에게 설명해 준다. 강의식 교육에 비해 이러한 체험식 교육이 훨씬 효과적이라는 것은 두말할 필요가 없다.

이완훈련 역시 목표는 단계적인 연습을 통해 이완감을 학습하고 불안을 조절할 수 있는 통제감을 획득하는 것이다. 점진적 근육이완기법이 흔히 사용되며, 심상이완이나 자기최면 등이 사용되기도 한다. 근육이완은 이완감을 경험할 수 있는 중요한 방법으로 근육을 먼저 긴장시킨 후 긴장을 풀 때의 이완감을 비교하여 경험하도록 하는데, 각 신체 부위별로 근육의 긴장이 풀려 나가는 느낌에 집중하도록 한다. 근육이완훈련의 원리는 긴장과 이완은 양립할 수 없는 현상이라는 것이며, 긴장이 감소함에 따라 불안도 감소하게 된다.

점진적 근육이완훈련에서는 먼저 근육이완훈련을 하는 이유와 효과에 대해 내담자에게 간단히 교육하고, 어떻게 훈련할 것인지 개요를 설명한 후 치료회기에서 실제로 실습을 하게 된다. 편안한 자세에서 각 신체 부위별로 먼저 긴장을 시켜서 긴장된 느낌을 느껴 보도록 한 후 긴장을 풀면서 이완의 느낌을 긴장된 느낌과 대비하여 비교해 보도록 한다. 이때 긴장은 약 10초 정도, 이완은 약 20초 정도로 긴장보다 이완의 시간을 두 배 정도 주는 것이 좋다.

처음에는 전신을 16개 근육으로 구분하여 차례대로 진행하는데, 좌우 팔 아래쪽, 좌우 팔 위쪽, 좌우 다리 아래쪽, 좌우 다리 위 허벅지, 배, 가슴, 어깨, 목, 입, 눈, 눈썹, 이마로 나아간다. 진행 순서는 바꿔서 해도 상관이 없으며, 이완의 느낌에 익숙해지면 점차 8단계, 4단계로 줄여 나가게 되고, 궁극적으로는 긴장하는 단계없이 바로 이완의 느낌을 불러내어 짧은 시간 내에 편안해지는 상태가 되도록 훈련을 하는 것이 중요하다. 이완의 느낌을 빠르고 강하게 불러내기 위해 마치 낙지나 문어가 된 것처럼 몸에 힘이 남아 있지 않아 축 늘어진 상태를 상상시켜서 이완을 유도하기도 하고, 몸이 무거워지는 느낌 혹은 따뜻해지는 느낌에 대한 암시를 주면서 이완을 유도하기도 한다.

이완훈련 역시 호흡훈련처럼 집중이 중요하며, 지속적인 훈련이 필요하다. 특히 호흡훈련보다 절차도 더 복잡하고 연습 시간도 많이 걸려서 내담자가 계속 연습할 수 있도록 치료자가 동기를 부여하고 격려하는 것이 중요하다. 호흡훈련과 마찬가지로 이완훈련도 과제의 형태로 계속 연습을 하게 되는데, 치료자는 내담자가 과제로 이완훈련을 하면서 얼마나 진척이 있는지, 애로점은 없는지 등을 계속 살펴야 한다. 내담자가 과제로 훈련하기 용이하도록 이완훈련의 지시문을 치료자가 읽어 주는 오디오 테이프를 줄 수도 있고, 내담자 스스로 그 지시문을 녹음하여 오디오 테이프를 들으며 연습하게 할 수도 있다.

이처럼 신체 여러 부위의 근육들을 순차적으로 긴장하였다가 이완하는 방식으로 훈련하는 점진적 근육이완기법이 많이 사용되고 있으나, 신체 각 부위의 긴장도를 머릿속에서 체크하고 이완시키는 보디스캔이나 간단한 스트레칭을 활용할 수도 있다. 치료회기를 통해 이완기법을 배운 후 과제로 계속 연습함으로써 스트레스와 불안을 감소시킬 수 있다. 또한 다른 치료기법들과 연합하여 사용함으로써 목표로 하는 행동의 변화를 촉진할 수 있다.

호흡 및 이완훈련과는 다르지만 정서조절을 위한 기법으로 마음챙김 명상이 사용되기도 한다. 이 기법은 이완을 직접적으로 목표로 하기보다는 신체감각을 판단 없이 자각하고 수용하는 것을 목표로 하지만 결과적으로 이완을 이끌어 내는 방법이다.

11) 독서치료

치료를 진행하면서 맥락에 맞는 적절한 책을 읽도록 하는 것은 치료에 효과적일 수 있다. 인지행동치료와 관련한 자조서(self-help book)들이 시중에 많이 나와 있다. 특정 장애나 문제를 제목으로 한 인지행동치료 자조서들이 많이 출판되어 있는데, 『필링굿』『기분 다스리기』『수줍음도 지나치면 병』 등등의 책을 통해 도움을 받을 수 있다.

이러한 자조서들은 적절히 활용되기만 한다면 치료회기에서 다룬 주제들을 복습하도록 하고, 내담자 스스로 자신에게 치료 작업을 진행함으로써 자가 치료자가 되고자 하는 인지행동치료의 목표를 달성하는 데 도움이 된다. 치료자로서 주의해야 할 점은 독서치료(Bibliotherapy)를 인지행동치료의 핵심 기법으로 사용하는 것은 바람직하지 않으므로 보조적인 한 가지 기법으로 간주하여 활용하는 태도가 필요하다.

독서치료가 내담자에게 필요하고 도움이 된다고 치료자가 판단하여 사용하고자 한다면, 내담자가 어떤 책을 어떤 계획에 따라 읽는 것이 좋을지 함께 논의하여 구체적인 일정을 정하는 것이 좋으며, 치료자는 내담자가 읽은 내용에 대해 충분히 이해를 하고 있는지, 어떤 교훈을 얻었는지, 치료회기에서 얘기한 것과 연관되는 것들은 무엇인지 등등을 꼭 확인하여야 한다. 아무리 좋은 책이어도 내담자가 그 책을 소화하여 자신에게 적용하지 못한다면 아무 소용이 없기 때문에 치료자는 내담자가 책을 통해 느낀 바를 치료적으로 실천할 수 있도록 관심을 가지고 돕는 역할을 해야 한다.

7장
상담사례

1. 사례 1 사회불안장애 사례

1) 기본 개인정보

성호는 만 20세의 대학교 1학년 남학생으로 재수하여 서울 소재 대학교에 입학하였고, 시골에서 출생하여 고등학교까지 졸업하였으나 재수는 서울의 친척집에서 기거하며 학원을 다녔다. 재학 중인 대학교의 학생생활상담소에 상담을 신청하였는데, 상담 신청서에는 학교 적응 문제와 발표불안이 주 호소문제로 기록되어 있었다.

신청할 당시 작성했던 미네소타 다면적 인성검사(Minnesota Multiphasic Personality Inventory: MMPI)와 문장완성검사(Sentence Completion Test: SCT) 결과는 높은 불안 수준 및 사회적 불편함과 다소간 높은 수준의 우울을 보였다. 따로 접수면접을 예약하여 약

1시간 반가량 면접자가 내담자의 인구통계학적 정보 및 현재 문제와 과거력 등을 확인하였다.

접수면접에서 나온 인구통계학적 정보에 따르면, 성호는 고등학교를 졸업할 때까지 부모님 그리고 여동생과 함께 살았으며, 부모님은 두 분 다 중학교 교사로 재직 중이다. 아버지는 말수도 적고, 성호를 직접적으로 혼내거나 지시한 적이 거의 없는 편이어서 성호와 사이가 나쁜 것도 아니고 좋은 것도 아니지만 다소 심리적 거리를 느끼는 사이라고 표현하였다. 자신처럼 아버지가 불안이 많은 성격 같다고 하였다. 어머니는 활발하고 외향적인 성격으로 성호를 많이 챙겨 주면서 여러모로 과보호를 하였고, 성호에게 재수를 해 보라고 권하거나 성호가 기거할 서울의 친척집을 알아보면서 학원 정보를 전해 준 것도 어머니였다. 현재 기숙사에서 생활하는 성호에게 자주 전화하고, 한 달에 한두 번씩 서울에 올라와서 성호를 본 후 내려가고 있다. 여동생은 세 살 아래인데, 어머니처럼 외향적인 성격으로 오빠인 자신에게 아무렇지도 않게 툭툭 던지는 말로 상처를 주긴 하지만, 그래도 둘 사이에 특별한 문제는 없는 것 같다고 말하였다.

2) 현재 문제와 과거력

성호는 어릴 때부터 대인불안과 발표불안을 경험해 온 것으로 보이는데, 대인불안보다는 발표불안에 대한 고통 호소가 더 크고 적응에 문제를 더 일으키는 것으로 보고하였다. 따라서 현재 성호에게 가장 불안한 상황은 많은 사람 앞에서의 공개발표였다. 성호는 지금까지 발표를 어떻게든지 회피해 왔으나 대학에 온 이후 수업에서의 발표를 회피하기 힘든 상황이 생겨 매우 불안해졌다. 성호는 발표해야 한다고 생각만 해도 정서적으로 불안해질 뿐만 아니라, 온몸이 긴장되고 떨리며 땀이 나고 얼굴이 빨개지는 신체 증상이 나타난다고 했다. 또한 '사람들 앞에서 얼굴이 빨개져서 아무 말도 못한 채 바보처럼 서 있게 될 것이고, 사람들은 내가 불안해하는 것을 바로 다 알게 될 것이다.' '사람들은 이런 내 모습을 보고 바보 같다고, 무능하다고, 이상하다고 생각할 것이다.'라는 생각을 하게 되어 결국 발표를 회피하는 행동을 하게 되었다고 하였다.

성호는 어릴 때부터 비교적 조용하고 말 잘 듣는 아이였으며, 학업 성적도 우수하여 학교 선생님들로부터 좋은 평가를 받으며 학창 시절을 보냈다. 그러나 수줍음이 많고 소극적이어서 자발적으로 나서서 질문을 하거나 발표를 하는 경우는 전혀 없었고, 조별 토론을 하는 경우에도 남들보다 먼저 얘기하는 경우는 거의 없었다. 초등학교 1학년 때 한 명씩 앞에 나와 '내가 가장 좋아하는 것'에 대해 짧게 발표하는 상황이 있었는데, 성호는 친구들 앞에 서기가 너무 싫었지만 할 수 없이 앞에 나갔고 얼굴이 빨개진 상태로 아무 얘기도 못한 채 우물쭈물하다가 울어 버렸던 경험이 있었다. 그때 친구들이 막 웃으면서 손가락질하는 장면은 성호에게 트라우마가 되었다. 성호는 그때를 정말 기억하고 싶지 않지만, 사람들 앞에서 얘기하거나 발표해야 하는 상황이 되면 그때의 끔찍하고 창피했던 장면이 떠올라 더 안절부절못하게 된다고 했다.

그냥 수업을 듣거나 책을 보며 공부하는 것은 재밌고 집중도 잘 되지만, 수업방식에 따라서 갑자기 선생님이 질문하면 대답해야 한다든가 자발적으로 의견을 얘기해야 하는 경우 너무 긴장되고 스트레스를 받게 되며 얼어붙어 제대로 대답을 하기 힘들었다고 하였다. 그나마 고등학교 때까지 발표를 필수적으로 해야 하는 상황이 많지는 않아서 그런대로 최대한 발표를 하지 않으려고 하면서 버텨 왔다고 했다. 내향적이긴 했으나 친한 친구는 항상 몇 명씩 있었고, 한 번 사귄 친구는 계속해서 친하게 지내는 편이라고 하였다. 짝사랑한 적은 있었으나 제대로 이성교제를 한 적은 없었고, 좋아하는 이성 앞에서는 긴장하여 평상시처럼 얘기하기가 힘들다고 보고하였다.

대학에 와 보니 신입생으로서 동기들 및 선배들과 어울리는 기회들이 많아졌고, 발표 수업도 많아서 적응하기가 너무 힘들다고 호소하였다. 처음에는 학과의 분위기를 알아야 할 것 같고, 사람들과도 어느 정도 친해져야 학교 생활하기가 좋을 것 같아 불편해도 억지로 참고 모임에 나갔으나, 모임에서 자기소개를 해야 하는 상황이 너무 긴장되고 힘들고, 함께 있으면서 친하지 않은데 친한 척 이런저런 얘기를 하고 있어야 하는 것이 너무 불편하고 지쳐서 어느 순간부터는 공식적 모임에는 나가지 않게 되었다고 했다. 친해진 과 친구들 몇 명과 어울리는 정도 이외에는 다른 사람들과의 만남은 제한적이라고 하였다.

대학에 와서 가장 문제가 되고 있는 것은 수업에서 발표가 많다는 것인데, 발표가 필수인 수업들이 있어서 예전처럼 대충 회피하여 지나갈 수 없다는 것이 성호에게는 큰 고민거리라고 했다. 한편으로는 발표하지 않으려고 도망만 다녀서는 앞으로의 자신의 인생에 도움이 되지 않을 것이기에 상담을 통해 발표불안을 극복하고 싶고, 자신감을 키워서 학교생활을 성공적으로 하고 싶다는 바람을 표현했다.

따로 시간을 잡아 추가적으로 약 1시간에 걸쳐 반구조화된 임상 면접인 불안장애 면담 도구(Anxiety Disorders Interview Schedule-IV: ADIS-IV)를 실시하여 사회불안이 핵심적인 문제라는 것을 확인하였고, 임상가 심각도 평정(Clinician Severity Rating: CSR; 면접을 통해 0~8점으로 임상가가 평정하는데, 0점은 증상이 전혀 없고 적응에 문제가 없음을 나타내고, 8점은 증상이 최고로 심각하고 적응이 전혀 안 되는 상태를 나타냄)에서 6점을 받아 비교적 높은 심각도 점수를 보였다.

3) 1회기: 라포 형성 및 심리교육

일반적으로 첫 회기에서는 라포 형성과 더불어 치료의 목표를 확인하고 인지행동치료에 대한 간략한 설명이 이루어진다. 또한 특정 장애나 문제를 다루는 것이 치료목표라면 그 장애나 문제에 대한 이론적 · 경험적 정보를 내담자에게 교육하면서 인지행동치료에서 어떻게 이를 다루게 되는지 설명해 준다.

상담을 찾는 많은 내담자가 자신이 가지고 있는 문제나 고통은 다른 사람이 가지고 있지 않은 혹은 다른 사람들은 이해하지 못하는 자신만의 특이하고 이상한 것이라고 생각하는 경향이 있다. 따라서 다른 사람들도 자신과 비슷한 증상들을 경험하고, 자신처럼 고민하는 사람들이 적지 않다는 사실은 대개 내담자에게 위로가 되며 치료자는 내담자가 자신의 문제를 보편화(normalizing)할 수 있도록 도와야 한다. 또한 자신의 문제를 효과적으로 개선할 수 있는 객관적 치료방법이 있다는 사실을 전달하는 것 또한 내담자를 안심시키는 요소가 된다. 다만 치료자는 내담자에게 누구나 그럴 수 있다든가, 해결하기 어렵지 않은 별로 큰 문제가 아니라는 식의 태도를 가지고 말을 함으로써 내담자의 문제를 사소화(minimizing) 시키지 않도록 주의해야 한다. 이는 내담자를 안심시키고 희망을 주려는 좋은 의도가 있다고 하더라도 내담자의 문제를 제대로 이해하지 못한다는 느낌을 주어 치료자에 대한 신뢰를 저하시키고 라포 형성을 방해할 수 있다. 치료자는 자신이 전달한 내용이 내담자가 어떻게 받아들이는지, 자신이 전하고자 한 의도와 달리 내담자가 받아들이고 있지는 않은지 등을 내담자에게 물어보면서 확인하고자 노력해야 한다.

성호의 경우, 첫 회기 시작 때 약간 위축된 모습으로 시선은 아래로 둔 채 치료자의 질문에 작은 목소리로 대답하였다. 치료자는 자신의 문제를 해결하기 위해 상담소를 방문한 내담자의 용기를 우선 격려해 주며 많은 학생이 학교적응의 문제나 발표불안의 문제로 고통을 받고 있고, 실제 상담소에 이러한 문제로 방문하고 있으며, 상담을 통해 문제를 개선하여 도움을 받을 수 있음을 언급하였다. 면접과 설문지 등을 통해 치료자가 사례개념화한 내용을 [그림 7-1]과 같은 도표로 보여 주면서 간략하게 설명을 하였고, 학교적응의 문제가 주로 발표불안에서 비롯되고 대인불안의 특징도 보이고 있어 사회불안의 치료를 주요 치료목표로 삼는 것을 제안하였으며, 성호는 치료자의 사례개념화 설명에 동의를 표하면서 사회불안의 치료라는 목표에도 동의하였다.

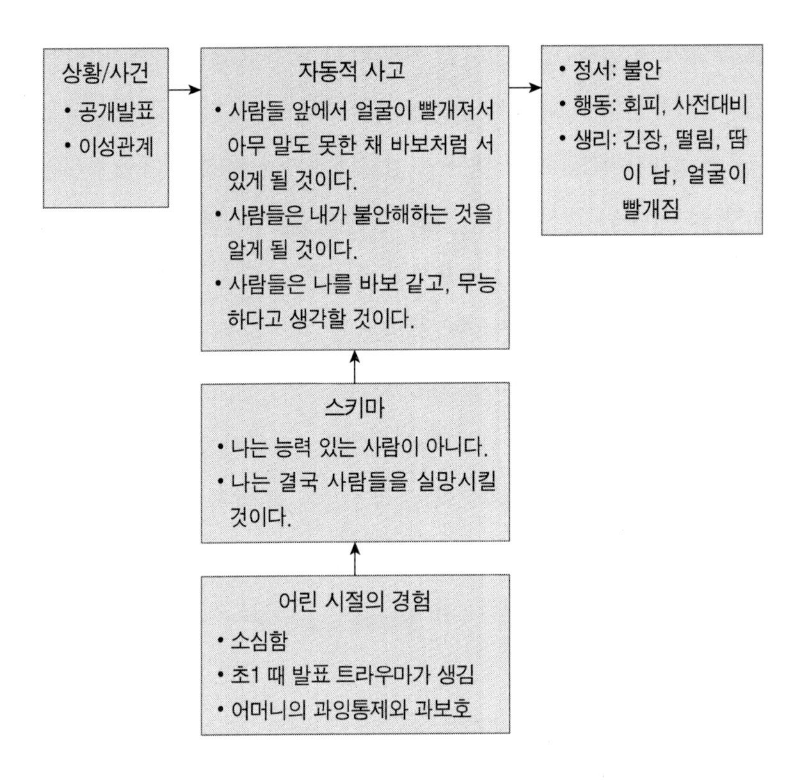

[그림 7-1] 성호의 인지모델에 따른 사례개념화

사회불안의 인지행동치료는 보통 12~16회기로 진행되므로 우선 12회기로 진행한 후 필요하면 합의하에 더 연장할 수 있는 것으로 약속하였다. 치료의 핵심 요소는 인지재구성과 점진적 노출로서, 사회적 상황에서 불안을 심화시키는 생각들을 찾아서 검토하는 과정과 불안을 이겨 낼 수 있는 모의연습을 단계적으로 해보는 과정으로 이루어져 있고, 이러한 기법들은 많은 연구와 임상적용에서 효과적으로 입증되었음을 내담자에게 설명해 주었다.

첫 회기의 나머지 시간들에서 치료자는 성호에게 사회불안의 특징과 원인 등을 간단하게 교육하고, 인지매개모델에 대해 설명해 주었으며, 인지행동치료는 계속해서 문제해결 기술을 연마하는 과정과 같아서 내담자 스스로의 노력도 필요하다고 언급하였다. 치료자가 설명해 준 내용이 성호에게는 어떻게 받아들여지는지 묻자 성호는 자신의 경우 대인불안도 있지만 발표불안이 현재 가장 큰 문제라고 했고, 아버지의 소심함을 닮은 기질적 측면도 있지만, 어머니의 과잉통제와 과보호로 자신감이 더 떨어지고 불안 수준이 높아진 것 같다고 대답하였다. 인지매개모델에 대한 설명에 대해서는 머리로는 이해가 되지만, 자신이 잘할 수 있을지 잘 모르겠다고 하였다. 치료자는 성호에게 한 배를 타고 항해하는 상황을 비유하면서 자신이 등대를 찾아 방향을 잡아 볼 테니 함께 노를 열심히 저어서 성호가 가고자 하는 항구로 가 보자고 격려하였다.

치료자는 불안의 3요소, 즉 불안은 생리적 · 인지적 · 행동적 요소로 나누어 살펴볼 수 있음을 설명하고, 이들 요소들은 서로 영향을 주고받으면서 불안을 상승시킬 수 있음을 이해시켰다. 성호의 경우, 사람들 앞에서 불안을 느끼게 되면 얼굴이 빨개지고 몸이 떨리며 땀이 나는 생리적 증상이 나타났고, '아무 말도 못한 채 바보처럼 서 있게 될 것이다.' '내가 불안해하는 것을 사람들이 다 알게 될 것이다.' '사람들은 나를 이상하다고 생각할 것이다.'라는 인지적 특징을 보였는데, 많이 불안하면 아무 생각 없이 머리가 하얘져서 얼음처럼 굳어 버리는 현상이 나타난다고 보고하였다. 성호는 자신의 생리적 증상에 대한 지각이 재앙적인 해석을 강화하고, 강화된 재앙적인 사고는 생리적 증상을 더 심화시키는 악순환이 일어난다는 점을 이해하였다. 이런 악순환에는 고개를 숙여서 얼굴을 보이려 하지 않는다든가 목소리를 작게 하거나 짧게 얘기하고 끝내 버리는 행동적 요소도 포함된다는 것을 확인하였다.

치료자는 '지피지기면 백전백승'이라는 비유를 들어 사회불안에 대해 객관적으로 이해하고, 내담자 자신의 사회불안의 특징을 잘 관찰하여 알게 되면 적절한 해결책을 찾을 수 있음을 언급하면서 다음 주 회기까지 사회불안 상황에서 불안의 3요소를 기록해 오도록 과제를 내주었다. 물론 인지행동치료에서 과제의 중요성과 핵심 역할에 대해 성호가 이해할 수 있도록 충분히 설명해 주었다. 다시 말해, 상담 약속은 일주일에 한 번 50분 만나는 것이지만, 과제를 통해 내담자는 상담 시간 외에도 계속하여 자신에게 필요한 연습을 하게 되므로 과제를 충실히 하게 되면 상담회기에만 참여하는 것보다 훨씬 더 좋은 치료효과를 거두게 된다. 또한 회기에서만 얘기하고 끝나는 것이 아니라 과제를 통해 실제 삶의 현장에서 잘 적용이 되는 부분과 연습이 더 필요한 부분 등을 내담자가 직접 확인할 수 있는 기회를 갖게 된다. 성공적인 과제 수행을 통해 자신감을 얻게 되고 자가 치료자로서의 노하우를 쌓는 효과도 가질 수 있다.

4) 2회기: 불안 및 회피 위계표 작성

두 번째 회기의 의제는 불안 및 회피 위계표 작성이다. 지난 한 주 동안 어떻게 지냈는지 간략히 확인하고, 지난주에 내준 과제를 검토하였다. 지난주에 발표할 상황은 없었지만, 같은 학과의 친하지 않은 여학생과 우연히 학교식당에서 같이 점심식사를 하면서 느꼈던 불안에 대해 과제로 작성해 온 내용을 함께 검토하며 치료자는 성호에게 불안의 3요소를 잘 관찰하여 기록해 왔음을 칭찬해 주었다. 관찰하여 기록하는 데 특별한 어려운 점은 없었으나 생각보다 불안한 상황이 많지 않았음을 얘기하면서 아무래도 자신이 불안한 상황을 가능한 한 만들지 않는 것 같다고 언급하였고, 치료자는 내담자의 회피행동이 많아지면 불안 상황은 줄어들지만, 불안이 줄어드니 점점 회피하려는 특징이 강해져서 사회불안의 문제가 심각해질 수 있음을 강조하고 그동안 회피해 오던 상황이나 대상에 조금씩 직면해 보는 연습을 해 보자고 제안하였다.

성호는 불안 및 회피 위계표 작성을 하기 전에 지난주에 어머니가 서울에 올라왔다가 내려간 일을 얘기하면서 어머니가 자신의 사회불안 형성에 영향을 준 부분을 얘기하고 싶어 했다. 이는 1회기 때 교육했던 사회불안의 원인과 연결되어 논의할 수 있는 내용이었다. 자라면서 성호는 어머니가 자신을 적극적으로 챙겨 주는 것에 감사함을 느끼면서도 자신이 항상 최고라고 믿는 어머니의 태도에 큰 부담을 느꼈다. 학교 성적이 좋고 선생님이나 친구들과의 관계도 무난했지만, 자신은 어머니가 믿고 있는 것처럼 최고가 아니며, 결국 어머니를 비롯한 주변 사람들을 실망시키게 될 것이라는 염려가 컸다. 또한 어머니는 다른 사람들에게 내가 어떻게 비춰지는지가 중요하다는 것을 계속 강조하여 항상 좋은 모습, 괜찮은 모습만 보여 주어야 한다는 완벽주의적 태도를 강화하였다. 아버지는 직접 훈계하는 경우는 많지 않았지만 위생과 예절을 강조하면서 다른 사람에게 욕먹지 말고 반듯하게 살아야 한다고 얘기하셨다.

기질적으로 소심하고 긴장이 많은 성호가 다른 사람의 평가를 많이 의식하는 가정교육을 받으며 자라오다가 초등학교 1학년 때 친구들 앞에서 떨면서 말 못하는 경험을 하게 되면서 사회불안의 문제가 더욱 심각해지는 상황이 되었다. 성호는 '나는 어머니가 믿는 그런 능력 있는 사람이 아니야. 나는 결국 사람들을 실망시킬 거야. 다른 사람들에게 완벽한 모습을 보여 주어야만 해.'와 같은 믿음을 지니고 사회불안의 증상을 발달시켜 온 것 같다.

중학교 때 수업에서 어쩔 수 없이 앞에 나가 발표했던 기억이 있지만, 너무 떨려서 무슨 말을 하는지도 모른 채 종이에 써 있는 발표 내용을 대충 읽고는 어떻게 자리에 와 앉았는지도 모를 정도로 정신없었던 적이 있었다고 했다. 그때는 웃거나 얼굴이 빨개졌다고 놀리는 친구들이 없었지만, 성호는 자신의 발표 모습을 보고 친구들이 속으로 비웃거나 이상하다고 생각했으리라 짐작하였다. 아니면 떠는 모습이 불쌍하다고 생각했을 수도 있을 것 같다고 말했다. 친구들이 실제 속으로 어떤 생각을 했는지는 알 길이 없지만 성호는 그 상황을 부정적으로 해석함으로써 더욱 불안해졌고, 나중에 발표 기회가 있을 때 이를 회피하게 되었다는 것을 알게 되었다. 그 당시 종이에 써 있는 발표 내용을 다 읽고 내려왔고, 친구들의 부정적 반응이 확인되지 않은 사실은 간과하고 너무 떨려서 정신없었다는 정서적 측면만 부각하여 부정적 해석을 내렸다는 점을 치료자가 지적하자 성호는 지금까지 그렇게 생각해 본 적이 없어 당황스럽다고 말했다.

회기의 나머지 시간 동안 치료자와 내담자는 사회불안 상황을 확인하면서 불안 및 회피 위계표를 작성하였다. 각 불안 상황은 주관적 불편감 척도(SUDS)의 0점부터 100점까지의 점수로 평정되었는데, 0점은 전혀 불안하지 않거나 회피하지 않는 것이고, 100점은 최고로 심한 불안과 항상 회피한다는 것을 의미한다. 성호의 불안 및 회피 위계표가 〈표 7-1〉에 제시되어 있다. 불안 점수만을 기록하게 할 수도 있으나 불안과 회피의 정도가 일치하지 않는 상황들이 종종 있기 때문에 두 가지를 구분하여 기록하는 것이 내담자의 사회불안의 특징을 세밀하게 파악하는 데 도움이 된다.

〈표 7-1〉 성호의 불안 및 회피 위계표

상황	불안	회피
사람들 앞에서 원고 없이 발표하거나 토론하기	100	100
사람들 앞에서 원고를 보면서 발표하기	95	95
손들고 질문하기	90	95
이성과 소개팅하기	80	90
사람들 앞에서 간단히 자기소개하기	75	50
길거리에서 음식 사 먹기	60	90
수업 직후 교수님께 개인적으로 질문하기	50	60

예를 들면, 성호의 경우 사람들 앞에서 원고 없이 발표하는 상황은 최고의 불안과 회피를 초래하지만, 사람들 앞에서 간단히 자기소개하기는 불안한 정도에 비해 회피의 정도는 상대적으로 낮은 반면, 길거리에서 음식 사 먹기는 불안 수준에 비해 회피의 정도가 높다는 것을 알 수 있다. 이러한 특징은 자기소개하는 상황은 미리 회피하지 않는다면 어쩔 수 없이 간단하게라도 이름과 소

속을 얘기해야 하는 반면, 길거리에서 음식을 사 먹는 상황은 아예 그런 상황을 만들지 않을 수 있기 때문에 나타날 수 있다. 2회기의 과제는 작성한 불안 및 회피 위계표에 새롭게 추가할 항목들이 있는지 검토하는 것과 지난주에 과제로 했던 불안의 3요소에 대한 관찰을 계속하는 것이었다.

5) 3회기: 인지재구성-자동적 사고 찾기

회기를 시작하며 치료자는 내담자의 지난 한 주를 간략히 살펴본 후 지난주에 내준 과제를 검토하였다. 지난주에 작성한 불안 및 회피 위계표에 새롭게 추가한 항목은 없었고, 학교 구내식당에서 우연히 여러 명의 학과 친구와 어울려 식사하는 상황과 혼자 식사하는 상황에서 경험했던 불안에 대해 3요소로 기록해 온 것을 검토하였다. 3회기의 주요 의제는 자동적 사고를 찾고 인지적 오류를 확인하는 것이었는데, 이는 자동적 사고 기록지 사용법을 배우면서 진행되었다.

이미 첫 회기에 내담자에게 인지모델과 인지행동치료의 원리를 설명하였고, 불안의 3요소 관찰 과제를 통해 내담자는 어느 정도 자신의 자동적 사고를 이해하기 시작했다. 치료자는 한 번 더 나에게 고통을 초래하는 것은 사건 그 자체가 아니라 사건에 대한 해석이라는 인지재구성의 핵심 원리를 소개하고, 지난주에 혼자 식사하는 상황에서 경험했던 불안에 대해 3요소로 기록해 온 내용을 가지고 인지재구성 작업을 시작하였다.

성호는 구내식당에 혼자 앉아 식사하는 상황에서 불안 70점을 느꼈으며, 심장 떨림, 호흡이 빨라짐, 몸이 뻣뻣해짐, 얼굴이 약간 빨개짐, 땀이 남과 같은 생리적 요소, '사람들이 재는 친구도 없나 혼자서 밥 먹으니 참 불쌍하다고 생각할 거야.' '친구 사귈 능력도 없고 성격에도 문제가 있는 사람으로 생각할 거야."라는 인지적 요소, 고개를 푹 숙이고 허겁지겁 밥을 먹다가 결국 다 먹지 못하고 자리를 황급히 일어나 식당을 나간 행동적 요소를 보였다. 치료자는 자동적 사고 기록지 양식을 간략하게 소개하고 혼자 식사하는 상황을 자동적 사고 기록지에 옮겨 쓰도록 했다. 우선 자동적 사고 기록지의 가장 좌측에 상황을 기록하게 하였고, 불안 감정과 자동적 사고의 내용을 차례대로 기록하게 하였다.

자동적 사고 기록지에서 작성해야 할 다음 칸은 인지적 오류이다. 치료자는 인지적 오류의 여러 종류를 미리 준비한 핸드아웃을 보여 주며 설명하였고, 성호에게서 자주 나타나는 것으로 생각되는 인지적 오류가 무엇인 것 같은지를 성호에게 묻자 대부분 다 해당되는 것 같은데 독심술, 감정적 추론, 재앙화, 당위 진술의 오류가 특히 많은 것 같다고 대답하였다. 방금 전에 기록지에 작성한 자동적 사고의 내용에 포함되어 있는 인지적 오류를 찾아보게 하자 독심술을 꼽았고, 또 다른 오류가 없는지 질문하자 잠깐 고민하다가 "혼자 밥 먹는 것을 능력과 성격 문제로 보았으니 과잉일반화인 것 같다."고 하였다.

치료자는 성호가 인지적 오류를 찾아 대답한 행동 자체를 칭찬하고 격려했으며, 한 가지 생각에 하나 이상의 인지적 오류가 들어 있을 수 있고, 인지적 오류 확인 작업은 정해져 있는 정답을 찾는 과정이라기보다 자동적 사고에 의문을 표하며 다소 부풀려진 부분을 찾아보는 과정이라는 점을 전달하였다. 그러고 나서 성호는 자발적으로 감정적 추론도 있는 것 같다고 말했다. 치료자가 어떤 점에서 감정적 추론인 것 같냐고 묻자 성호는 불안한 느낌이 드니까 사람들이 날 문제 있는 것으로 본다고 생각한 부분이 감정적 추론 같다고 얘기하였다.

성호와의 인지적 오류 찾기 작업은 순조롭게 진행되었지만 대부분의 상담장면에서 인지적 오류 찾기가 이처럼 순조롭게 진행되지는 않는다. 인지재구성에서 인지적 오류 찾기가 핵심은 아니며, 자동적 사고를 분명하게 찾고 자동적 사고에 현실의 부풀려진 부분이 있다는 것만 인정할 수 있다면 자동적 사고를 대체할 수 있는 대안적 사고를 탐색해 들어갈 수 있다. 따라서 인지적 오류 찾기를 정확하게 수행하기 위해 치료자와 내담자가 지나치게 많은 시간을 투자하는 것은 효율적이지 않다.

인지적 오류까지 살펴본 후, 자동적 사고 기록지의 합리적 사고 칸을 채워 보는 작업으로서 치료자는 자동적 사고를 평가하는 질문으로 자동적 사고의 증거가 있는지에 대한 질문을 성호에게 던졌다.

치료자: 말씀하신 자동적 사고를 지지하는 증거는 어떤 것이 있나요?

성 호: 예전에 식당에서 혼자 밥 먹는 사람을 보면서 불쌍하다는 생각을 한 적이 있어요. 대인관계에 문제가 있지 않을까 생각했던 것 같아요. 제가 그런 생각을 했으니까 다른 사람들도 하지 않을까요?

치료자: 내가 그렇게 생각한 적이 있으니까 남들도 그렇게 생각할 것이라는 거죠? 또 다른 지지 증거가 있나요? 그 상황에서 그렇게

생각할 만한 객관적인 근거가 어떤 게 있을까요?

성 호: 글쎄요… 남들이 어떻게 생각할지 제가 정확하게 알 길이 없으니… 게다가 남들은 쳐다보지 않은 채 고개를 숙이고 밥을 먹었으니 남들이 저를 어떻게 바라보는지 더 알 길이 없죠.

치료자: 그렇습니다. 남들이 어떻게 생각하는지 알기는 정말 어렵습니다. 열 길 물속은 알아도 한 길 사람 속은 알기 어렵다고도 하죠. 그래도 가끔 상대방이 직접 말로 표현하거나 확실히 알 수 있는 행동을 보여 주어서 그 사람의 생각이나 의도를 알게 되는 경우가 있습니다. 이런 말이나 행동은 객관적인 증거라고 할 수 있을 겁니다. 혹시 그 상황에서 사람들의 직접적인 표현이나 행동을 관찰하신 적이 있습니까?

성 호: 아뇨. 전혀 그런 건 없었어요. 그냥 그런 생각이 들었을 뿐이에요.

치료자: 알겠습니다. 이번에는 자동적 사고를 지지하지 않는 증거를 찾아볼까요?

성 호: 음… 예전에 친구랑 밥 먹는 중에 혼자 밥 먹는 여자를 보면서 제가 저 여자는 같이 밥 먹을 사람이 없어서 혼자 먹는 것 같아 불쌍하다고 했더니 친구가 대수롭지 않다는 듯이 혼자 먹는 게 뭐가 불쌍하냐고 그러면서 혼자 먹는 게 더 편하고 좋을 수도 있고, 바쁠 땐 혼자 먹는 게 시간 아끼고 좋다고 그러더라고요. 듣고 보니 그럴 수도 있겠다고 생각한 적이 있어요.

치료자: 그러니까 사람들마다 혼자 밥 먹는 모습에 대해 다양하게 받아들일 수 있다는 말씀으로 들리네요.

성 호: 맞습니다. 저처럼 생각하지 않는 사람도 있을 것 같아요. 그리고 그때 저 말고도 혼자 밥 먹는 학생들이 여러 명 있었는데 아무렇지도 않게 밥을 먹는 것 같았어요.

치료자: 말씀하신 것처럼 혼자 밥 먹는 것을 불쌍하다고 볼 수도 있지만, 시간도 아끼면서 편하고 좋다고 받아들일 수도 있겠고, 혼자 밥 먹는 것에 대해 아무 신경쓰지 않을 수도 있을 것 같아요.

다른 사람들이 어떤 반응을 보이는지 알려면 고개를 숙인 채로 밥만 먹기보다는 밥 먹는 중에 가끔 주변을 둘러보는 것도 필요할 것 같습니다. 어쨌든 중요한 것은 남들이 어떻게 생각하는지를 사실상 알 길이 없는 상황에서 내게 제일 불리한 해석을 떠올림으로써 불안이 심해졌다는 것입니다.

성 호: 음… 그런 것 같네요.

치료자: 그러면 지금까지 얘기한 내용을 정리하여 자동적 사고 기록지의 합리적 사고 칸에 적어 볼까요?

성호가 합리적 사고와 결과 칸을 모두 작성한 내용이 〈표 7-2〉에 제시되어 있다. 결과의 경우, 그 상황에서 바로 합리적 사고를 떠올린 것은 아니므로 향후 유사한 상황에서 합리적 사고를 떠올릴 때 예상되는 결과를 기록하였다. 성호의 경우에는 자동적 사고 기록지의 여섯 칸을 모두 기록하는 것이 한 회기 내에서 가능하였으나, 내담자에 따라서는 자동적 사고를 기록한 후 인지적 오류를 찾는 과정까지 한 회기로 진행하고 합리적 사고를 찾는 과정은 다음 회기에서 진행할 수도 있다. 치료자는 내담자가 따라오는 속도에 맞추어 융통성 있게 회기 진행의 속도를 조절할 수 있어야 한다.

이번 회기의 과제는 다음 회기까지 불안한 상황에서 자동적 사고 기록지를 작성해 보는 것으로, 최소한 두 가지 상황을 기록해 보는 것으로 하였다. 치료자는 성호에게 자동적 사고 기록지를 완벽하게 잘 써 오는 것이 중요한 것이 아니라 기록지에 써 보면서 객관적으로 자신을 살펴보는 기회를 갖는 것이 중요하므로 너무 부담을 가지지 말고 할 수 있는 만큼만 기록해 보라고 격려하였다.

〈표 7-2〉 성호의 자동적 사고 기록지 작성 예

사건	감정	자동적 사고	인지적 오류	합리적 사고	결과
부정적 감정을 일으킨 상황이나 사건을 구체적으로 기록	불안, 우울, 분노 등의 감정을 기록하고 그 정도를 0~100점으로 평가	감정과 연관된 생각을 기록하고 믿는 정도를 0~100점으로 평가	인지적 오류의 종류를 기록	합리적 대안을 기록하고 믿는 정도를 0~100점으로 평가	감정의 변화 정도를 0~100점으로 평가하고 행동의 변화를 기록
구내식당에 혼자 앉아 식사하고 있었음	불안(70점)	사람들이 재는 친구도 없나 혼자서 밥 먹으니 참 불쌍하다고 생각할 거야. (90점) 친구 사귈 능력도 없고 성격에도 문제가 있는 사람으로 생각할 거야. (80점)	독심술 과잉일반화 감정적 추론	내 생각이 맞다는 증거는 분명하게 없어. 물론 사람들이 속으로 그렇게 생각할 가능성은 있겠지만 혼자 밥 먹는 학생이 나 말고도 여러 명 있었으니 나에게만 그러한 생각을 가졌다고 보긴 어려워. 시간이 없어서 혼자 먹을 수도 있고, 혼자 먹는 것을 좋아해서 혼자 먹을 수도 있잖아. 요즘은 혼밥 문화라는 말도 있듯이 혼자 먹는 게 문제 될 것은 없어. (60점)	불안(40점) 나중에 식당에서 혼자 밥 먹으면서 덜 불안할 것 같음

6) 4회기: 인지재구성-자동적 사고 수정하기

여느 회기와 마찬가지로 이번 회기도 치료자는 내담자의 지난 한 주를 간략히 살펴본 후 지난주에 내준 과제를 검토하는 것으로 시작하였다. 성호는 두 가지 상황을 자동적 사고 기록지에 작성해 왔다. 한 가지는 지난 회기에서 논의했던 구내 학생식당에서 혼자 밥 먹는 상황으로, 성호는 일부러 혼자서 밥 먹는 상황에서 어떠할지 도전해 보았다고 했다. 사람들이 자신을 부정적으로 볼 거라는 자동적 사고가 들긴 했지만 '사람들의 생각은 다양하고 혼밥이 문제될 것 없다.'는 합리적 사고를 떠올릴 수 있었고, 밥을 먹는 중에 주변을 둘러보기도 했는데, 다들 대화하거나 밥 먹느라고 바쁜 것 같았고, 생각보다 별로 불안을 느끼지 않으면서 식사를 할 수 있었다고 보고하였다. 치료자는 스스로 도전하며 노출연습을 한 성호의 행동과 용기를 칭찬하고 격려해 주었으며, 자동적 사고에 대한 평가와 변화는 실제 체험을 통해 더욱 분명하게 이루어질 수 있음을 강조하였다.

또 다른 과제 상황은 지난주 수업 시간에 발표할 기회가 있었는데 회피하지 못한 채 발표를 한 것이었다. 며칠 동안 엄청 발표준비를 했고, 수업 시간에 약 3분 정도 준비한 원고를 그냥 읽는 데에도 엄청 떨리고 불안했다고 말했다. 다리가 후들거리고 목소리가 떨리고 얼굴이 빨개지는 것이 느껴졌고, 그때 불안의 정도는 '거의 100점'에 해당되었다. 자동적 사고 기록지의 자동적 사고 칸에는 '남들이 나를 어떻게 생각할까 걱정된다.' '친구들이 내가 엄청 불안해하는 것을 다 알아차렸을 것이다.'라고 기록하였고, 인지적 오류에는 '독심술', 합리적 사고에는 '아무 생각도 안 남. 아무 것도 못함.', 결과에는 공란으로 기록해 왔다.

치료자는 어쩔 수 없이 수업발표를 하게 되면서 발표 시간을 포함해 며칠 동안 불안으로 고통스러웠을 성호의 감정을 공감해 주면서도 거의 100점으로 불안한데도 3분간 원고를 다 읽어 낸 것은 참 잘한 것이라는 점을 얘기해 주었다. 치료자와 성호는 자동적 사고 기록지의 내용을 다시 살펴보면서 성호가 그 당시에 했지만 기록하지 못한 생각들을 찾아낼 수 있었다. 치료자가 성호에게 남들이 어떻게 생각할 것 같은지 질문하자 '바보 같다고 생각할 것 같고, 이 정도 발표도 제대로 못하고 떨고 있으니까 이상한 애라고 볼 거야.' '사람들은 발표가 지루하고 발표 내용도 별로라고 생각할 것 같고, 수업 시간만 낭비했다고 생각할 거야.' '교수님도 발표를 저렇게 할 거면 발표를 하지 말지라고 생각할 것 같다.' '좋은 학점 받기는 글렀다.'와 같은 다양한 내용의 생각이 있었음을 확인할 수 있었다. 독심술 외에 재앙화와 이분법적 사고와 같은 인지적 오류가 추가적으로 있음을 확인하였다.

치료자는 4회기에 다루고 싶은 의제로 자동적 사고를 평가하는 여섯 가지 질문 배우기와 노출 계획 세우기를 제시하면서 지금 다루고 있는 과제 상황에 여섯 가지 질문을 적용해 보면 좋을 것 같다고 제안하였다. 치료자는 먼저 자동적 사고를 평가하는 여섯 가지 질문에 대해 설명을 해 주었고, 이 질문들을 항상 다 사용해야 하는 것은 아니니 상황에 따라 선택적으로 활용하면 된다는 점을 전달하였다.

성호는 지난 회기에서 주로 적용해 보았던 증거 찾기가 마음에

든다고 하였고, 일어날 수 있는 최악의 일, 최상의 일, 현실적인 결과를 질문하는 것도 도움이 되는 것 같다고 하였다. 이런 과정을 통해 성호는 '내가 엄청 떤 건 맞지만, 사람들이 내가 엄청 떨었다는 것을 알고 있다는 객관적 증거는 없어. 치료자 선생님은 누구나 발표 때는 떨리는 게 당연하다고 얘기하셨어. 그러니 떤다는 것을 안다고 해도 실제 큰 문제가 생길 건 없어. 떨려도 내가 준비한 내용을 끝까지 발표하는 게 가장 중요한 거야.'라는 합리적 사고를 만들어 낼 수 있었고, '누구나 발표 때는 떨리는 법이야. 떨려도 준비한 발표 내용을 끝까지 읽으면 되는 거야.'라는 간단한 문장으로 정리할 수 있었다. 아직 이러한 합리적 사고에 대한 믿음은 높은 점수를 부여할 수 있는 정도는 아니었지만, 이런 대안적 사고를 떠올릴 수 있다는 것 자체가 의미가 있다는 점을 치료자는 강조하였고, 성호에게 앞으로 지속적인 연습을 통해 믿음의 정도를 더 높일 수 있도록 하자고 제안하였다.

5회기부터는 본격적으로 노출훈련으로 들어갈 계획이므로 첫 노출 상황을 어떤 것으로 할지 논의하였다. 성호는 모의노출이긴 하지만 실제로 발표를 연습해야 한다는 사실에 불안해하였다. 치료자는 성호의 불안을 당연한 것으로 공감해 주면서도 사회불안을 극복하기 위해서 노출이 매우 중요함을 강조하며, 지난주에 과제로 스스로 노출해 보면서 경험한 것처럼 실제 해 보면서 자동적 사고를 변화시킬 수 있고 자신감을 키울 수 있음을 설명하였다.

개인 상담에서는 치료자 외에는 청중이 없으므로 실제처럼 상황을 연출하기가 쉽지 않다. 따라서 내담자가 동의한다면 동원 가능한 청중들을 섭외하고 노출할 장소도 따로 정하여 모의노출을 진행할 수도 있다. 성호는 자신의 불안 및 회피 위계표에 '사람들 앞에서 자기소개하는 것'을 다음 회기 때 모의노출로 해 보고 싶다는 의사를 표했다. 일단 치료자 앞에서 자기소개하는 것을 연습해 보기로 했고, 두 번째 자기소개 연습 때에는 동영상을 찍어서 함께 시청하는 비디오피드백을 하기로 했으며, 추후 가능하다면 청중 몇 명을 섭외하여 자기소개하는 것을 연습해 보기로 했다.

과제로는 지난주와 마찬가지로 불안한 상황이 있으면 자동적 사고 기록지를 작성해 오는데, 구내 학생식당에 일부러 혼자 가서 밥을 먹어 본 것처럼 지금까지 회피해 오던 상황에 대해 쉬운 것부터 조금씩 도전해 보기로 했고, 그러한 노출 상황을 자동적 사고 기록지에 작성해 오기로 하였다.

7) 5회기: 모의노출하기

성호는 지난주에 특별한 일은 없었지만 수업 시간 중에 손을 들고 질문하고 싶었으나 그러질 못했고, 대신 수업이 끝난 후 교수님께 개인적으로 질문을 하였다고 했으며 이를 과제로 기록해 왔다. 치료자와 성호는 자동적 사고 기록지에 작성해 온 내용을 함께 검토하였고, 수업 직후 교수님께 개인적으로 질문하기는 성공적으로 이루어진 것으로 평가하였다.

지난 회기에 논의한 바대로, 이번 회기는 치료자 앞에서 자기소개를 하는 모의노출이 주요 목표이다. 치료자는 회기 중에 하게 되는 모의노출과 과제로서 실생활에서 하게 되는 실제 노출을 통해 지금까지 회피해 왔던 상황들을 더 이상 회피하지 않고 직면해 봄으로써 결과적으로 불안을 줄이고, 이제까지 제대로 해내지 못했던 행동들을 할 수 있을 것이라는 점을 강조했다. 결국 노출 훈련은 내담자가 갖고 있는 생각이 사실인지의 여부를 직접 확인하게끔 해 주고, 불안 감소를 경험하면서 자신감을 얻게 해 줄 것이다.

성호는 5분간 자기소개를 하면서 이름, 나이, 학과 등을 소개하고 간략한 가족관계, 취미, 이성관계 및 이상형 등을 설명하기로 하였다. 노출을 시작하기 전 치료자는 모의노출을 할 때 성호가 얼마나 불안을 느낄 것 같은지, 어떤 자동적 사고가 들 것 같은지, 그에 대응하는 타당한 생각은 어떤 것이 있는지, 노출의 달성목표는 무엇인지를 성호와 함께 살펴보았다. 성호는 처음에 예상불안을 40점이라고 보고하였는데, 치료자는 자신을 이해해 줄 것이기에 많이 불안하지는 않다고 대답하였다. 치료자는 모의연습이긴 하지만 실제처럼 몰입해야 연습의 효과가 극대화되므로 실제 상황이라고 생각하고 자기소개를 해 보길 권했다. 성호는 좀 더 실제 상황처럼 몰입하려고 노력하였고, 자기소개를 하기 직전의 불안은 70점 정도까지 상승하였다.

예상되는 자동적 사고는 '내가 떠는 걸 알고 바보 같다고 생각할 거야.' '떨려서 자기소개 하는 중에 버벅거리고 실수를 연발할 거야.'였고, 이러한 자동적 사고에 대응하기 위해 성호는 지난 회기 때 찾았던 타당한 생각을 살짝 바꿔 '누구나 발표 때는 떨리는 법이야. 떨려도 전달할 내용을 끝까지 얘기하면 되는 거야.'라는 내용을 활용하고자 하였다.

노출의 달성목표로 성호는 처음에 '불안해하지 않고 자연스럽게 발표하기'를 제안하였다. 치료자는 '불안해하지 않아야 한다.'는 성호의 정서적 목표를 '회피하지 않고 끝까지 발표한다.'는 행동적 목표로 수정하길 제안하였다. 발표에 대한 불안으로 지금까지 회피해 오면서 고통을 받았기에 이를 해결하기 위해 상담에 온 것인데 첫 노출연습에서 불안하지 않고 자연스럽게 발표하길 원한다면 이는 비현실적인 목표이며, 달성될 수 없는 목표라는 것을 설명하였다. 노출의 목표는 불안 없이 발표하는 것이 아니라 불안이 있음에도 이를 견뎌 내고 끝까지 발표하는 것이 되어야 함을 강조하였다. 성호는 치료자의 제안에 동의하면서 자신의 목표에는 당위 진술과 이분법적 사고가 있는 것 같다고 얘기하였다.

치료자는 성호에게 노출을 하는 중에 계속해서 의도적으로 타당한 생각을 유지하도록 노력하길 요청했고, 불안하더라도 회피하지 않고 끝까지 하는 것이 중요함을 재차 강조하였다. 발표를 5분간 진행하면서 1분 간격으로 불안의 정도를 SUDS, 즉 100점 만점으로 확인하기로 미리 약속하였다. 시작 직전에 70점이던 성호의 불안점수는 1분 간격으로 70, 60, 40, 40, 30점으로 낮아져 발표 직전과 발표 초반에 불안이 높게 나타남을 보여 주었다.

사회불안이 있는 내담자들은 자신의 사회적 수행을 부정적으로 평가하는 특징이 있을 뿐만 아니라 지속적으로 사후반추를 하면서 부정적 자기개념을 공고히 하는 경향이 있다. 많은 내담자가 노출훈련에서 무난한 수행을 보이거나 심지어 성공적인 수행을 하고도 불안해 했거나 불안의 신체 증상이 나타났거나 혹은 사소한 실수가 있었다는 데 초점을 두고 자신의 시도가 실패했다는 결론을 내린다. 따라서 노출에 대한 사후논의와 평가를 제대로 하지 않는다면 노출훈련이 의도하는 바와 전혀 다른 방향으로 내담자가 결론을 내린 채 지나갈 수 있으므로 치료자는 노출 경험에 부여하는 내담자의 주관적인 의미와 평가를 반드시 확인해야 한다.

다음 대화는 발표가 끝난 후 치료자와 성호가 나눈 내용이다.

치료자: 발표하는 동안 어땠나요?

성 호: 상담실에서 하는 연습이기 때문에 안 떨릴 줄 알았지만, 실제처럼 생각하고 하려니 처음에 생각했던 것보다 당황했고 긴장이 많이 되었던 것 같아요.

치료자: 실제처럼 몰입해 달라고 했는데 그렇게 하려고 노력하셨던 것 같네요. 그래서인지 처음에 긴장이 많이 되어서 자기소개 직전과 초반에 불안점수가 70점이었습니다. 그런데 불안점수가 초반을 지나면서 계속 낮아졌습니다.

성 호: 처음에는 많이 긴장했지만 시간이 지나면서 점차 괜찮아져 어느 순간부터는 안정된 상태로 발표하는 데 집중할 수 있었던 것 같습니다.

치료자: 어느 순간부터 안정될 수 있었던 요인은 뭐라고 보세요?

성 호: 글쎄요. 처음부터 타당한 생각을 하려고 노력했는데, 발표가 진행되면서 타당한 생각을 더 받아들일 수 있었던 것 같고, 중반 이후엔 그냥 발표하는 데 집중하느라 자동적 사고이든 타당한 생각이든 아무런 생각을 하지 않았던 것 같아요.

치료자: 발표에 잘 집중하여 나갔던 것 같군요. 그렇다면 노출의 목표는 달성한 건가요?

성 호: 5분간 자기소개를 끝냈으니 목표를 달성한 것이 아닌가요? 처음에 떨리긴 했지만 목표를 달성했습니다.

치료자: 축하합니다! 5분간 자기소개하기를 잘 마쳤으니 목표달성을 한 것입니다. 이번 모의노출 연습을 통해 무엇을 느끼고, 배운 것

같습니까? 성호 님의 목소리로 정리해 봅시다.

성 호: 자기소개하기 전에 제가 가졌던 자동적 사고 중 '내가 떠는 걸 알고 바보 같다고 생각할 거야.'라는 내용은 사실을 확인하기가 어렵잖아요. 물론 치료자 선생님은 그렇게 생각하지 않으시리라는 것을 알지만, 다른 사람들은 그럴 수도 있고, 아닐 수도 있고, 어쨌든 제가 짐작만 하는 거지 알 길은 없는데요, '떨려서 자기소개 하는 중에 버벅거리고 실수를 연발할 거야.'라는 내용은 실제 해 보니까 과장되었다는 것을 알게 되었어요. 떨리긴 했어도 그렇게 버벅거리지는 않았던 것 같습니다. 회피하지 않고 실제로 부딪혀 확인해 보는 것이 중요하다는 말씀의 의미를 조금 알겠습니다.

성호는 다음 회기에 올 때까지 길거리에서 혼자 음식 사 먹기를 해 보겠다고 자발적인 도전 의사를 밝혔다. 치료자는 성호의 적극적인 도전 의사를 격려해 주었고, 언제 어디서 음식을 사 먹으려고 하는지, 사 먹으려고 할 때 어떤 생각이 들 것 같은지 거기에 어떻게 대응할 것인지 얘기를 나누었다. 그리고 실생활에서 의도치 않게 도전할 기회가 왔을 때 가급적 피하지 않고 직면해 보라고 권하였다.

8) 6~9회기: 노출훈련 계속하기

사회불안 극복을 위한 인지행동치료에서는 노출훈련의 효과가 매우 큰 것으로 확인되고 있으므로 노출훈련의 효과를 극대화시키기 위한 과정으로 인지재구성 작업을 노출훈련과 연계하여 지속적으로 다루어 주는 것이 필요하며, 불안을 감추기 위한 미묘한 안전행동을 확인하여 이를 제거한 노출훈련과 비디오피드백을 활용한 노출훈련을 연계하는 것이 효과적이다. 무엇보다도 지속적인 노출훈련을 해 나갈 수 있도록 치료자와 내담자가 협조하는 것이 중요하다.

성호의 경우도 나머지 네 회기들에서 지속적인 모의노출 연습과 과제를 통한 실제 노출이 이루어졌고, 불안의 감소뿐만 아니라 합리적 사고로의 변화 및 행동 목표의 달성 여부를 확인하였다. 6회기에서는 성호가 치료자 앞에서 자기소개 하는 장면을 스마트폰을 통해 동영상으로 찍은 후 이를 함께 시청하며 성호의 소감과 치료자의 피드백 주기로 진행하였다.

성호는 5회기에서 자기소개를 해 봤기 때문에 6회기 때에는 좀 더 익숙해졌고 덜 불안하다고 하였다. 발표하는 자신의 모습을 동영상으로 본 성호는 처음에는 손동작이 많고 얼굴이 굳어 있으며 어색하고 이상해 보인다는 부정적 소감을 얘기하였으나, 불안해하는 모습으로 보이는지, 얼굴이 빨개지거나 목소리가 떨리는 것 같은지를 치료자가 질문하였을 때 그건 잘 모르겠다는 대답을 함으로써 자동적 사고에서 자신이 두려워하던 결과가 실제 분명하지 않다는 사실에 직면하게 되었다. 이러한 비디오피드백은 성호가 자신의 자동적 사고를 객관적으로 검토하여 타당한 생각으로 전환할 수 있도록 큰 역할을 하였다. '백문이 불여일견'이라는 속담처럼, 강력한 경험 한 방이 우리의 생각과 믿음을 바꾸거나 공고히 할 수 있다.

7회기의 모의노출은 스마트폰 동영상 촬영을 하며 치료자 앞에서 준비한 원고를 들고 발표하기였는데, 치료자와 성호의 노출훈련 준비 과정에서 성호는 양손으로 원고를 들고 있으면 손이 떨리는 모습을 청중들에게 보일 수 있으므로 원고를 테이블 위에 올려놓고 발표하거나 그게 어려우면 최대한 팔을 내려서 떨림을 최소화하려는 안전행동을 한다는 것을 발견하였다. 노출훈련의 효과를 극대화하기 위해 안전행동을 하지 않으면서 노출하기로 했고, 안전행동을 하지 않으면 불안이 더 심해지고 다른 사람들에게 불안이 더 잘 보이게 되어 결국 발표를 끝까지 못하고 다른 사람들에게 부정적 평가를 받아 나중에 아무것도 못하게 될 거라는 자동적 사고에 도전하기로 하였다.

성호는 양손에 원고를 들고 읽는 것을 자신 없어 했지만, 도전해 보기로 하고는 준비한 원고를 끝까지 읽어 나갔다. 성호의 불안 수준은 처음에 95점이었고, 중반에 90점으로 조금 내려갔으나 계속 높은 수준에서 유지되다가 발표가 끝날 때 70점으로 내려갔다. 성호는 발표하는 동안 매우 불안해서 힘들다고 호소했으나, 동영상을 보면서는 자신이 불안해서 힘들어하는 모습은 아닌 것 같고 자신이 두려워하는 불안의 특징들이 나타나고 있는지는 분명하지 않은 것 같다는 말을 하였다. 치료자는 성호가 95점이라는 매우 높은 불안 점수에서도 끝까지 발표를 한 행동적 결과를 강조했다. 성호는 노출 경험에 대해 많이 힘들어하면서도 도전했다는 자체에 뿌듯한 마음을 가지는 것 같았다.

8회기에서는 미리 섭외한 대학원생 몇 명을 청중으로 초대하여 상담센터의 회의실에서 3분간 자기소개와 3분간 준비한 원고를 들고 발표하기 후 질의응답을 하는 과정을 동영상으로 촬영하였다. 물론 청중을 초대하여 발표를 하는 모의노출은 사전에 성호의 동의를 얻어서 진행되었다. 성호는 낯선 사람들 앞에서 발표한다고 생각하면 많이 불안하고 긴장되지만 7회기 때 연습을 해서인지 7회기보다는 덜 불안하다고 말하였다. 약 10여 분의 모의노출 훈련이 끝나고 사후 논의 과정에서 성호는 질의응답 시간에 어떤 질문이 나올지 몰라 불안 수준이 90점까지 올라갔지만 자기소개와 원고발표 때에는 평균 50~70점 정도의 불안 수준으로 견딜 만 했다고 보고하였다. 성호는 이번 회기에서 청중들 앞에서 발표하는 경험과 동영상 시청을 통해 지난 회기보다 더욱 자신감이 생긴 모습을 보였다.

9회기에서는 성호가 불안 및 회피 위계표에서 가장 높은 순위에 올려놓은 원고 없이 즉석 발표하기를 치료자 앞에서 동영상 촬영을 하였다. 치료자는 안락사에 대한 본인의 생각을 5분간 발표해 달라고 즉석에서 요청하였고, 성호는 잠깐 생각하더니 발표를 시작하였다. 발표하면서 잠깐 발표가 끊어지는 경우가 있었으나 전체적으로 발표는 무난하게 진행되어 마무리되었다. 발표 후 치료자의 즉석 질문에 성호는 자신의 생각을 적절히 대답하였다. 성호는 원고 없이 자신의 생각을 말하는 오늘의 훈련이 난이도는 높지만 지난 두 회기에서 했던 원고를 읽는 발표보다 오히려 덜 불안했다고 얘기하였다. 치료자는 성호에게 노출을 반복하면서 불안이 감소되고 자신감이 조금씩 생기는 것 같다는 피드백을 주었다.

6~9회기 동안의 과제로는 길거리에서 음식 사 먹기, 이성을 소개받아 만나기, 수업 시간 중 손들어 질문하기 등을 해 왔고, 수업에서의 조별 발표 때 다른 조원에게 발표를 맡기고 자신은 발표

를 하지 않을 수도 있었지만 일부러 발표를 자청하여 준비한 PPT 자료를 10분 정도 발표하기도 하였다. 치료자는 성호에게 불안하고 긴장하고 있다는 사실을 남에게 알리기, 알리고 싶지 않은 나의 약점을 직면하기, 남에게 좋지 않은 인상을 줄 만한 행동을 해 보기 등과 같이 보다 적극적인 노출훈련도 기회가 되면 해 보도록 격려하였다.

9) 10~11회기: 스키마 다루기

10회기에는 스키마를 찾아보는 것이 주요 의제였다. 이미 첫 회기에서 치료자는 인지모델에 따른 사례개념화를 성호에게 제시하면서 스키마 혹은 핵심믿음에 대한 설명을 한 바 있다. 그때는 '나는 능력 있는 사람이 아니다. 나는 결국 사람들을 실망시킬 것이다.'라는 스키마를 치료자가 제시한 바 있고, 성호는 이에 동의한 바 있지만, 스키마를 다루는 작업은 수학처럼 정답찾기의 과정이라기보다는 철학처럼 사유의 과정에 더 가까우므로 성호 스스로 자신의 스키마를 찾아보는 작업이 의미가 있다.

스키마를 찾는 방법으로 흔히 사용되는 것은 자동적 사고에 대해 하향화살기법을 적용하여 질문해 들어가는 방법, 자동적 사고들의 공통분모로부터 찾기, 스키마 목록 사용하기 등이 있으며, 나에 대한 평소의 생각을 정리해 보기를 통해 자신에 관한 스키마를 찾아볼 수도 있다. 스키마 혹은 핵심믿음에는 자신에 대한 믿음 외에도 다른 사람, 세상, 자신의 미래에 대한 믿음 등 다양한 영역의 믿음들이 있지만, 사회불안과 관련된 가장 중요한 스키마는 나 자신에 관한 믿음이므로 이에 초점을 두고 작업을 하는 것이 필요하다. 치료자와 내담자가 협력하여 스키마를 찾아낸 다음에는 이러한 스키마가 과연 타당한지 반문해 본 후, 보다 타당한 믿음으로 바꿀 수 있도록 지속적인 훈련이 필요하다.

스키마를 찾고 수정하는 작업은 인지적 개입이어서 자동적 사고 다루기에 이어 진행할 수도 있지만, 내면에 자리하고 있는 믿음을 찾아야 하는 작업은 노출을 통한 정서적 각성과 체험이 있은 다음 진행되는 것이 보다 효과적이라고 알려져 있다. 따라서 사회불안의 스키마를 다루기는 치료의 전반부나 중반부보다는 후반부에 진행되는 것이 일반적이다.

성호는 지금까지의 회기 동안 자신이 기록했던 자동적 사고 기록지의 내용들을 살펴보면서 '난 능력이 부족해.' '난 완벽한 모습을 보여 줘야 해.' '완벽하지 않으면 인정받지 못할 거야.'라는 스키마가 있는 것 같다고 정리하였다. 성호는 2회기 때 얘기했던 내용들을 떠올리면서 기질적으로 소심했던 자신이 완벽주의를 강화하는 부모님의 양육을 받으면서 이러한 스키마를 형성한 것 같고, 발표 트라우마로 그 스키마가 공고해지게 된 것 같다고 스스로 분석하였다. 부모님의 기대에 맞추지 못할까 봐 두려웠고, 선생님의 기대에 맞추지 못할까 봐 두려웠고, 친구들의 기대에 맞추지 못할까 봐 두려워하며 살아왔음을 얘기하며 성호는 눈물을 글썽였다.

성호가 초등학교 1학년 때의 발표 트라우마를 떠올리며 고개를 떨어뜨리는 상황에서, 치료자는 초등학교 1학년 때 교실 앞으로 나가 '내가 가장 좋아하는 것'을 불안해하며 발표하려던 장면을 성호에게 심상으로 떠올려 보도록 했다. 떨면서 아무 말도 못한 채

서있던 조그만 성호의 모습을 떠올려 마치 지금 그 상황에 있는 것처럼 느껴보라고 했다. 그리고 어찌할 바를 모르고 울고 있는 어린 성호에게 대학생 성호가 다가가서 위로와 격려의 말을 건네도록 했다.

치료자의 도움을 받아가며 성호는 심상작업에서 어린 성호에게 다가가 말을 건낼 수 있었다. "발표는 누구에게나 불안한 거야. 너만 그런 건 아니야. 아무 말도 못하고 울고 있는 너에게 그래도 괜찮다고 말해주고 싶어. 친구들이 놀려서 정말 창피하고 속상하지만, 누구에게나 지우고 싶은 흑역사는 있는 법이니, 네가 툴툴 털고 일어나 하고 싶은 것을 잘 해 나갔으면 좋겠어."라고 대학생 성호가 말을 전했고, 치료자는 내담자가 어린 성호를 꼭 안아 주도록 격려했다. 성호는 심상작업을 하며 많은 눈물을 흘렸다. 어깨에 항상 무거운 기대를 지고 힘들어하며 지내온 성호의 마음을 공감하면서 치료자는 스키마 다루기를 통해 이제 어깨 위의 짐을 조금씩 내려놓는 작업을 할 수 있을 것이라고 격려했다.

이러한 성호의 자신에 대한 부정적 스키마는 발표뿐만 아니라 다양한 사회적 상황에 영향을 미치고 있었는데, 예를 들면 데이트를 할 때에도 매력 없는 모습을 보이거나 불안한 모습을 보이게 될까 봐 지나치게 신경쓰고 염려하고 있었으며, 친구들과 노래방에 가더라도 노래하는 중에 실수를 할까 봐 필사적으로 노래를 하지 않겠다고 거부하는 행동을 하였다.

성호는 이번 주 과제로 최근 만나기 시작한 여자 친구와의 데이트에서 대화 중 침묵이 흘러도 어색함을 깨기 위해 자신이 서둘러 말을 하는 행동을 일부러 하지 않기로 했고, 친구들과 노래방에 가서 일부러 음정을 틀리거나 박자를 놓치는 실수를 하기로 했다. 성호는 이러한 과제가 지난 회기 말에 치료자가 얘기했던 '남에게 좋지 않은 인상을 줄 만한 행동을 해 보기'와 비슷한 것 같다고 말했다. 성호의 이러한 과제는 '완벽하지 않으면 인정받지 못할 거야.'라는 스키마를 검토할 수 있는 기회를 줄 것이고, 성호가 두려워하는 결과가 실제 나타나는지 확인할 수 있는 노출훈련이 될 것이다.

11회기에 온 성호는 지난주 과제로 수행한 경험을 얘기하였다. 여자 친구와의 데이트에서 대화를 하는 중에 어김없이 침묵의 순간이 왔으나, 예전 같으면 바로 자신이 어떤 얘기든 먼저 하면서 어색한 침묵을 무마했을 터이지만 아무런 말도 없이 가만히 있었다고 했다. 견디기 힘들 정도로 어색했지만, 2~3초의 침묵 후에 여자 친구가 먼저 말을 건넸고, 그 이후 두세 번은 여자 친구가 먼저 말을 건넸고, 한두 번은 자신이 먼저 말을 하였다고 했다. 이를 통해 성호는 대화 중 침묵이 꼭 자신이 대화를 완벽하게 진행하지 못해서 생기는 것은 아닐 수 있고, 여자 친구와 자신이 함께 책임이 있다는 생각을 하게 되었다.

또한 친구들과 노래방에 갈 기회를 일부러 만들었는데, 과거와는 달리 망가진다는 생각으로 마구 소리 지르며 마음대로 노래를 했는데 불안하면서도 너무 기분이 시원했다고 말했다. 결과적으로 친구들로부터 이런 화끈한 모습은 처음 본다면서 칭찬 일색이어서 솔직히 어리둥절했다고 하면서 음정이나 박자에서 실수가 있었던 것 같은데 친구들은 전혀 신경 쓰지 않는 것 같았다고 말했다. 성호는 이러한 경험이 완벽하지 않으면 인정받지 못할 것이라는 자신의 믿음과 일치하지 않는다는 것을 인정했다. 치료자는 스키마는 매우 오랜 기간에 걸쳐 형성되고 발달되어 온 것이기에 단번에 변화할 것을 기대하기보다는 이러한 경험들을 반복하면서 긴 호흡으로 점차 변화시켜 나갈 수 있음을 성호에게 설명하였다.

11회기의 주요 의제는 스키마 수정하기로, 성호의 스키마를 대체할 수 있는 합리적인 믿음을 만들어 보는 작업을 하였다. 지난주 과제 수행을 통해 완벽하지 않으면 인정받지 못할 거라는 스키마는 균열이 생기기 시작했다. 그러나 난 능력이 부족하다는 믿음은 균열이 시작되지 않은 것 같았다. 각 믿음에 대한 확신 정도의 점수가 이를 보여 주는데, 전자의 확신 정도가 50점인데 비해, 후자의 확신 정도는 80점에 머물러 있었다.

스키마의 타당성을 검토하기 위해 치료자는 다음과 같은 세 가지 질문을 던지고 이에 대해 성호와 얘기를 나누었다.

첫째, 너무 높은 기준을 갖고 있는 것은 아닌가? 스스로에게 조금의 실수나 결점도 인정하지 않고, 남들에게 완벽한 모습만을 보여 주어야 한다고 생각하며 살아왔지만, 능력 있는 사람이라고 해도 모든 상황에서 언제나 잘할 수는 없는 법이다. 너무 높은 기준을 스스로에게 부과하고 있기 때문에 더 많은 부담을 느껴 사회적 상황에서 더 불안해질 수 있다.

둘째, 자신의 일부분만을 보고 전체를 평가한 것은 아닌가? 사회불안을 가지고 있는 많은 사람이 남을 평가할 때에는 여러 가지 측면을 골고루 보다가도 자신을 평가할 때에는 가장 못난 부분이나 약점에 초점을 맞추어 자기평가를 하는 경향이 있다. 이중 잣대를 사용하지 말고 나와 남에게 동일한 잣대를 사용하려면 자신의 장점과 단점을 객관적으로 생각해 보는 연습이 필요하다.

셋째, 내 단점 때문에 모든 사람이 나를 싫어할 것이라고 생각하지는 않는가? 누구에게나 단점은 있기 마련인데 그것 때문에 남들이 자신을 싫어한다고 생각하지는 않았는가? 자신이 좋아하는 사람을 떠올려 보면 그 사람에게 단점이 없기 때문에 좋아한다고 얘기하긴 어려울 것이다. 오히려 단점이 있음에도 그 사람을 좋아하게 만드는 어떤 것들이 있기 마련이다. 사회불안을 극복하는 기본은 자신의 모습을 있는 그대로 수용하는 것이다. 물론 쉽지 않은 일이긴 하지만, 자신이 사람들 앞에서 긴장하고 불안해하고 떤다는 것을 인정하고, 그럼에도 불구하고 자신이 하고자 하는 행동을 회피하지 않고 끝까지 해낸다면 사회불안에 휘둘리지 않고 내가 원하는 삶을 살아갈 수 있을 것이다.

성호는 부정적 스키마를 대체할 만한 합리적 스키마를 만들기 위해 소크라테스식 질문을 통해 자신의 스키마를 지지하는 증거와 지지하지 않는 증거를 살펴보았다. 이러한 작업들을 통해 성호는 다음과 같은 대안적 믿음을 만들어 보았다. '내가 능력이 없다는 스키마를 지지하는 증거도 많지만 지지하지 않는 증거도 그 못지않게 많다. 나는 장점도 있고 단점도 있는 평범한 사람이다. 노력한다면 지금보다 향상되고 성장할 수 있을 것이다. 완벽한 것은 어차피 이 세상에 없다. 완벽하다고 그 사람을 좋아하는 건 아니다. 누구나 실수하면서 더 성장하는 법이다.'

치료자는 이러한 내용을 좀 더 압축한 한두 문장으로 만들어 대처카드에 써서 활용하길 제안하였다. 성호는 '나는 그냥 평범한 사람이다. 누구나 실수는 한다.'라는 내용으로 정리하였다. 성호는 이 내용에 대한 믿음이 아직 50점 정도밖에 되지 않지만, 그래도 내용이 마음에 든다고 말하면서 가끔 대처카드를 꺼내어 이 내용을 읽으며 스스로에게 상기시키겠다고 얘기하였다.

치료자는 성호에게 다음 회기가 예정된 마지막 종결 회기라는 것을 확인해 주었고, 이에 성호는 많이 좋아졌기 때문에 종결해도 좋고 좀 더 연장해도 상관은 없다고 대답하였다. 치료자는 현재까지 잘 진행되어 온 경과로 볼 때 자가 치료자로서의 준비가 된 것 같고 회기의 연장이 필요할 것 같지는 않다는 의견을 제시하자 성호는 이에 동의하였다.

10) 12회기: 종결

일반적으로 종결 회기는 전체 회기를 통한 향상 정도를 체크하고, 지금까지 프로그램에서 배운 주요 내용들을 강조해 주며, 프로그램 후의 자가 과제들에 대해 정리한다.

성호의 경우 상담 초기에 계획했던 12회기에 맞추어 진행한 후 계획대로 종결하기로 하였는데 상담을 통해 상당한 진전이 있었음을 치료자와 내담자 모두 인정을 하였기에 종결을 하기로 했다. 다만 성호는 종결을 하면 혼자서 노출을 하고 도전해야 하는 상황이 되니 불안하고 안심이 되지 않는다는 표현을 하였다. 상담의 종결과 종결 이후를 불안해하는 성호의 마음을 좀 더 경청한 후 치료자는 공감과 더불어 종결 후 자가 치료자로서 도전하는 중 상담이 필요하면 언제든 상담에 돌아올 수 있음을 알려 주고 1달 후 추후 회기에서 만나게 됨 또한 확인해 주었다.

치료자는 회기를 통한 향상 정도를 성호와 함께 살펴보았는데, 2회기 때 작성했던 불안 및 회피 위계표의 불안점수와 회피점수에서 큰 향상이 있음을 확인할 수 있었다(〈표 7-3〉 참조). 위계표의 상단에 있는 항목들은 아직 중간 혹은 다소 높은 불안점수를 보이고 있지만, 많은 변화가 있었던 것은 분명하고 특히 회피점수에서 많은 하락을 보였다. 이는 발표하거나 이성과 만나는 상황들이 여전히 다소 불안하긴 하지만 예전보다 회피하는 정도는 확실히 줄었음을 시사한다. 성호는 일부 상황에서 아직 불안함이 남아 있지만, 두려움 때문에 회피하지만 않는다면 예전으로 돌아가지는 않을 것 같다고 말했다.

〈표 7-3〉 성호의 불안 및 회피 위계표 치료 전후 변화

상황		치료 전	치료 후
사람들 앞에서 원고 없이 발표하거나 토론하기	불안	100	60
	회피	100	40
사람들 앞에서 원고를 보면서 발표하기	불안	95	50
	회피	95	30
손들고 질문하기	불안	90	50
	회피	95	30
이성과 소개팅하기	불안	80	50
	회피	90	20
사람들 앞에서 간단히 자기소개하기	불안	75	30
	회피	50	10
길거리에서 음식 사먹기	불안	60	20
	회피	90	20
수업 직후 교수님께 개인적으로 질문하기	불안	50	20
	회피	60	10

매 회기 시작 때 0에서 100의 SUDS로 불안을 매겼던 회기별 불안점수를 살펴본 결과, 흥미로운 양상이 나타났다(〈표 7-4〉 참조). 1회기 이후 조금씩 떨어지던 불안점수가 5회기에 상승하였다가 7회기에 최고조에 달한 이후 9회기부터 하강하여 상당히 안정된 점수로 귀결되었다. 5회기는 노출훈련이 시작된 회기로, 노출훈련을 하는 동안 불안점수가 상승했다는 것은 의심의 여지가 없다. 이러한 불안점수의 상승과 하강의 특징은 노출훈련 동안 성호가 충분히 불안을 경험하면서 견디어 냈다는 것을 보여 주는 것으로, 노출의 효과가 나타나는 과정의 특징을 잘 나타낸다.

〈표 7-4〉 성호의 회기별 SUDS 변화 양상

	1회기	2회기	3회기	4회기	5회기	6회기
SUDS	80	70	60	60	80	80
	7회기	8회기	9회기	10회기	11회기	12회기
	90	80	60	40	30	30

치료 전과 후에 실시한 설문지 점수에서도 성호의 긍정적 변화가 확인되었다(〈표 7-5〉 참조). 사용한 설문지로는 부정적 평가에 대한 두려움 척도(Brief Fear of Negative Evaluation Scale: BFNE), 사회적 회피 및 불안 척도(Social Anxiety and Distress Scale: SADS), Beck의 우울증 척도(Beck Depression Inventory: BDI)였고, 치료자가 평정한 임상가 심각도 평정(Clinician Severity Rating: CSR)이 있다. 각 지표에서 치료 후 향상이 있었음을 알 수 있으며, 치료 종결 1달 후 평가에서도 향상의 정도가 적절히 유지되고 있음을 볼 수 있다.

〈표 7-5〉 성호의 치료 전후 설문지 점수

척도	치료 전	치료 후	1달 후
BFNE	40	25	24
SADS	22	14	12
BDI	20	12	9
CSR	6	2	2

상담을 통해 좋아진 점, 좋아지게 된 요인, 앞으로 더 해결해 나가야 할 부분 등에 대해 치료자는 성호와 얘기를 나누었다. 성호는 상담을 통해 자신감이 많이 생겼고, 예전에는 불안해서 주로 회피하던 상황들을 이제는 도전해 보려고 하는 점이 달라진 것 같다고 하였다. 그러나 아직도 다른 사람들의 눈치를 보면서 실수하면 안 된다는 자동적 사고가 남아 있어서 불안하게 만들고, 회피하고 싶은 마음도 만드는 것 같다고 하였다.

자신을 변화시킨 요인에 대해서는 회기에서의 반복 연습과 실제 상황에서 노출한 경험이 많이 도움이 된 것 같고, 그 과정을 통해 불안해지면 안 되고 실수하면 안 된다는 생각이 많이 약해진 것 같다고 대답하였다. 성호는 앞으로도 회피하지 않고 계속 도전하면서 '나는 그냥 평범한 사람이다. 누구나 실수는 한다.'라는 합리적 믿음을 받아들일 수 있도록 노력해야겠다고 말했다.

치료자는 힘든 노출훈련을 피하지 않고 직면한 성호의 용기와 노력이 좋은 결과를 가져왔음을 강조해 주었다. 또한 인지재구성 훈련 역시 열심히 하면서 자신에게 불리하게 작용했던 생각들을 합리적으로 바꾸기 위해 노력한 점을 언급해 주었다.

1달 후 만날 때까지 자가 과제들로 성호는 기회가 되는 대로 수업에서 질문하고 발표할 것이며, 이성과의 데이트를 포함하여 사람들과의 모임에서 자발적으로 자기표현을 시도하겠다고 말하였다. 기회가 되는 대로 자동적 사고 기록지도 계속 작성하겠다고 얘기하였다. 그리고 자신이 기록했던 자동적 사고 기록지들을 가끔 꺼내어 읽어 보며 합리적 사고를 떠올리도록 노력하겠다고도 말했다. 치료자는 성호의 노력을 응원하면서 살다 보면 불안은 오르락내리락 할 수 있는데, 이때 중요한 것은 회피하지 않고 도전하는 것이며, 마치 사랑하는 친구에게 해 주듯이 부족하게 느껴지는 자신을 격려하고 응원해 주는 것이라고 조언하였다. 성호는 치료자에게 감사의 인사를 전하며 회기를 마쳤다.

11) 추후 회기

1달 후 회기에서 만난 성호는 비교적 표정이 밝으면서도 차분하였다. 그동안 지냈던 이야기들을 하면서 성호는 자신이 많은 노력을 했고 더 향상이 있었음을 전달하고 싶어 했다. 수업에서 발표를 하며 많이 떨렸지만 준비한 내용을 끝까지 전달한 상황, 여자 친구와 교제하고 있는 상황 등을 얘기해 주었고, 학교 홍보 동아리에 지원해서 활동하기 시작하였음을 얘기하였다. 동아리에서 처음 만난 선배와 동기들 앞에서 자기소개를 하고 또 어울려 자기를 표현하는 것이 처음에는 긴장되고 다소 불편했지만, 조금씩 괜찮아지고 있고, 자신을 이해해 주고 함께하려는 사람들이라는 생각이 들면서 위안이 되고 든든하다는 말을 하였다. 성호의 이야기를 흥미롭게 듣고 있던 치료자는 성호의 활기 있는 캠퍼스

생활을 반기면서 성호는 이제 불안이 있음에도 이를 회피하기보다는 자신이 하고자 하는 바를 적극적으로 추구하고 있음을 언급해 주었다.

성호는 종결 후 지내면서 자신이 가지고 있는 기대 수준이 매우 높고 엄격하다는 것을 느꼈고, 다른 사람보다 자신에게 특히 그러하다는 것을 계속 느꼈음을 얘기하며 앞으로도 이러한 기준을 조금 낮추는 시도를 계속 해야할 것 같다고 말했다. 치료자는 성호에게 생활하면서 혹시라도 상담이 필요하다고 느껴지는 상황이 생기면 언제든 연락하여 만날 수 있음을 전달하고 회기를 마무리하였다.

성호는 상당히 협조적이고, 변화의 동기가 크며, 자발적으로 치료에 참여하는 내담자로 실제 상담장면에서 흔히 만날 수 있는 유형은 아닐 수 있다. 이러한 내담자보다는 변화하고 싶어 하면서도 변화 앞에서 양가적인 태도를 보이며 위축되거나 저항하는 경우, 혹은 변화의 의지가 분명하지 않은 경우 등이 더 많다고 볼 수 있을 것이다. 따라서 실제 치료장면에서는 본 사례에 제시된 내용을 기본 틀로 삼아 특정 내담자의 특징과 문제에 맞춘 유연한 적용이 있어야 할 것이다.

2. 사례 2 우울증의 사례

1) 기본 개인정보

종숙은 서울에 거주하는 65세 여성으로, 최근 두 달 전부터 갑자기 우울해져서 외부 활동을 거의 하지 않게 되어 아들의 권유와 스스로 이러고 있으면 안 될 것 같은 마음이 들어 치료를 찾았다고 하였다. 내담자는 다섯 살 연상인 남편이 약 1년 반 가량 암투병 중 작년에 사망한 이후 약 1년 정도 혼자 살고 있는 전업주부이다. 결혼한 38세 아들과 미혼인 34세 딸이 있는데, 아들은 대전에서 직장을 다니며 며느리도 맞벌이 직장생활을 하고 있고, 2세 된 딸을 기르고 있다. 내담자의 딸은 해외에서 직장을 다니고 있다. 내담자는 고등학교 졸업 후 결혼 전까지 직장생활을 하다가 26세에 결혼하면서 직장을 그만두었다.

2) 현재 문제와 과거력

내담자는 비교적 평범한 아이로 초중고등학교를 다녔고, 학교나 가정에서 특별히 문제를 일으킨 적은 없었다. 조용하면서도 자신이 해야 할 일은 하는 학생이었고, 주변 사람들에게 그렇게 존재감이 있는 사람은 아니었지만, 착하다는 말을 많이 들었다고 한다. 내향적이어서 친구가 많지는 않았지만, 친하게 지내는 친구가 고등학교 때 두 명 있었고, 결혼 이후에도 가끔 연락을 주고받았지만, 언제부턴가 서로 연락이 끊어졌다고 한다.

고등학교를 졸업하면서 바로 취업을 하여 직장생활을 하던 중 지인의 소개로 남편을 만나 1년 만에 결혼을 하였으며, 남편은 내담자처럼 내향적이고 유순한 사람이어서 겉으로 표현은 많지 않았지만 내담자에게 잘 대해 주었다고 한다. 남편은 회사원 생활을 쭉 하다가 50대 중후반에 회사를 그만둔 후에는 암 진단을 받을 때까지 약 10여 년 정도 아파트 경비 일을 하였다. 내담자는 두 자녀를 기르고 남편을 내조하는 전업주부의 역할을 비교적 무난하게 하였고, 같이 어울리는 이웃들도 몇 명 있었다고 하였다. 그렇지만 이사 가는 이웃들이 생기고, 최근 가장 오랫동안 가까이 지내던 친한 이웃이 이사를 가면서 현재는 가까이 지내는 이웃이 없는 상황이다.

내담자의 보고를 종합해서 보자면, 남편 사망 이후 다소 우울하긴 했으나, 현재와 같은 우울 상태는 친한 이웃이 이사한 후부터 나타난 것으로 여겨졌다. 내담자의 기억으로는 지금처럼 우울했던 적은 없었던 것 같으나, 고등학교를 졸업하고 대학에 가고 싶었으나 부모님이 반대하였기에 한동안 슬프고 괴로웠던 경험이 있고, 10여 년 전 어머니가 돌아가셨을 때에도 약 두 달 정도 우울 증상을 경험했다고 하였다.

아버지는 알코올 중독으로 매일 술을 마셨고 간혹 어머니와 자녀들에게도 폭력을 휘둘렀는데, 내담자가 40세가 되던 해에 간경화로 사망하였고, 어머니는 뇌졸중으로 8년가량 투병하다가 내담자가 55세 때 사망하였다. 형제관계는 1남 3녀 중 셋째로 위에 언니와 오빠가 있고, 여동생이 있는데, 첫째인 언니는 결혼해서 미국에 이민을 가 있어 서로 거의 연락을 하지 않는 상황이고, 둘째인 오빠도 결혼해서 부산에 거주하기에 자주 연락하지 못하는 상황이다. 여동생은 서울 근교에 거주하고 있어 물리적으로 거리는 멀지 않지만 자주 연락하거나 만나지는 못하고 있어 형제가 지지세력이 되지는 못하는 상태이다.

종숙은 DSM-IV 주요우울장애의 진단 준거에 합치하였고, 축 I

혹은 축 II의 다른 진단준거에 해당하는 것은 없었다. BDI 점수는 29점으로 임상적으로 유의한 수준의 우울을 보였다. 그녀의 주요 호소 증상은 외로움과 울적함, 일상 활동에 대한 흥미 상실, 피로감, 죄책감, 불면, 식욕 감퇴, 주의집중력 저하 등이었다. 자살사고의 호소나 보고는 거의 없어서 자살의 위험성은 심각하지 않은 것으로 판단되었다.

3) 1회기

치료자와 내담자는 내담자의 주요 호소 증상을 확인한 후 외로움과 울적함, 일상 활동에 대한 흥미 상실, 피로감, 죄책감, 불면, 식욕 감퇴, 주의집중력 저하 등과 같은 우울 증상들을 감소시키고 이전에 했던 일상 활동들을 재개하는 것을 치료의 주요 목표로 잡았다. 치료 시작 직전에 작성한 내담자의 BDI 점수는 28점으로 접수면접 때와 거의 같은 점수를 보였다. 치료자는 회기 처음에 내담자에게 최근 느끼는 기분 상태를 물어보았다. 내담자는 멍하니 있거나 외로움과 울적함을 느끼는 경우가 많다고 대답하였다. 치료자는 내담자가 가장 최근에 울적했던 경우를 확인하였다.

내담자: 어제 TV 드라마를 보고 있을 때였어요.
치료자: 어떤 것 때문에 울적해지신 것 같나요?
내담자: 드라마에 50대 부부가 의견이 달라 서로 싸우고 있었어요.
치료자: 그 장면을 보면서 울적해지신 거군요. 그 장면을 보며 어떤 생각을 하셨길래 울적해지신 건지 궁금하네요.

내담자: (눈물을 글썽이며) 난 저렇게 싸울 사람도 없어. 이젠 나 혼자 살아가야 해. 나도 좋은 시절 다 지나가고 과부가 된 거구나. 사람들이 무시하지는 않을까 이런 생각들이요.

치료자: 순간적으로 많은 생각이 지나갔는데 잘 얘기해 주신 것 같습니다.

내담자: TV를 보거나 라디오 사연을 듣다가 제 생각이 나서 울컥하는 경우가 되게 많아요. 난 앞으로 어떻게 살아야 하나, 무슨 낙으로 살아야 하나… (한숨을 쉬며) 어떨 땐 저를 혼자 남겨 두고 떠난 남편이 야속하고 밉기도 해요. 그렇지만 남편이 아프고 싶어서 아픈 것도 아니고, 죽고 싶어서 죽은 것도 아니잖아요. 저도 고생하며 살았지만 남편도 고생만 하다가, 죽을 때도 아파서 고생하다가… (조용히 눈물을 흘림) 남편이 처음에 몸이 안 좋다고 말했을 때 빨리 병원에 가자고 했어야 했는데, 좀 쉬면 낫겠지라고 제가 대수롭지 않게 대꾸한 게 너무 마음에 남아요.

치료자: 남편께서 돌아가 신 지 1년 정도 되었지만, 아직 남편에 대한 생각이나 감정이 마음속에 많이 남아 있는 것 같습니다. TV나 라디오에서 남편을 연상시키는 뭔가가 나오면 바로 남편에 대한 생각을 하게 되고, 특히 과거에 남편에게 잘못한 것도 떠오르고, 남편 없이 혼자 살아야 한다는 생각도 하게 되면서 울적해지시는 것 같아요.

내담자: 그런 것 같아요. 거의 매일 이런 식으로 울적하고 외롭고… 사는 재미가 없어요. 평생 이러고 살다가 외로이 죽을 것 같아요.

치료자: 음… 평생 울적하고 외롭게 살다가 죽을 것 같다고 생각하시는군요. 앞으로 달라질 가능성이 없다고 믿으시는 건가요?

내담자: 글쎄요. 그다지 달라질 게 뭐가 있겠어요?

치료자: 그러면 하루 중에 혹시 기분이 조금 나아지는 경우는 어떤 상황인가요?

내담자: 기분이 좋을 때가 별로 없긴 하지만, 어쩌다가 아들이나 딸과

전화 통화하고 나면 기분이 조금 풀리는 것 같아요. 좀 더 얘기하고 싶기도 한데 애들이 바빠서 보통 빨리 끊어야 하는 게 아쉽죠. 그리고 창밖에 큰 나무 한 그루가 보이는데 가끔 내다보면서 나랑 같은 처지구나 생각하며 동병상련의 위로를 느끼곤 해요.

치료자: 그 외 기분이 좀 회복되는 활동은 없나요?

내담자: 글쎄요. 어쩌다가 밖에 나가면 걸으면서 기분이 좀 나아지는 것 같기도 한데, 거리에서 사람들을 봐야 하는 것이 싫어요. 그래서 낮에는 잘 안 나가는 편이에요.

앞의 대화에서 치료자는 특정 상황에서 내담자가 경험하는 기분과 관련된 자동적 사고를 확인하기 위해 질문을 하였다. 내담자는 비교적 자신의 자동적 사고를 잘 보고하였고, 이 과정에서 치료자는 내담자의 주요 감정인 울적함과 죄책감에 영향을 주는 내담자의 주관적 해석들을 확인할 수 있었다. 또한 치료자는 내담자의 생각이 울적한 기분에 영향을 준다는 점을 언급해 줌으로써 생각과 감정이 서로 연관되어 있음을 넌지시 암시하였다. 내담자의 얘기에서는 우울증의 주요 특징으로서 인지삼제(자기, 세계, 미래에 대한 부정적 관점)에 해당하는 미래에 대한 부정적 견해가 잘 나타나고 있다. 치료자는 미래에 대한 부정적 해석의 증거를 직접 질문하기보다는 기분이 조금 나아지는 조건이나 상황을 찾고자 시도하였다. 치료자는 첫 회기 초반부에 자동적 사고에 대한 도전을 하는 것보다는 내담자의 다양한 일상 상황을 모니터링하는 것이 더 효율적이라고 판단하였고, 이러한 대화를 통해 내담자가 특정 조건 혹은 활동, 그리고 그때의 생각들이 자신의 기분 상태에 영향을 미칠 수 있음을 인식하도록 돕고자 하였다.

내담자: 그냥 집밖을 나가고 싶질 않아요. 사람들과 마주치는 것도 싫고. 잠깐 창문 밖을 내다볼 때 말고는 블라인드를 치고 집 안에 멍하니 있어요. 아무것도 하고 싶지 않아요.

치료자: 아무것도 하지 않고 거의 하루 종일 집 안에만 있으면 기분이 어떤가요?

내담자: 의욕도 없고 기분이 가라앉죠. 그래도 TV를 보면 잠깐 나를 잊게 되는 것은 있는 것 같아요. 그런데 거기에 나오는 사람들보다 내가 좀 낫다는 생각이 들 때에는 기분이 조금 나아지다가도 그러지 않고 내 처지가 불쌍하다고 느끼면 기분이 더 가라앉는 것 같아요. 그래서 TV를 보다가 꺼 버리다가 반복하게 되는 것 같아요.

치료자: TV 보는 것 외에 어떤 활동을 하시나요?

내담자: 라디오를 켜 놓고 누워 있든지 멍하니 앉아 있어요. 정말 거의 아무것도 하지 않고 있는 것 같아요.

치료자: 아무것도 하지 않고 멍하니 있으면서 하는 생각이 있으신가요?

내담자: 난 인간 쓰레기 같다. 이러고 살면 뭐하냐. 청소도 빨래도 설거지도 제대로 하지 않고 뭐하고 있는 거냐. 뭐 이런 생각들이요.

치료자: 하루 종일 집에 있으면 밖에 나가 사람들을 마주치지 않아도 되고, TV를 보며 잠깐 위로를 얻기도 하지만, 오히려 TV를 보며 내가 불쌍하게 느껴지고, 멍하니 있으면서 나에 대한 부정적인 생각들을 하게 되는 것 같네요.

내담자: 맞아요.

치료자는 내담자의 일상생활을 좀 더 탐색해 보았고, 우울한 사람들의 주요 특징인 비활동성(inactivity)과 철수(withdrawal)의 특징을 확인하였다. 이러한 증상이 심한 경우 인지행동치료에서는 대개 행동적 기법을 통해 이를 먼저 다루게 된다. 치료자는 대화 말미에 내담자가 하루 종일 집에 있을 때의 장점과 단점을 인식하여 자신의 행동을 객관적으로 살펴볼 수 있도록 돕고자 했다.

치료자: 기분에 변화를 줄 수 있으면서 어렵지 않게 해 볼 수 있는 활동이 뭐가 있을까요?

내담자: 글쎄요. 최근에 애들 전화도 없고 하니 제가 전화해 볼 수 있을 것 같은데요.

치료자: 좋은 생각입니다. 아들 혹은 딸에게 전화하는 것은 괜찮으신가요?

내담자: 애들 바쁜데 전화하는 것 같기도 하고, 전화하면서 제가 눈물 흘리며 말없이 있으면 애들이 싫어하는 것 같아서 먼저 전화걸기가 부담됩니다.

치료자: 통화할 때 어떤 기분이 드세요?

내담자: 애들이 그립고, 보고 싶기도 하고, 엄마로서 약한 모습을 보여주는 것 같아 신경쓰이게 해서 미안하기도 하고 그렇죠. 엄마가 잘 사는 모습을 보여 줘서 멀리 사는 애들이 걱정하지 않게 해 줘야 하는데 말이죠. 너무 못난 엄마여서 미안해요…. (눈물을 흘림)

치료자: 자녀들에게 엄마로서 미안한 마음이 크신 것 같네요. 자녀분들의 반응은 어떠한가요?

내담자: 왜 울고 그러냐고 그러죠. 딸애는 뭐가 미안하냐고, 혼자 있는 엄마 챙겨 주지 못하는 자기가 더 미안하다고 그러죠. 아들은 밥 잘 챙겨 드시라고 그래요. 손주랑도 잠깐 통화하는데 너무 반갑지요. 그러다가도 손주에게 할머니 역할도 제대로 못하는 사람인데 하고 생각하며 슬퍼져요….

치료자: 자녀들은 엄마를 챙겨 주지 못해 미안해 하는 것 같고, 엄마는 자녀들을 챙겨 주지 못하는 것에 대해 자책을 하는 것 같습니다. 그리고 자녀들에게 부담을 주고 싶지 않아 하는 것 같고요.

내담자: 애들에게 절대 부담 주고 싶지 않아요. 제가 조금이라도 애들에게 짐이 된다면 살아야 할 이유가 없어요.

치료자: 자녀들을 진심으로 생각하는 엄마의 마음이 느껴집니다. 직접 전화하는 것도 방법이지만, 문자나 카톡 등으로 연락해 보는 것도 한 가지 방법 같은데, 어떨까요?

내담자: 가끔 딸에게서는 카톡으로 안부문자가 오곤 해요. 저는 문자, 카톡 모두 싫어하지만, 애들에게 카톡으로 안부를 먼저 묻는 것은 전화보다 부담이 적을 것 같긴 해요. 우는 모습 보이지 않아도 되고….

치료자: 어떤 내용을 보내고 싶으세요?

내담자: 요즘 서로 연락 못했는데 잘 지내고 있냐. 엄마는 그럭저럭 지내고 있다. 엄마 걱정하지 말고 일 열심히 잘하거라. 뭐 그렇게 보낼 것 같아요.

치료자: 아들 내외와 손주가 있는 곳으로 내려가서 직접 만나 볼 생각은 해 보지 않으셨나요?

내담자: (당황해 하며) 그건 생각해 보지 못했는데요….

치료자: 카톡으로 괜찮으면 언제 엄마가 놀러갈게. 아니면 엄마한테 놀러오라고 하면 어떤가요?

내담자: 그건 좀 부담이 되네요. 그냥 안부문자 보내는 정도로 해 보고 싶어요.

치료자는 내담자의 비활동성과 철수를 다루는 시도로서 우선 내담자의 기분에 변화를 줄 수 있는 활동이 무엇인지 어렵지 않은 활동부터 탐색하고자 하였다. 그러한 활동의 구체적인 내용에 대해 살펴보는 작업은 내담자가 이후에 실제 그 활동을 수행하기 용이하게 준비시키는 역할을 한다. 내담자에게 상대적으로 쉬운 활동부터 시작해서 조금씩 활동의 난이도를 높여 가는 것이 효과적이다.

치료자가 내담자에게 다음 회기에 올 때까지 어떤 활동들을 하고 싶고, 할 수 있겠는지 물어보자 내담자는 자녀들에게 카톡으로 안부를 물어보는 것과 식사한 후에 설거지하기, 일주일에 청소 두 번 하기와 빨래 한 번 하기, 매일 저녁 가볍게 산책하기와 같은 활동들을 하겠다고 대답하였다. 이를 기억하기 좋게 메모지에 기록한 후 냉장고에 붙여 놓고 확인하기로 하였다. 또한 하루에 어떤 활동들을 하는지 객관적으로 확인하기 위하여 한 주 동안 활동계획표를 작성하여 오기로 하였다. 활동마다 성취감과 즐거움을 기록하는 것은 부담된다고 하여 이는 생략하기로 하였다. 내담자에게 첫 회기의 소감을 물어본 후 회기를 마무리하였다. 내담자는 자신이 왜 우울한지 조금 알 것 같다고 말하면서 지금보다 조금 더 움직일 수 있도록 해 보겠다고 하였고, 상담을 통해 자신이 나아지길 희망하였다.

4) 2회기

한 주 동안 어떻게 지냈는지 잠깐 얘기를 나눈 후, 치료자는 회기 시작 전에 작성한 BDI 점수가 22점으로 지난주보다 많이 낮아진 점을 언급하였고, 내담자는 첫 회기 이후 기분이 좀 나아진 부분과 한 주 동안 지내면서 활동을 통해 기분이 나아진 부분이 있음을 얘기하였다. 과제 검토 시간을 통해 식사를 규칙적으로 한 것은 아니지만 식사한 후 바로 설거지를 하였고, 일주일에 청소 두 번 하기와 빨래 한 번 하기도 귀찮아서 하기 싫었지만 과제라고 생각하여 억지로 할 수 있었다고 말했다.

매일 저녁 가볍게 산책하기는 일주일에 4일만 한 것으로 나타났고, 활동계획표에 작성해 온 내용을 검토했을 때 저녁 식사를 늦게 하는 경우, 산책보다는 TV 드라마 시청을 한 후 나가는 것이 귀찮아져서 산책을 나가지 않는다는 것을 발견하였다. 따라서 저녁에 가볍게 산책을 나가기 위해서는 저녁 식사를 늦지 않게 하는 것이 필요함을 확인하였다.

자녀들에게 카톡으로 안부를 물어보는 활동은 내담자를 많이 긴장시키고 망설이게 하였지만, 실제로 문자를 보내고 두 자녀로부터 반가운 답문이 왔을 때 내담자는 큰 기쁨과 희망을 느꼈다고 했다. 물론 자녀들에게 엄마로서 역할을 하지 못한다는 죄책감과 미안함이 들긴 했지만 기쁜 마음과 위안이 더 컸던 것 같다고 말했다.

활동계획표에 나타난 내담자의 일상은 과제로서 일부 활동들을 수행하긴 했지만 여전히 아무것도 하지 않고 멍하니 있거나 TV 시청 시간이 많은 것으로 나타났다. 치료자는 과제로서 계획된 활동들을 수행하기 위해 내담자가 열심히 노력한 점을 칭찬하고, 이러한 활동들이 우울 점수를 낮추는 데 큰 기여를 한 것 같다고 말해 주었다.

2회기에 다룰 의제와 관련하여 치료자와 얘기하고 싶은 내용이 있는지 물어보자 내담자는 막연해 하다가 요즘 TV 드라마를 보면서 계속 느끼게 되는 외로움에 대해 얘기하고 싶어 했다.

내담자: 드라마를 보면서 저 주인공처럼 나도 혼자라는 생각이 들어요. 사랑하는 사람들이 모두 떠나가 버렸어요.

치료자: 드라마를 보며 나는 혼자다, 사랑하는 사람들이 모두 떠나가 버렸다는 생각이 들었는데, 이건 종숙 님에게 어떤 의미가 있는 건가요?

내담자: 음… 내가 잘했으면 이러지는 않았을 거라고 느껴요.

치료자: 내가 잘하지 못해서 사랑하는 사람들이 떠나갔다고 생각하시는 건가요?

내담자: 그런 것 같아요.

치료자: 그 생각을 지지하는 증거는 어떤 것이 있을까요?

내담자: 남편을 빨리 병원에 데려가지 못했고, 나중에 간병도 제대로 못해 줬어요. 우리 아들, 딸에게도 충분히 잘해 주지 못한 것 같고요. 두 달 전 이사한 동네 친구에게도 좀 더 챙겨 주고 신경써 주어야 했는데 그러지 못했어요.

치료자: 사랑하는 사람들에게 좀 더 잘해 주지 못한 아쉬움과 후회가 많으신 것 같습니다. 그럼 이번에는 내가 잘하지 못해서 사람들이 떠나갔다는 생각을 지지하지 않는 증거를 한번 찾아볼까요?

내담자: 글쎄요. 우리 애들은 지금 일 때문에 해외에 있고 지방에 있어요. 그리고 동네 친구도 이사 가기로 오래 전부터 결정되어 있었고요. 저 때문에 떠나갔다고 할 순 없을 것 같아요. 제가 잘해 줬어도 그냥 있을 순 없었을 테니까요.

치료자: 남편에 대해서는 어떤가요?

내담자: 음… 남편은 좀 어려운 것 같아요. 제가 정말 잘했다면 결과가 달라졌을 거라는 생각이 자꾸 들어요.

치료자: 그런 생각이 들 수 있다고 충분히 이해합니다. 다만 종숙 님이 그

때 알고도 그렇게 했을 거라고는 전혀 생각하지 않습니다. 당연히 남편의 병을 알았다면 조치를 취하셨겠지요. 그렇지 않나요?

내담자: 당연한 말씀입니다. 제가 알았다면 그러지 않았겠죠. 제가 알지 못했다는 것이 너무 속상하고 잘못한 것이라고 생각합니다.

치료자: 만약 따님이 나중에 결혼하여 종숙 님과 같은 상황에 처해 있다고 한다면, 즉 배우자가 투병하다가 결국 세상을 떠났다면 그리고 따님이 스스로를 자책하면서 자신이 잘하지 못해서 이런 일이 생긴 것이라고 믿는다면 어떤 조언을 해 주시겠습니까?

내담자: 자책하지 말라고 할 것 같아요. 네 잘못이 아니라고. 그 사람의 운명이 그런 것이라고. 너는 나름 남편을 위해 최선을 다해 간병하지 않았냐고 말해 줄 것 같아요.

치료자: 따님에게 해 주신 조언을 종숙 님 스스로에게 해 줄 순 없을까요?

치료자는 내담자가 드라마를 보며 떠올렸던 부정적 해석을 명료화한 후 그 해석을 지지하는 증거와 지지하지 않는 증거들을 질문하며 내담자와 함께 탐색하였다. 내담자는 자녀와 친구에 비해 남편에 대한 생각의 반대 증거 찾기를 어려워했다. 치료자는 사랑하는 사람에게 조언해 주도록 질문하면서 내담자가 스스로에게 하지 못하는 생각들을 이끌어 내도록 유도하였다. 이를 통해 잘 변하지 않는 단단한 자동적 사고에 조그만 균열이 일어날 수 있다. 물론 내담자 스스로 자신에게 위로의 말을 바로 건네는 것은 힘들 수 있지만, 자책이 심한 자신의 특징을 직면할 수 있는 기회가 될 수 있다.

내담자: 제 딸에겐 해 줄 수 있는 말이지만, 정작 제 자신에게는 해 줄

수가 없네요…. 저는 그런 말을 들을 자격이 없다고 느낍니다.

치료자: 이중 잣대가 작동하고 있다고 생각됩니다. 다른 사람에게 적용하는 기준과 자신에게 적용하는 기준이 매우 상반되는 것 같습니다. 다른 사람에겐 허용적이고 긍정적인 조언을 하는데, 자신에겐 매우 비판적이고 부정적인 자세를 취하고 있습니다. 어떻게 생각하세요?

내담자: 그런 것 같습니다. 제 자신에게 부정적인 것은 맞는데, 그게 당연하다고 느껴지지 잘못되었다고 느껴지지가 않네요.

치료자: 딸에게는 네 잘못이 아니니 자책하지 마라, 넌 최선을 다하지 않았느냐, 사람의 운명이 그런 것이라고 얘기하시면서 자신에게는 이런 일이 생긴 것이 내가 잘못했기 때문이라고 자책하는 것은 자신에게 너무 엄격하게 모든 책임을 묻는 것 같습니다. 지나치게 자신에게 가혹하다는 생각이 듭니다.

내담자: 왜 그러는지 저도 잘 모르겠습니다. 간혹 왜 나는 스스로를 이렇게 괴롭히지라고 생각하고, 그만 자책하자라고 생각하기도 합니다. 그런데 그게 잘 안 되니 더 괴로운 것 같습니다.

치료자: 자책하지 않으려고 하는데도 그게 잘 안 되니 괴롭고 답답하실 거라고 생각합니다. 그런데 누구든 이렇게 스스로를 자책하면서 모든 일의 부정적 결과를 자신의 책임으로 돌린다면 우울해질 수밖에 없을 것 같습니다. 남편이 돌아가신 것에 대해 자신의 책임이 몇 퍼센트나 있다고 생각하세요?

치료자는 내담자의 인지적 특징으로 남들에게는 허용적인데 자신에게는 비판적인 이중 잣대 혹은 이중 기준을 지목하며 내담자에게 직면시키고 있다. 치료자는 모든 책임을 자신에게 돌리고 자책하는 내담자의 스키마를 확인하고 이를 내담자에게 인식시키고자 하고 있다.

이러한 스키마 혹은 도식은 심리도식치료에서의 도식으로 보자면 부정성/비관주의(negativity/pessimism), 엄격한 기준/과잉비판(unrelenting standards/hypercriticalness) 도식에 해당할 수 있고, 지금까지 접수면담 및 상담을 통해 나온 내용들로 보면 자기희생(self-sacrifice), 결함/수치심(defectiveness/shame) 도식도 내담자에게 적용해 볼 수 있는 특징이다. 이후 대화에서 치료자는 내담자 남편의 사망에 대한 책임 소재를 구체적으로 살펴봄으로써 내담자의 과도한 책임 및 자책의 특징을 다루고자 한다.

내담자: 글쎄요. 빨리 병원에 데려가지도 못했고, 간병도 잘 못했으니 90퍼센트는 되는 것 같은데요.

치료자: 남편이 돌아가신 이유를 생각해 볼까요? 물론 암으로 돌아가셨으니 암이 직접적인 이유이겠지만, 영향을 미쳤을 거라고 생각되는 요소들을 한번 찾아봅시다. 병원에 빨리 안 간 것, 간병을 잘 못한 것…. 또 뭐가 있을까요?

내담자: 남편은 흡연을 오랫동안 했고 술도 거의 매일 마셨어요. 운동은 별로 안 했고요. 한 마디로 건강관리를 잘 못했지요. 시댁 어르신들도 일찍 돌아가신 분들이 많아요. 이것도 유전인 건지….

치료자: 말씀하신 것들을 고려하면 남편이 돌아가신 것에 대해 자신의 책임 퍼센트에 변화가 있나요?

내담자: 아까보다는 좀 내려가는 것 같아요. 본인이 잘못한 것도 있고, 유전이나 운명도 있는 것 같고…. 그래도 여전히 제 잘못이 크다는 느낌이 남아 있어요.

내담자는 자신의 책임을 과도하게 지각하는 특징으로 인해 다른 책임 소재에 대해 객관적으로 검토할 수 있는 유연성이나 개방성이 부족한 상태이다. 치료자는 내담자로 하여금 결과나 상황에 영향을 미칠 수 있는 요소들을 다양하게 탐색해 보도록 함으로써 과도한 책임의 정도를 낮추어 갈 수 있다.

회기의 나머지 시간에는 내담자가 자신을 인간쓰레기나 바보 혹은 멍청이로 명명하는 행동이 자주 있다는 것에 대해 함께 얘기하였다. 내담자에게 이런 단어들이 의미하는 바는 '항상 실수하고 남들에게 피해를 주는 가치 없는 사람'으로 정의될 수 있고, 이러한 내담자의 생각에는 자신을 부정적으로 명명하기, 절대 부사 사용하기('항상' '언제나'와 같은 부사를 자주 사용함), 선택적 초점(가끔 실수하는 것은 자신의 부정적 특징으로 크게 받아들이는 반면, 대부분 실수 없이 해낸 것은 자신의 긍정적 특징으로 받아들이지 않음) 등의 인지적 오류가 포함되어 있음을 알 수 있다. 그래서 치료자는 이러한 인지적 오류의 특징들을 간략하게 설명해 주었다. 내담자는 자신이 아무 생각 없이 중얼거렸던 단어들이 자신이 비난받아 마땅한 사람으로 비하하는 의미를 담고 있어 더욱 스스로를 자책하고 우울하게 만들어 왔다는 사실을 깨달았다.

내담자는 상담을 통해 자신이 좋아질 것이라는 희망을 가지면서도 한편으로는 치료자가 요구하는 것들을 제대로 해내지 못하여 결국 좋아지지 않을 것 같다는 염려도 표현하였다. 치료자는 내담자의 염려를 공감해 주면서도 내담자가 가지고 있는 '내가 제대로 해내지 못한다면 결국 좋아지지 못할 것이다.' '나는 제대로 해내지 못하는 사람이다.'와 같은 믿음이 내담자에게 강력하게 영향을 미치고 있다는 점을 전달하였다. 또한 내담자에게 '제대로'

란 '실수 없이 완벽하게'란 의미라는 것도 확인할 수 있었다.

치료자는 내담자에게 2회기의 주요 내용을 요약해서 피드백해 준 후, 다음 주 과제로 활동계획표 작성과 더불어 자동적 사고 기록지 작성을 해 오도록 요청하였고, 자동적 사고 기록지를 어떻게 작성해 오면 되는지에 대해 설명을 해 주고 회기를 마무리하였다.

5) 3회기

먼저 한 주 동안 어떻게 지냈는지 얘기를 나눌 때, 내담자는 다소 홍분된 표정으로 두 달 전에 이사한 친한 이웃으로부터 연락이 와서 버스를 타고 이웃의 새집에 놀러갔다 왔다는 얘기부터 하였다. 주로 집 안에 있거나 집 주변만 산책하며 외롭고 우울하던 내담자에게 떠나간 친한 이웃으로부터의 초대는 내담자에게 상당히 긍정적인 영향을 미쳤으며, 지난주에 비해 규칙적인 식사와 설거지, 이웃에게 놀러간 날을 빼고는 매일 저녁 산책, 정기적인 청소와 빨래, 자녀들에게 카톡으로 안부 묻기, 여동생과의 전화통화, 집안 정리 등의 활동을 한 것으로 나타났고, 활동계획표에서 TV 시청 시간과 멍하니 있는 시간은 다소 줄어든 것으로 나타났다. 이러한 변화를 반영하듯 내담자의 BDI 점수는 16점으로 낮아져 있었다.

내담자는 자동적 사고 기록지에 이웃을 만나기 위해 버스를 탈 때의 사건을 기록해 왔다. 치료자는 과제 검토를 하며 이 상황을 내담자의 자동적 사고를 확인하고 수정할 수 있는 좋은 기회로 판단하여 시간을 들여 다루고자 하였다.

내담자: 버스를 타려고 빠른 걸음으로 가는데 버스가 그냥 출발해 버린 상황이었어요.

치료자: 자동적 사고 기록지에 당황 창피 90점, 우울 80점이라고 썼네요. 그 때의 자동적 사고는 '기사는 나를 태우고 싶지 않아 한다.'와 '사람들이 나를 바보 같다고 생각할 거야.'이고요.

내담자: 정말 창피했어요. 버스 문 앞에 거의 도착했는데 그냥 가 버렸어요.

치료자: 창피함을 느끼게 한 생각은 어떤 것이었나요?

내담자: 사람들이 저를 불쌍하게 볼 것 같고, 바보같이 볼 것 같고… 그냥 천천히 갈 걸 하는 생각이 들었어요.

치료자: 사실 저도 그런 경험이 있었습니다만, 저 역시 창피한 느낌이 있었고, 그냥 가 버린 버스기사에게 화가 났던 기억이 있습니다. 저는 그때 왜 태워 주지 않고 그냥 가 버린 거야, 정말 불친절한 기사구나라고 생각하며 화가 났는데요, 종숙 님은 창피함과 더불어 우울을 느끼셨다는 차이가 있는 것 같습니다. 우울하게 만든 생각은 무엇이었나요?

내담자: 기록한 것처럼, 기사는 나를 태우고 싶어 하지 않는다는 생각이죠.

치료자: 그렇다면 나를 태우고 싶어 하지 않는다는 게 종숙 님에게 어떤 의미가 있는 거죠?

내담자: 음… 나는 존중받을 가치가 없다, 같이 있을 가치가 없다…. 이런 생각이 드네요. (울먹임)

치료자는 내담자의 자동적 사고 기록지 내용을 토대로 내담자가 사건 당시에 경험했던 상황과 감정을 우선 확인하고 그 감정과 관련 있는 자동적 사고를 확인하고자 하였다. 또한 자동적 사고에 담겨 있는 의미를 좀 더 탐색함으로써 내담자의 스키마로 볼 수 있는 내용들에 접근할 수 있었다. 이후 대화에서 치료자는 내담자가 기록해 온 합리적 사고의 의미를 보다 분명하게 확인하고, 다양한 대안을 살펴봄으로써 내담자의 생각의 폭을 넓히고자 시도한다. 그리고 자동적 사고와 믿음 혹은 스키마와의 관련성도 넌지시 암시한다.

치료자: 합리적 사고로는 '꼭 그렇진 않아.'라고 썼는데, 어떤 의미인가요?

내담자: 제 생각이 맞는지는 정확히 모르잖아요? 그러니까 제 생각이 틀릴 수도 있다는 거죠.

치료자: 좋습니다. 내 생각이 맞을 수도 있고, 틀릴 수도 있다는 가능성을 모두 열어 두고 내 생각의 타당성을 살펴보는 종숙 님의 자세는 아주 훌륭합니다. 실제로 버스가 그냥 가 버린 이유가 무엇인지, 종숙 님의 생각대로 기사가 종숙 님을 태우고 싶지 않았기 때문인지는 현재 정확하게 알 수 없습니다. 버스가 그냥 가 버린 이유 중 하나로 종숙 님의 생각, 즉 기사가 나를 태우고 싶지 않다는 것을 가능한 첫 번째 이유라고 한다면, 가능한 다른 이유들은 어떤 것이 더 있을까요?

내담자: 기사가 저를 못 봤을 수도 있을 것 같아요.

치료자: 그렇죠. 만약 그렇게 생각한다면 기분이 어떨 것 같으세요?

내담자: 그랬다면 우울하진 않을 것 같아요. 그래도 정류장에 있던 사람들에게는 좀 창피할 것 같아요.

치료자: 알겠습니다. 다른 가능한 이유는 또 뭐가 있을까요?

내담자: 글쎄요… 잘 모르겠습니다. 다른 이유가 있을 수 있을까요?

치료자: 기사가 막 출발하면서 종숙 님을 봤지만 이미 출발한 상태여서 멈추지 않고 그냥 갔을 가능성은 없을까요? 아니면 종숙 님을 봤지만, 버스 운행 시간을 맞추기 위해 그냥 출발했을 가능성은

없을까요? 혹은 이미 많은 승객을 태운 상태에서 더 태우기 힘들어 그냥 출발했을 가능성은 없을까요?

내담자: 음… 그럴 가능성도 있겠네요. 버스를 타려고 할 때 사람들이 꽤 많이 타고 있긴 했었거든요.

치료자: 버스가 왜 그냥 출발했는지 종숙 님의 입장에서는 정확하게 알 길이 없습니다만, 다양한 이유 중 기사가 나를 태우고 싶지 않다는 생각이 자동적으로 들었습니다. 여러 이유 중 나를 가장 우울하게 만드는 생각이 아닌가요?

내담자: 그렇습니다. 제게 가장 불리한 생각을 왜 하게 되는지 모르겠습니다.

치료자: 좀 전에 얘기하셨던 난 존중받을 가치가 없다, 난 같이 있을 가치가 없다는 자신에 대한 믿음에 잘 맞아떨어지는 생각을 평소에 하기 때문일 수 있습니다. 이 부분은 나중에 다시 얘기할 기회가 있을 것입니다.

회기의 나머지 시간에 내담자와 치료자는 내담자가 자신에게 가혹하면서도 비판적으로 대했던 다른 일상적 예들과 과거의 기억을 간략하게 살펴보았다. 치료자는 내담자에게 3회기의 주요 내용을 요약해 보도록 요청하였고, 지난주와 마찬가지로 다음 주 과제로 활동계획표 작성과 더불어 자동적 사고 기록지 작성을 해 오도록 요청하는 것으로 회기를 마무리하였다.

6) 4~6회기

내담자는 활동계획표 작성을 통해 집 안에 있으면서 주로 하던 TV 시청과 멍하니 있는 시간을 줄이는 대신 그동안 회피하던 외부 활동과 대인관계를 조금씩 시도하였다. 그 과정에 고등학교 동창생들을 만날 기회가 있었는데, 오랜만에 만나는 친구들에게 자신이 미망인이라는 사실을 얘기하는 것이 매우 불편하고 슬펐던 경험을 하면서 아직 남편의 사망과 자신이 미망인이라는 것을 남들에게 알리는 것이 싫고 힘들다는 것을 확인하였다. 그 모임 이후 약 일주일 가량 다시 우울한 기분에 빠져 위축된 생활을 했지만, 내담자는 결국 앞으로 자신이 감당해 나가야 할 상황으로 받아들였고, 자신이 미망인이라는 사실을 스스로 받아들이기 위해 노력하기로 하였다.

내담자는 자동적 사고 기록지를 과제로 계속해 왔고 점점 더 익숙해졌다. 자동적 사고 기록지의 작성을 통해 다른 사람들에게는 허용적이지만 자신에게는 엄격하고 과도한 책임을 지운다는 사실을 깨닫고 좀 더 자신에게도 허용적으로 되도록 변화의 노력을 하였다. 다른 사람의 행동을 지나치게 자신에 대한 부정적 반응으로 해석하는 부분도 다양한 대안적 해석을 고려해 보려는 시도를 통해 변화가 나타났다. 자신의 미래가 암울하다는 생각도 자신이 시도할 수 있는 활동과 선택할 수 있는 부분들이 있다는 것을 경험하고 받아들이면서 스스로 통제감이 강화되었다.

치료자와 내담자는 내담자가 과도하게 자책하는 행동에서 나타나는 내담자의 자기비난과 과도한 책임감을 다루기 위해 목소리의 외현화 기법을 활용하여 치료자가 내담자의 자동적 사고에 해당하는 내용을 얘기하면 내담자가 자신의 자동적 사고에 대항하여 합리적 생각을 주장할 수 있도록 함께 연습하였다. 또한 자녀 및 친구를 포함한 대인관계에서 자기주장을 하게 되면 상대방이 싫어할 것이고, 갈등이 생길 것이라는 생각을 다루기 위해 치료자와 내담자는 가벼운 자기주장부터 해 보는 것으로 계획을 세워 결과가 어떻게 나타나는지 행동실험을 하였다. 일련의 행동실험을 통해 내담자는 자신이 지나치게 부정적인 결과만 생각한 것 같다고 결론 내렸고, 혹시 상대방이 불편해 한다면 이를 자신이 잘 다룰 수 있는 자신감과 기술을 배워 나가면 좋겠다고 말했다.

7) 7~9회기

일주일에 2회 수영 강습을 끊고, 10주 동안 매주 1회 열리는 문화센터의 인문학 강연을 신청하는 등 일상생활이 상당히 안정되어서 활동계획표 작성은 하지 않기로 했으나, 자동적 사고 기록지는 부정적 기분을 느끼는 상황이 있을 때 기록하기로 했다. 앞 회기들처럼 내담자가 일상생활에서 경험하는 우울, 외로움, 자책 등과 관련된 자동적 사고를 계속 다루어 나가며 자기주장훈련도 병행했지만, 상담의 후반부에서는 내담자의 스키마 혹은 핵심믿음을 다루는 작업들이 진행되었다.

심리도식치료에서의 프레임으로 분석하자면 내담자는 단절 및 거절(disconnection and rejection) 영역의 결함/수치심(defectiveness/shame), 그리고 타인-중심성(other-directedness) 영역의 복종(subjugation), 자기희생(self-sacrifice), 승인 추구/인정 추구(approval seeking/recognition seeking), 그리고 과잉경계 및 억제(overvigilance and inhibition) 영역의 부정성/비관주의(negativity/pessimism), 정서적 억제(emotional inhibition), 엄격한 기준/과잉비판(unrelenting standards/hypercriticalness) 등의 도식들이 주요 특징에 해당한다.

회기를 통해 나타난 내담자의 믿음은 '나는 제대로 해내지 못하는 사람' '난 존중받을 가치가 없다.' '결국 모두 떠나고 난 혼자 남을 것이다.'와 같은 것들이다. 회기를 통해 내담자가 얘기한 어린 시절의 경험은 그동안 기억하고 싶지 않아 평상시 잊고 지내던 내용들이었다.

내담자는 성장과정에서 자기가 잘하면 아빠가 화내지 않고 엄마가 속상해 하지 않을 거라고 생각을 했다. 바꿔 말하자면, 어린 내담자는 자신이 잘하지 못했기에 아빠와 엄마가 싸우고 아빠가 엄마를 때리기도 하며 엄마가 울고 있다고 믿었다. 엄마는 자주 집을 나가겠다고 말하거나 죽어 버리겠다고 위협하였고, 실제 집을 나갔다가 다음 날 들어온 적도 몇 번 있었던 것으로 내담자는 기억하였다. 내담자는 자신이 엄마의 기분을 풀어 주지 못하면 엄마는 언제든 가족의 곁을 떠날지도 모른다는 두려움을 가지고 있었고, 집을 나가겠다는 엄마를 자신이 아무리 말려도 결국 집을 나갔던 엄마의 뒷모습이 충격적인 기억으로 남아 있어서인지 사랑하는 사람이 떠나고 자신은 홀로 남는 끔찍함과 외로움에 대한 두려움이 더욱더 커진 것으로 여겨졌다.

치료자는 내담자와 함께 내담자의 믿음을 지지하는 증거와 지지하지 않는 증거들을 살펴보았고, 이러한 믿음이 어린 시절에는 타당했을 수 있으나 지금에 와서 내담자에게 어떤 영향을 미치고 있는지, 도움이 되고 있는지 등을 얘기하였다. 기존의 믿음을 합리적 믿음으로 수정하기 위한 작업도 하였지만, 내담자에게 효과가 있었던 개입은 내담자의 무력하고 외로웠던 어린 시절의 아이에게 다가가 위로하고 안심시키는 심상 작업이었다. 이러한 심상 작업을 몇 차례 반복하면서 내담자는 자신의 외로움과 두려움이 자신의 탓이 아니라는 것을 조금씩 받아들였고, 자신에 대한 연민을 느끼기 시작했다.

8회기 때 심상 작업을 통해 많은 눈물을 흘렸던 내담자는 9회기 때 마음이 매우 편안하다고 했고, 마치 흐렸던 날이 개어서 세상이 깨끗하게 보이는 느낌이라고 말했다. 내담자는 이제 자신은 그냥 평범한 사람이고, 누구나처럼 위로받고 존중받을 가치가 있는 사람이라는 것을 어느 정도 수용하고 인정하게 된 것 같다고 얘기했다.

8) 10회기

내담자와는 상담 처음에 10회기의 상담을 우선 진행한 후 회기 연장이 필요할지 논의하기로 하였는데, 내담자의 증상 완화와 진전이 매우 신속히 이루어졌기에 9회기에서 회기 연장 여부를 논의하였을 때 10회기에 일단 종결하기로 합의하였다. 종결 1달 후 추후 회기를 가지기로 했고, 추후 회기에서 추가 상담의 특별한 사유가 생기지 않는 한 그때 최종 종결하기로 하였다.

종결 회기는 지금까지의 과정을 요약하여 살펴보면서 자가 치료자로 준비시키고 재발 방지를 강조하는 것이 중요한 부분이다. 치료자는 먼저 내담자에게 치료를 종결하는 소감을 물어보았다. 내담자는 상담을 받은 기간이 실제로 긴 시간은 아니었지만 긴 여정을 끝내는 것 같다고 하면서, 상담을 등산에 비유하였다. 저 산을 오를 수 있으리라고 생각하지 않았는데, 좋은 가이드를 만나 힘겹게 한 걸음 한 걸음 올라 이제 거의 정상까지 왔고, 지금부터는 가이드 없이 혼자서 산을 내려가야 하는 것 같다고 말했다. 잘 내려갈 수 있을지 걱정도 되지만, 올라온 과정을 생각하면 내려가는 것은 훨씬 쉬울 것 같다고 얘기하였다. 그리고 필요하면 언제든 가이드를 부를 수 있다고 생각하니까 많은 걱정이 되는 것은 아니라고도 했다.

그 다음으로는 치료목표가 얼마나 달성되었는지를 내담자와 논의하였다. 내담자는 치료 방문 당시와 비교하면 우울의 증상들이 정말 많이 좋아졌고, 예전의 일상생활로 거의 되돌아간 것 같다고 말했다. 매 회기마다 작성한 BDI의 점수로 볼 때에도 회기 중간에 일시적으로 높아지기도 했지만 전반적으로는 계속 하락하여 7회기 이후로는 10점 이하의 점수를 유지하였고, 종결 시 8점을 보이는 등 실제 우울의 정도가 매우 낮아졌고, 정상 범위에 해당함을 보여 주었다.

인지행동치료에서는 상담목표를 이루는 것도 중요하지만 인지행동치료의 궁극적 목표로서 자가 치료자가 되기 위해서는 무엇이 향상을 가져온 것인지에 대해 내담자가 정확하게 이해하는 것이 매우 중요하다. 치료자는 내담자가 스스로 노력해서 바꿀 수 있었다는 사실을 인식할 수 있도록 우울이 감소한 이유와 생각이 바뀐 부분을 확인하였다. 내담자는 과도하게 자신을 탓하는 부정적 생각을 좀 더 합리적인 생각으로 바꿔 나간 것과 집에만 있지 않고 활동량을 늘려 나간 것이 우울의 극복에 큰 역할을 했다고 말했다. 특히 후반부에 자신의 과거 경험 속에서 자신을 위로했던 것이 자책을 줄이고 자신을 수용하는 데 매우 도움이 되었다고 했다.

치료자는 내담자에게 치료 종결 후에 치료적 퇴보가 올 수 있음을 설명해 주고 이에 대비하도록 교육하였다. 즉, 치료 받는 중에도 우울이 계속 감소만 하는 것이 아니라 특정 사건이 있을 때 안 좋아졌다가 다시 나아지는 경험을 하는 것처럼, 종결 후에 계속 잘 지낼 것이라고 생각하는 것보다는 안 좋아지는 상황들이 있을 것이라고 예상하는 것이 합리적이다.

이런 상황에서 치료에서 배운 방법들을 활용하여 적절히 대처하는 것이 재발 방지에 중요하다. 치료에서 과제로 작성했던 자동적 사고 기록지와 활동계획표를 꺼내어 다시 읽어 보는 것도 도움이 될 수 있다. 치료자는 내담자가 혼자 감당하기 어려울 때에는 언제든 치료자에게 연락하고 찾아올 수 있다는 점을 내담자에게 전달하였다. 내담자는 종결을 섭섭해 하면서도 치료자에게 감사의 표현을 전하고, 남은 삶을 좀 더 재밌게 보내기 위해 노력하겠다고 얘기하였다.

9) 추후 회기

종결 1달 후 추후 회기에 온 내담자의 얼굴은 밝았고, 상담을 통해 변화된 생각과 기분을 잘 유지하고 있다고 하였다. BDI의 점수도 9점으로 나쁘지 않았다. 내담자는 자신이 우울해진 것은 지나치게 자책하고 스스로를 눌러 버려서 집에만 갇혀 지냈던 때문이라고 얘기하면서 이제는 덜 자책하게 되었고 스스로 활동하려고 노력하기 때문에 예전처럼 우울해지지는 않을 것 같다고 말했다. 상담이 끝난 후에도 상담에서 얘기했던 자신의 과거 경험이 가끔 떠올랐고 그 경험이 자신에 대한 부정적 믿음을 만들었다는 사실을 되새기며, 이젠 스스로를 따뜻하게 안아 주자고 계속 자신에게 얘기한다고 말했다.

치료자는 내담자가 증상을 관리하고 예방하기 위해 상담에서 배운 기법들을 적절히 적용하고 있을 뿐만 아니라, 자신에 대해 점차 수용함으로써 믿음 수준에서의 변화도 일어나고 있다고 보았고, 이러한 변화는 앞으로 내담자의 삶의 질을 높여 줄 것으로 보았다. 지금 상태로 보면 더 이상 치료가 필요하지 않다고 결론 내리고 추후 회기를 마무리하였다.

우울한 내담자를 대상으로 한 본 치료는 10회기라는 단기상담의 형태로도 매우 성공적으로 마무리되었지만, 내담자의 병전 적응도가 좋은 편이었고, 우울 외에 다른 장애가 동반되지 않았으며, 치료동기와 과제 순응도가 높은 등 치료효과에 우호적인 조건들이 많이 있었다는 점을 고려해야 할 것이다. 실제 치료 장면에서 더 많은 경우는 10회기 이상의 상담을 진행하며 내담자의 인지와 행동을 반복해서 다루는 과정이 필요할 것이다. 그러나 이 사례에서 나타난 것처럼, 활동을 점차적으로 늘리면서 부정적 생각과 믿음을 다루어야 하는 것은 공통된 핵심 특징이라고 할 수 있다.

8장
공헌과 비판점

1. 공헌

인지행동치료라는 큰 틀에서 얘기할 때, 인지행동치료에서는 근거기반실천에 따라 지속적으로 객관적 연구를 수행해 왔고, 그 결과에 따라 치료 지침을 업데이트해 왔기 때문에 경험적으로 입증된 치료를 선택하도록 해준다. 내담자들이 자기 자신에 대해 책임감을 갖도록 하면서도 내담자와의 협력을 통한 치료를 강조하였다. 또한 매뉴얼화된 치료법을 제공함으로써 지역사회와 학교 등에 쉽게 보급될 수 있도록 하였다는 점은 인지행동치료의 공헌이라고 할 수 있다.

Beck으로 좁혀서 그 공헌을 살펴보면, 그는 새로운 심리치료를 창안하고 발전시키기 위해서 객관적인 연구를 체계적으로 수행했고, 그러한 객관적 근거를 토대로 하여 심리치료 분야에서 연구의 중요성과 필요성을 한 단계 업그레이드하였다. Ellis도 Beck의 철저한 연구를 인지치료 분야에 대한 주요 공헌이라고 언급한 바 있다. 다시 말해, 인지치료의 학문적 엄밀성이 심리치료에 대한 중요한 공헌이라고 할 수 있다. 또한 우울증을 비롯한 다양한 심리장애에 대한 치료 지침서를 제시하고 이를 토대로 표준화된 치료효과 연구를 진행함으로써 인지치료의 교육, 검증, 활용을 촉진하였고, 객관적인 비교 연구를 활성화시킨 점도 중요한 공헌이라고 할 수 있다.

인지치료의 특징으로 협력적 경험주의, 소크라테스식 질문, 안내된 발견 등을 들 수 있는데, 내담자와의 수평적인 관계 속에서 내담자 스스로 자신의 문제를 인식하고 해결책을 적용해 나갈 수 있도록 돕고자 한다는 점에서 다른 심리치료와 구분되는 이러한 특징들이 인지치료의 공헌이라고 할 수 있다. 다시 말해, Beck은 내담자가 치료를 주도할 수 있도록 하면서도 잘 구조화되어 있고 내담자를 잘 안내하는 방식을 제시했다. 그는 질문을 중요한 치료수단으로 사용하였으며, 회기 내에서의 치료뿐만 아니라 회기 밖에서의 과제를 통해 치료적 변화를 유도해 내고자 하였다. 또한 인지치료에서 현재의 경험과 의식적 내용을 중시하는 경향이 여러 다른 심리치료에도 영향을 미쳤다. 이러한 경향은 정신분석치료와 행동치료에서는 경시하였던 부분이다. 이러한 특징을 토대로 내담자를 짧은 기간 내에 효과적으로 도울 수 있는 방법을 제시했다는 점은 Beck의 가장 큰 공헌이라고 할 만하다.

보다 구체적으로 Beck의 이론적 공헌을 살펴보면, 첫째, 현상학적 관점과 정보처리모델에 근거하여 인간의 행동을 설명하였고, 둘째, 인지적 · 정서적 · 행동적 변화를 유발하는 기법을 개발하였으며, 셋째, 검증 가능한 심리치료 이론을 제시한 점 등을 들 수 있다. Beck은 내담자를 협력적인 동반자 또는 공동연구자로 여기며 치료하였고, 인간의 행동을 정상과 이상으로 구분하지 않고 연속적인 것으로 보았으며, 진화론적 이론체계를 적용하여 증상을 포함한 모든 행동을 적응이라는 맥락 속에서 이해하고자 했다. Beck의 이론에 따르면, 대부분의 정신장애는 정상적인 심리적 반응이 과장된 것이다. 이것이 그가 연속성 가설이라고 명명한 것인데, 정상적 반응과 정신장애에서 나타나는 과도한 반응 간에는 그 내용에 있어서 연속성이 있기 때문이다. 우울의 경우 패배와 결핍에 대한 느낌이 만연되어 있으며, 그 결과 슬픔이 증가한다. 불안의 경우 위험에 취약하다는 느낌이 확대되면서 회피하거나 자신을 방어하려는 욕구가 증가한다.

2. 비판점

많은 비판자가 인지행동치료가 문제 행동에 미치는 정서의 영향과 관계적 측면을 간과하고 있으며, 문제 행동을 유발하고 있는 과거의 환경과 어린 시절의 경험에 대한 관심도 부족하다고 보고 있다. 또한 치료효과는 피상적이고 일시적일 뿐이라는 주장도 제기된 바 있다.

주로 장애별로 치료 매뉴얼이 개발됨으로써 실제 치료장면에서 자주 보게 되는 공존질환을 가진 내담자에게 그대로 적용하기가 쉽지 않고, 치료효과 역시 공식적으로 연구들이 보고하는 것처럼 강력하지 못하다는 지적도 있다. 실제로 모든 내담자에게 인지행동치료가 효과적인 것은 아니고 그럴 수도 없다. 인지행동치료를 받은 사람들의 30%에서 40%까지가 충분한 효과를 얻지 못했고, 이러한 특징은 지난 25년 동안 변하지 않았다는 보고도 있다 (Emmelkamp, 2004; Emmelkamp, Ehring, & Powers, 2010).

인지치료에 대한 초기 비판자들은 행동주의자들이었는데, 많은 행동주의자, 특히 Joseph Wolpe와 Burrhus F. Skinner는 인지치료가 심리주의(mentalism)로의 복귀를 의미하며, 따라서 정신분석과 연결된 것이라고 생각했다. Skinner는 행동을 설명하기 위해서 가설적인 설명개념을 사용하는 것을 반대했으며, 정신과정에 대해 추측하는 것은 행동을 예측하고 통제하는 실용적인 방법을 찾아내는 데 방해가 된다고 믿었다. Wolpe는 Beck과 Ellis 같은 인지주의자들을 반항아라고 혹평하였으며, 인지는 운동반응이나 자율반응과 같이 강화와 소거라는 동일한 법칙을 따르는 것이기 때문에 일종의 행동이라고 주장했다. 이러한 이유들로 행동치료자들은 인지치료를 독립된 새로운 치료라고 보지 않았다.

인지치료를 행동치료와 구분되는 독립된 치료로 볼 수 있는지와 관련하여 초기에 제기되었던 또 다른 비판은 인지치료의 효과에 관한 것이었다. 행동치료자들에게 인지치료는 지속적인 치료효과를 나타내기에 너무 피상적이고 단순하게 비춰졌다. 지금은 인지치료가 우울증에 대한 효과적인 치료법으로 널리 인정받고 있지만, 새로운 장애에 인지치료를 적용할 때마다 그 효과는 의심되었다. 인지치료가 공황장애를 비롯한 불안장애의 치료에 효과적이라는 증거가 쌓이자 비판자들은 전통적으로 장기치료에 의해 치료되어 왔던 성격장애의 경우에는 인지치료를 적용하기가 어렵다는 지적을 하였다.

인지치료가 치료효과 연구에서 성공적인 결과들을 계속 내면서 논쟁은 인지이론으로 옮겨지게 되었다. 인지치료는 효과적이라고 하지만, 그 근거가 되는 원리가 과연 타당한가? 인지치료는 부정적 사고가 우울증의 원인이라는 가정에 근거하고 있는가? 인지치료는 우울증의 원인을 부정적 사고라고 주장하지 않는다는 명시적인 설명이 있지만, 이러한 오해는 계속되고 있고, 우울증에 대한 인지적 취약성 개념과 그러한 취약성이 어떻게 작동하느냐 하는 점도 여전히 풀리지 않은 채 남아 있다.

우울증의 인지치료 효과는 반복해서 잘 입증되고 있지만, 우울증에 관한 Beck의 인지이론은 아직 해결해야 할 의문들을 다수 가지고 있다. 우울증에 대한 인지적 취약성의 개념은 인지이론의 핵심이며, 현재 입증하기 어려운 문제로 남아 있다. 비판의 핵심은 그러한 취약성의 특성을 파악하고, 취약성을 측정하며, 그것이 영향을 미친다는 역할을 입증하기가 너무 어렵다는 점이다. 우울증의 인지이론에서 입증된 부분은 우선 내담자 자신에 관한 인지의 부정성이 증가한다는 점, 절망감이 증가한다는 점, 우울증에는 다른 정신장애와 달리 상실이라는 특수한 주제가 관련된다는 점, 우울한 기분과 일치하는 부정적 기억이 잘 떠오른다는 점 등이다. 그러나 이 이론의 주요한 측면들, 예를 들어 우울한 사람들은 비논리적이고 부정확한 사고를 한다는 가정과 우울증에 대한 인지적 취약성의 개념은 잘 입증되지 않고 있다.

우울한 사람들이 비관주의적이기는 하지만 반드시 현실을 왜곡

한다고 보기는 어려우며, 왜곡되었다기보다는 부정적인 피드백을 잘 받아들이는 편향이 있는 것으로 연구에서 나타나고 있다. 반면 우울하지 않은 정상인들은 긍정적으로 편향되게 정보를 받아들인다는 보고가 있다. 한편 인지적 취약성은 개인의 후천적인 경험에 의해서 형성되며, 흔히 결핍, 패배, 버림받음, 무가치함 또는 상실과 같은 주제를 반영하는 부정적인 신념을 담고 있는 우울 유발적 스키마를 의미한다. 이러한 스키마는 잠재해 있다가 그 스키마의 내용과 연관된 사건에 의해서 촉발된다. 그러나 스키마가 무엇인지에 대한 정의가 명확하지 않아서 그 의미에 대한 합의나 일관성이 부족하고, 스키마라는 잠재적인 인지적 구조를 측정하기가 어렵다는 문제가 있다. 스키마는 인지적 내용이라기보다 인지적 구조라고 할 수 있는데, 실제 연구에서 측정되고 치료에서 다루어지는 것은 구조라기보다 내용이다. 사실상 구조의 변화는 내용의 변화를 통해 추론하게 된다.

또 다른 비판은 우울증의 인지모델이 우울증에 대해서 너무 협소한 설명을 제시하고 있다는 점이다. 구체적으로 말하자면, 인지치료 이론은 우울증의 발생에 있어서 환경 요인, 특히 대인관계 요인을 무시한다는 것이다. 생활사건이나 가족 내 지지 부족과 같은 환경 요인이나 대인관계의 상호작용이 우울에 미치는 영향을 적절히 고려하지 못했다는 비판이다. 게다가 이미 언급한 바와 같이 정말 우울한 사람들의 인지가 왜곡되어 있는지도 의문시되었다.

인지 왜곡이 다양한 장애에 많이 존재한다는 사실은 입증되었으나 사고과정의 왜곡이 어떤 역할을 하는지는 아직 확실히 밝혀

지지 않고 있다. 다음과 같은 두 개의 질문이 해결되지 않은 채 여전히 남아 있다. 첫째, 정상인의 인지는 왜곡되어 있지 않은 반면, 우울하고 불안한 사람들의 인지는 왜곡되어 있는가? 둘째, 치료목표는 사고를 좀 더 '합리적'인 것으로 만드는 것, 즉 현실을 좀 더 정확하게 반영하거나 합의될 수 있는 것으로 만드는 것인가? 이러한 질문들은 우울증의 여러 가지 원인, '우울한 현실주의(depressive realism)', 인지적 취약성과 인지 왜곡의 관계, 그리고 합리주의와 구성주의 중 인지치료의 본질은 어떤 것인가 하는 여러 가지 이론적 주제와 관련되어 있다.

앞에서 언급한 다양한 주제 중 하나로서 인지치료는 적응에 있어서 합리성을 지나치게 강조한다는 비판을 잠깐 살펴보고자 한다. 합리성을 강조하는 합리주의적 관점은 구성주의와 대비되는데, 우리의 주관적 인식과 상관없이 객관적인 현실과 진실이 존재한다고 보는 합리주의와 달리 구성주의는 "현실은 기본적으로 외부에 존재하며 변하지 않는 것이라는 생각에 반대하고, 인간의 사고는 감정과 행동으로부터 분명하게 분리할 수 없다."고 주장한다. 그러나 Beck은 일부 학자들이 자신을 합리주의자라고 부르는데 이의를 제기하였으며, 자신은 구성주의적 입장에 서 있음을 강조하였다. 다만 외부세계의 중요성을 무시하고 내면적 세계만이 중요하다고 믿는 '이상주의적' 구성주의와 달리, 내부적 현실과 외부적 현실 간에는 대응적 관계가 있고, 우리의 내부적 현실은 외부적 현실에 의해서 계속적으로 수정되어야 하는 것으로 보았다. 그렇지 않으면 우리는 부적응적 존재가 되어 우리의 유전자를 다른 세대에 전달할 수 없을 것이라고 보았다.

Beck은 부적응적 사고를 지칭할 때 '비합리적'이라는 단어를 사용하지 않았는데, 그 이유는 이러한 신념들이 한 사람의 삶에 있어서 한때는 합리적인 것이었기 때문이다. 역기능적 신념은 그것이 비합리적이기 때문이 아니라 정상적인 인지과정을 방해하기 때문에 심리장애의 유발에 영향을 미치는 것이라고 보았다.

인지치료의 실제, 즉 치료적 측면에 대한 비판은 정신역동치료와 밀접하게 관련되어 있다. 주요한 비판의 내용은 인지치료가 실증적 연구에 기반을 둔 것이어서 너무 기법-지향적이고, 너무 현재-중심적이며, 복잡한 문제영역이나 숨겨진 갈등에 대한 평가 없이 너무 증상에만 초점을 맞추고, 감정에 관심을 두지 않으며, 치료적 관계를 경시한다는 것이다. 이러한 마지막 비판점과 관련하여 인지치료가 우울한 내담자와 치료자 간에 일어나는 애착에 있어서 매우 중요한 전이, 역전이, 종결의 문제에 관심을 기울이지 않는다고 주장하는 이들도 있다.

정신역동 치료자들과 인지과학자들은 모두 인지치료가 무의식적 과정의 역할을 무시한다고 비판한다. 특히 현대의 인지과학이 의식적 인지처리과정뿐만 아니라 의식적이지 않은 인지처리과정의 역할을 강조하는 것에 비해, Beck의 모델은 의식적 인지처리과정에 많은 강조점을 두고 있다는 비판이 제기되었다. 아울러 치료자가 역기능적 사고와 좀 더 현실적이고 적응적인 사고를 어떻게 구분할 수 있는지에 대해서도 의문이 제기되고 있다. 이러한 의문은 치료에서 합리성이 어떤 역할을 하는지에 관한 이론적 논쟁을 유발했을 뿐만 아니라 내담자의 자기보고를 기본적인 자료로 활용하는 현상학적 접근을 도입하는 것에 대한 입장 차이도 나타나게 되었다.

인지치료에서는 정서의 역할을 경시하고 정서를 제대로 다루지 않는다는 비판도 초기부터 계속 이어져 왔다. 이러한 비판은 인지이론이 정서를 인지에 뒤이어 나타나는 결과적 현상으로 간주함으로써 인지가 정서에 선행하며, 사건에 대한 정서적 반응은 그 사건에 부여하는 개인의 주관적 의미에 의해 결정된다는 주장을 하고 있으므로 감정을 체험되어야 할 현상으로 보기보다는 통제되어야 할 인위적인 현상으로 좁게 보는 경향이 있다는 점을 지적한다.

인지가 정서에 먼저 영향을 미치는지 아니면 정서가 인지에 우선적으로 영향을 미치는지와 관련하여 인지와 정서의 시간적 우선성은 여전히 논쟁적인 주제이다. Beck은 인지와 정서는 서로 영향을 주고받는 상호작용 관계에 있다고 보면서 일직선적인 인과관계를 주장하지는 않았지만, 인지의 우선성을 주장한다는 점에서 인지를 정서의 원인으로 본다는 오해를 받을 소지가 있다.

Beck에 따르면, 우울증의 원인은 유전적 취약성, 생물학적 요인, 스트레스, 성격 등 복합적일 수 있지만, 우울증이 일단 발생하면 인지가 정서, 행동, 동기적 반응을 결정하는 핵심 요소가 된다. 인지치료는 정서를 인지와 상호작용하는 요소로 보면서 치료에서 인지 변화를 위해 필요하고 또 활용해야 하는 것으로 본다. 실제 치료에서는 정서적으로 각성된 상태에서 나타나는 사고, 즉 생생한 인지를 적절히 탐색하고 다루는 것이 변화를 위해 매우 중요하다. 또한 인지치료에서는 인지적 변화를 위한 정서적 기법의 사용도 강조되고 있다. 이처럼 인지치료에서 정서의 역할이 필요하고 중요함을 강조하고 있음에도 불구하고, 변화를 위해 정서보다 인지가 우선적으로 중요하고 핵심적이라는 가정으로 인해 이론적으로는 정서의 비중이 상대적으로 축소된 측면이 있으며, 정서를 인지의 결과적인 산물이 아니라 인지와 동등한 정보를 제공하는 원천으로 보아야 한다는 반론도 제기되고 있다.

인지치료에 대한 또 다른 주요 비판 중 하나는 인지치료가 변화를 위한 도구나 맥락으로서의 치료적 관계를 경시하고 있다는 것이다. 이는 정신분석 및 정신역동 이론에서의 주된 비판이기도 하다. 인지치료에서도 치료적 관계는 협력적 경험주의의 토대로서 중요하며, 변화를 위한 동기와 추진력으로 작용한다. 그러나 관계를 변화의 초점으로 보는 정신분석적 입장이나 인본주의적 입장과는 달리, 인지치료에서는 치료적 관계를 변화의 필요조건으로만 보는 경향이 있고 충분조건으로는 생각하지 않는다. 인지치료에서는 치료적 관계가 치료의 기초이지만 인지적 사례개념화에 근거한 구체적인 치료기법이 적용되어야 함을 강조한다.

인지치료가 변화의 필요조건으로서 치료적 관계의 중요성을 인정하긴 하였으나, 치료자와 내담자 간의 치료적 관계를 사실상 변화의 주요 매개물로 이해하지는 않았기 때문에 실제 치료에서 치료적 관계를 어떻게 형성하고 어떻게 다루어 나가야 하는지를 교재와 지침서에서 자세히 언급하지도 않았고 객관적인 연구를 거의 수행하지도 않았다. 그러나 치료적 관계를 강조하는 경향은 인지행동치료 내에서 꾸준히 증가하였고, 치료자와 내담자의 관계를 이해하는 바탕으로서 John Bowlby의 애착이론에 대한 관심이 증가하였다.

Bowlby의 애착이론에 근거하여 구성주의 치료자들은 치료적 관계를 통해서 안전한 근거지를 제공함으로써 내담자가 세상과의 교류를 탐색하고 검토할 수 있게 돕고자 한다. 인지행동치료에서도 이러한 애착이론의 영향으로 대인관계적 맥락에서 나타나는 대인관계 스키마를 강조하는 경향이 나타났으며, 치료자와 내담자의 치료적 관계에서 나타나는 내담자의 대인관계 패턴을 탐색하고 확인함으로써 일반적인 대인관계에서도 반복적으로 나타나는 내담자의 역기능적 인지를 이해하고 수정하는 치료전략이 강조되고 있다.

치료적 관계의 중요성을 모른 채 기법 중심으로 인지치료를 실시하고자 하는 행위는 마치 브레이크를 잡는 법도 모른 채 차량을 운전하는 것과 다르지 않다. 치료의 대인관계적 측면에 숙달되지 않은 치료자가 내담자의 감정, 치료과정, 내담자가 정말 의도하는 것을 민감하게 포착하지 못한 채로 자동적 사고 기록지를 루틴(routine)하게 사용하는 것은 '기법적인 인지치료'라고 할 수 있다. 이런 경우 관계적 중요성은 기법에 밀려 경시된다. 따라서 기법을 적절한 치료적 관계 형성이나 관계적 민감성과 조화롭게 통합하지 않은 채 기법만을 강조하는 것은 심리치료를 제대로 이해하고 있다고 하기 어렵다.

치료효과와 관련하여 인지치료에서의 효과가 인지적 기법에 기인하는 것인지에 대한 논쟁도 뜨겁다. 인지치료에서는 인지적 기법 이외에도 행동적 기법을 중요하게 사용하고 있고, 필요한 경우 정서적 기법과 체험적 기법 등 다양한 기법을 통합하여 사용하고 있다. 특히 주로 함께 사용하는 인지적 기법과 행동적 기법 중 치료효과에 더 기여하는 기법이 무엇인지를 알아보는 많은 연구에서는 일관되지 않은 결과들이 보고됨으로써 이 질문은 여전히 미해결 상태이다. 임상현장에서는 다양한 기법을 일종의 패키지 프로그램으로 활용하는 경향이 있다. 그러나 많은 기법을 포함하고 있다고 해서 항상 더 효과적이라고 할 수는 없으므로 가장 효과적인 치료기법과 더불어 최적의 효과를 보장하는 패키지 프로그램의 구성을 찾는 연구가 지속적으로 이루어져야 할 것이다.

지금까지 살펴본 인지치료에 대한 다양한 비판과 한계점을 극복하기 위하여 인지행동치료에서 일어나고 있는 추세는 감정, 발달요인, 의식적이지 않은 인지과정을 포함시킬 수 있도록 이론적 모델을 확장하는 것과 더불어 변화의 매개체로서 치료적 관계를 중시하는 것이다. 또한 만성적이고 뿌리 깊은 문제, 정신증이나 다른 심각한 정신장애를 다룰 때 인지행동치료만으로는 충분한 효과를 거두기 어려울 수 있기 때문에 다른 치료적 접근이나 약물치료와 병합하여 진행할 필요성을 유연하게 고려할 수 있어야 할 것이다.

참고문헌

신민섭, 권석만, 민병배, 이용승, 박중규, 정승아, 김영아, 박기환, 송현주, 장은진, 조현주, 고영건, 송원영, 진주희, 이지영, 최기홍(2019). **최신 임상심리학**. 서울: 사회평론아카데미.

Barlow, D. H. (2014). *Clinical handbook of psychological disorders: A step-by-step treatment manual* (5th ed.). New York: The Guilford Press.

Beck, A. T. (2017). **인지치료와 정서장애** [*Cognitive therapy and the emotional disorders*]. (민병배 역). 서울: 학지사. (원전은 1976년에 출판).

Beck, A. T., Brown, G., Steer, R. A. & Weissman, A. N. (1991). Factor analysis of the dysfunctional attitudes scale in a clinical population. *Psychological Assessment, 3,* 478-483.

Beck, A. T., Freeman, A., & Davis, D. D. (2008). **성격장애의 인지치료** [*Cognitive therapy of personality disorders*]. (민병배, 유성진 공역). 서울: 학지사. (원전은 2004년에 출판).

Beck, A. T., Rush, J., Shaw, B. F., & Emery, G. (1997). **우울증의 인지치료** [*Cognitive therapy of depression*]. (원호택, 박현순, 신경진, 이훈진, 조용래, 신현균, 김은정 공역). 서울: 학지사. (원전은 1979년에 출판).

Beck, J. S. (1997). **인지치료: 이론과 실제** [*Cognitive therapy : Basics and beyond*]. (최영희, 이정흠 공역). 서울: 하나의학사. (원전은 1995년에 출판).

Beck, J. S. (2017). **인지행동치료 이론과 실제** [*Cognitive behavior therapy: Basics and beyond* (2nd ed.)]. (최영희, 이정흠, 최상유, 김지원 공역). 서울: 하나의학사. (원전은 2011년에 출판).

Brown, T. A., & Barlow, D. H. (2014). *Anxiety and related disorders interview schedule for DSM-5(ADIS-5): Client Interview Schedule, adult version*. Oxford: Oxford University Press.

Corey, G. (2014). 심리상담과 치료의 이론과 실제 [*Theory and practice of counseling and psychotherapy*]. (조현춘, 조현재, 문지혜, 이근배, 홍영근 공역). 서울: 센게이지 러닝코리아. (원전은 2013년에 출판).

Dobson, K. S. (2012). 인지행동치료 핸드북 [*Handbook of cognitive-behavioral therapies* (3rd ed.)]. (김은정, 원성두 공역). 서울: 학지사. (원전은 2010년에 출판).

Emmelkamp, P. M. G. (2004). Behavior therapy with adults. In M. Lambert (Ed.), *Bergin and Garfield's handbook of psychotherapy and behavior change* (5th ed., pp. 393-446). New York: Wiley.

Emmelkamp, P. M. G., Ehring, T., & Power, M. B. (2010). Philosophy, psychology, cases, and treatments of mental disorders. In N. Kazantzis, M. A. Reinecke, & A. Freeman. *Cognitive and behavioral theories in clinical practice* (pp. 1-27). New York: Guilford Press.

First, M. B., Williams, J. B. W., Karg, R. S., & Spitzer, R. L. (2016). *Structured clinical interview for DSM-5 disorders: clinician version*. Arlington: American Psychiatric Association Publishing.

Freeman, A., Pretzer, J., Fleming, B., & Simon, K. M. (2004). *Clinical applications of cognitive therapy* (2nd ed.). New York: Kluwer Academic/Plenum Publishers.

Freeman, A., Simon, K. M., Beutler, L. E., & Arkowitz, H. (1989). *Comprehensive handbook of cognitive therapy*. New York: Plenum Press.

Kelly, G. A. (1955). *The psychology of personal constructs*. New York: W. W. Norton.

Lambert, M. J., Harmon, C., Slade, K., Whipple, J. L., & Hawkins, E. J. (2005). Providing feedback to psychotherapists on their patients' progress: Clinical results and practice suggestions. *Journal of Clinical Psychology, 61*, 165-174.

Ledley, D. R., Marx, B. P., & Heimberg, R. G. (2014). 초보자를 위한 인지행동치료 [*Making cognitive-behavioral therapy work: Clinical process for new practitioners* (2nd ed.)]. (김정모, 전미애 공역). 서울: 학지

사. (원전은 2010년에 출판).
Norcross, J. C. (2002). *Psychotherapy relationships that work: Therapist contributions and responsiveness to patients*. New York: Oxford University Press.
Persons, J. B. (1999). 인지치료의 실제 [*Cognitive therapy in practice : A case formulation approach*]. (김지혜, 임기영 공역). 서울: 중앙문화사. (원전은 1989년에 출판).
Persons, J. B. (2015). 인지행동치료의 사례공식화 접근 [*The case formulation approach to cognitive-behavior therapy*]. (이유니, 김지연 공역). 서울: 학지사. (원전은 2008년에 출판).
Safran, J. D., & Segal, Z. V. (2016). 인지치료의 대인관계 과정 [*Interpersonal process in cognitive therapy*]. (서수균 역). 서울: 학지사. (원전은 1996년에 출판).
Seligman, L., & Reichenberg, L. W. (2014). 상담 및 심리치료의 이론(4판) [*Theories of counseling and psychotherapy: Systems, strategies, and skills* (4th ed.)]. (김영혜, 박기환, 서경현, 신희천, 정남운 공역). 서울: 시그마프레스. (원전은 2014년에 출판).
Weishaar, M. E. (2007). 아론 벡 [*Aaron T. Beck*]. (권석만 역). 서울: 학지사. (원전은 1993년에 출판).
Wright, J. H., Basco, M. R., & Thase, M. E. (2009). 인지행동치료 [*Learning cognitive-behavior therapy*]. (김정민 역). 서울: 학지사. (원전은 2006년에 출판).
Wright, J. H., Wright, A. S., & Beck, A. T. (2004). *Good Days Ahead: The multimedia program for Cognitive Therapy*. Louisville, KY: Mindstreet.
Young, J. E., & Brown, G. (2001). *Young Schema Questionnaire: Special edition*. New York: Schema Therapy Institute.
Young, J. E., Klosko, J. S., & Weishaar, M. E. (2003). *Schema therapy: A practitioner's guide*. New York: Guilford press.

찾아보기

[인명]

[내용]

저자 소개

박기환(Park, Kee Hwan)

고려대학교 대학원 문학 석사(임상 및 상담심리)
고려대학교 대학원 문학 박사(임상 및 상담심리)
한국임상심리학회 제55대 회장
현 가톨릭대학교 심리학과 교수

상담 및 심리치료 이론 시리즈 5

인지행동치료

Cognitive Behavioral Therapy

2020년 2월 25일 1판 1쇄 발행
2022년 9월 20일 1판 2쇄 발행

지은이 • 박기환
펴낸이 • 김진환
펴낸곳 • (주) 학지사
04031 서울특별시 마포구 양화로 15길 20 마인드월드빌딩
대표전화 • 02)330-5114 팩스 02)324-2345
등록번호 • 제313-2006-000265호

홈페이지 • http://www.hakjisa.co.kr
페이스북 • https://www.facebook.com/hakjisabook

ISBN 978-89-997-2034-5 93180

정가 14,000원

이 도서의 국립중앙도서관 출판시도서목록(CIP)은 서지정보유통지원시스템 홈페이지(http://seoji.nl.go.kr)와 국가자료공동목록시스템(http://www.nl.go.kr/kolisnet)에서 이용하실 수 있습니다.
(CIP 제어번호: CIP2020004766)